Thomas Werner

Die Seele

Vorstellungen und Bekenntnisse der Philosophie

Verlag Zeitenwende

FSC
www.fsc.org
MIX
Papier aus verantwortungsvollen Quellen
FSC® C006701

Thomas Werner: Die Seele
Vorstellungen und Bekenntnisse der Philosophie

Dresdner Straße 90
01454 Radeberg
www.verlag-zeitenwende.de
buecher@verlag-zeitenwende.de

1. Auflage 2013

Umschlaggestaltung: Verlag Zeitenwende
Satz: Verlag Zeitenwende

ISBN 978-3-934291-74-4

Die Deutsche Bibliothek – CIP-Einheitsaufnahme
Ein Titelsatz für diese Publikation
ist bei der Deutschen Bibliothek erhältlich.

Inhaltsverzeichnis

1. Einleitung

Seit frühesten Zeiten stellt sich der Mensch Fragen zu seiner Herkunft, zu seinem Ursprung: Wer bin ich? Woher komme ich? Und wohin gehe ich? Antworten darauf sollen den Sinn des Lebens klären und sind bereits in den ältesten Schriften gegeben worden. Fragen, die den Menschen zu jeder Zeit beschäftigen, stehen am Anfang jeder philosophischen Betätigung. Wer diese nicht kennt, weil ihm sein Lebenssinn klar ist, wird sich auch nicht um Antworten bemühen.

Dichter, Denker, Philosophen und Abgesandte (von ihren Schülern als göttlich bezeichnet, zum Beispiel Jesus und Buddha) haben zu allen Zeiten das Wesen des Menschen sowie die Bedeutung und den Sinn des Lebens erklärt. Einsichtigen wie Platon war dabei bewusst: eine Vorstellung vom Wesen des Menschen zu entwerfen, ohne eine mythische Komponente zu berücksichtigen, trifft seinen Wesenskern nicht. In der Antike erfolgte die Wesenbeschreibung der Welt und der Menschheit oft durch Mythen. Es wurde erkannt, dass Verstand und Logik nicht ausreichen, um den Menschen in seiner irdischen und kosmischen Wesenswirklichkeit darzustellen. So ist ein Mythos eine Erzählung, mit welcher der Sinn des menschlichen Lebens in allegorischen Darstellungen vermittelt wird, sie gründet auf alten, immer geltenden Vorkommnissen und nicht auf logisch begründbaren Ursachen.

Als erste Aufforderung zum Erlangen von Weisheit galt bereits in der frühen Antike: »Mensch, erkenne dich selbst!« Selbsterkenntnis zu erlangen, war eine lebensfüllende Aufgabe, um die sich Philosophen und Denker vor allen anderen naturnotwendigen Pflichten bemühten. Mit Philosophie, mit der Liebe zur Weisheit, wurde die Frage nach dem Wesen des Menschen mittels logischer Denkprozesse zu entschlüsseln versucht. Platon hat jedoch in seinem *»7. Brief«* (341c ff), unmissverständlich dargelegt, dass über den Inhalt seiner philosophischen Bestrebungen keine sprachliche Darstellung möglich ist:

> *»Es lässt sich nicht in Worte fassen, sondern aus langer Zeit fortgesetztem, dem Gegenstand gewidmeten wissenschaftlichen Verkehr und aus entsprechender Le-*

bensgemeinschaft tritt es plötzlich in der Seele hervor wie durch einen abspringenden Funken entzündetes Licht und nährt sich dann durch sich selbst.«

Wahre Philosophie erkennt die Begrenzungen des menschlichen Verstandes und schließt daher aus dem göttlichen Urgrund stammende Mythen mit in ihre Betrachtungsweise ein. Weisheit ist der Schlüssel, der Zugang zur Vernunft und zum Mythos ermöglicht, und Weisheit kann erfahren werden durch eine sokratische Lebenshaltung, vom Wissen nichts zu wissen. Dieses Nichtwissen bezieht sich auf die Welt des Ursprungs der Seele, die außerhalb der sinnlich erfahrbaren Welt ist, und auf die Begrenzungen des logischen Denkens, mit welchem der Ursprung nicht erklärt werden kann. Ohne die Erkenntnis von der eigenen Unwissenheit bleibt der Zugang zu wahrer Weisheit verschlossen – diese Einsicht ist erforderlich, um die Bedeutung der Weisheitserkenntnis für Bewusstsein und Selbsterkenntnis zu erfassen.

Die Wahrheit vom Menschen, von seinem Wesen und seiner Aufgabe im irdischen Lebensfeld ist zu allen Zeiten dieselbe geblieben, denn sonst wäre es nicht die Wahrheit. Allerdings wurde sie, seit Schriftstücke darüber verfasst wurden, nur von wenigen zur Kenntnis genommen und droht, der Menschheit abhandenzukommen, da sie sich mit allem Möglichen beschäftigt, nur nicht mit der Wahrheit über ihren Seinsgrund. Erschwerend wirkt, dass diese Wahrheit über die Zeiten aus verschiedenen Blickfeldern dargestellt wurde und dadurch der Eindruck entstehen kann, dass es sich um verschiedene Wahrheiten handelt, diese also nicht in der Einheit sei. Die in unterschiedliche Wortkleider gehüllte Wahrheit mag in der Außenansicht als Vielheit erscheinen, ihre Innenansicht aber ist in der Einheit, stammt aus dem Einen, denn sonst kann es sich nicht um die Wahrheit handeln. – Als Schriften der Wahrheit, soweit sie mit Worten angedeutet werden kann, sind zunächst die alten Texte der Veden und Upanischaden (500-1200 v. Chr.) zu nennen, sodann Zarathustra (600 v. Chr.) und die Philosophen von Pythagoras bis Platon (350-550 v. Chr.) sowie die philosophischen Wortmeldungen in der neueren Zeit. Auch wirken Mysterienschulen seit der Antike bis in die heutige Zeit, um auf die Wahrheit hinzuweisen. Schließlich kann über eine lange Periode unter dem Stichwort »Gnostizismus« ein Welt- und Menschbild in Erfahrung gebracht werden, welches auch aus dem Evangelium von Jesus dem Christus (*»Ich bin der Weg, die Wahrheit und das Leben.«*) herausgelesen werden kann. Die gnostische Interpretation zeigt allerdings in wesentlichen Aspekten keine Übereinstimmung mit den Deutungen der christlichen Religionsgemeinschaften und den Auslegungen aus den theologischen Fakultäten, welche die kirchlichen Thesen untermauern. Ebenso bleibt die an den Universitäten gelehrte Philosophie, insbesondere die von Aristoteles geprägte, von Kritik nicht verschont, so gelangt zum Beispiel Arthur Schoppenhauer in seiner Schrift über die Universitätsphilosophie zur Erkenntnis, dass diese der Wahrheit nur eine sekundäre Stelle zubilligt. Pierre Hadot, ein Philosoph der neueren Zeit (1930-2011), äußert sich klar zur Bedeutung der Universitätsphilosophie: *»Die Philosophie, die heute auf den Universitäten gelehrt wird, ist vollkommen unverständlich und somit für den normalen Menschen unwichtig.«* In der Weihnachtspredigt von Joseph Ratzinger aus dem Jahre 2010 wird eine Spur der Wahrheit verkündet, wenn dem Gläubigen geraten wird, Christus so ähnlich wie möglich zu werden. Die kirchliche Antwort, wie dieses Werden zu verstehen ist und auf welche Weise dieses Ziel erreicht werden kann, lässt aber die erforderliche Klarheit vermissen.

Auf dem Grund der antiken Erbschaft, oft nur als Trümmerfeld erkennbar, kann in akademischen und auch in als Mysterienschulen bezeichneten Institutionen nach den vergessenen Schätzen gesucht werden, von welchen dem Leser in diesem Werk eine Auswahl vorgestellt wird. Dass auf der Suche nach der Wahrheit der Glaube eine wichtige Stelle einnimmt, darf nicht überraschen. Zunächst steht die Frage der Bedeutung des Glaubens im Raum, dann aber auch, falls etwas Wahres in den alten Mythen zu finden sein sollte, die Frage, auf welche Weise das in den Schulen der Philosophie genannte Ziel erreicht werden kann, nämlich die Übereinstimmung des Wesens des Menschen mit Gott.

Ein solches Ziel kann jedoch für den Menschen des 21. Jahrhunderts nicht wörtlich verstanden werden, denn der bekannte natürliche Mensch hat nicht im Entferntesten eine Verwandtschaft mit dem Wesen Gottes, er hat nicht mal eine Vorstellung davon. Und dennoch soll dieser Mensch nach Ablauf seiner irdischen Daseinszeit und Wirkungsphase in einen Himmel hineingehen dürfen, von dem im Evangelium gezeugt wird. Warum das nicht geschehen kann oder unter welchen Umständen ein solches Ziel erreicht werden könnte, soll im Folgenden erläutert werden. Dabei beschränkt sich dieses Buch auf Schriften mit vorwiegend philosophischem Inhalt, in welchen verborgene Schätze der Weisheit gefunden werden können; von einigen Philosophen (Meister Eckhart, Cusanus, Marsilio Ficino) wurden Gedanken zum Schulterschluss zwischen der Philosophie und den Schriften des Neuen Testaments hinzugefügt.

Philosophie bedeutet Liebe zur Weisheit – und Weisheit liegt jenseits des wissenschaftlichen Wissens, denn sie erfüllt sich als eine nicht übertragbare innere Erfahrung. Den Zugang zu dieser Erfahrung muss jeder Mensch in sich selbst finden. Weisheit kann erworben werden, indem sich ein Mensch um den Weg zur Eintrittspforte in ein Denkgebäude bemüht und dann den darin zu befolgenden Gedankenpfad aufspürt und beschreitet. Als Folge der daraus erworbenen Erkenntnis wird er sich eine neue Lebenshaltung aneignen. Das neue Denken, befreit von der alten Selbstbehauptungsmentalität, ermöglicht es ihm, Erfahrungen aus dem Innenraum der Seele zu erleben.

Der platonische Sokrates lässt seine Schüler wissen, dass die Seele, das Zentrum des Bewusstseins, der Ort menschlichen Bemühens um Erkenntnis sein sollte und nicht etwa der biologische Mensch und die äußere sichtbare Welt. H. P. Blavatsky hat in ihrem Büchlein *»Die Stimme der Stille«* die Essenz buddhistischer Weisheit, aus Quellen tibetanischer Klöster, in verständlicher Weise wiedergegeben. Die Seele des Menschen ist dieser Darstellung zufolge in ihrem aktuellen Seinszustand in einem irdischen Körper gefangen und wird beherrscht vom sterblichen König »Ich«. Das wahre Wesen der Seele des Ursprungs, im Zustand des Friedens und der Glückseligkeit im Lande der Stille, kann in der körperlichen Abhängigkeit niemals ins Bewusstsein treten, solange die Seele im Bewusstsein trügerischer Eindrücke der irdischen Außenwelt verharrt. Die Aufgabe des diese Situation erkennenden Menschen ist es, einen Weg zu suchen für die Befreiung der Seele aus den irdischen Bindungen. Die Befolgung der

Lebensregeln der buddhistischen Tradition soll dazu führen, dass die Seele sich ihres ursprünglichen Zustandes wiederum bewusst werden kann.

In dem vorliegenden Buch wird versucht, den Seelenweg aus der Perspektive der antiken Philosophie und der abendländischen Tradition vor das Bewusstsein des Lesers zu stellen. Die von Platon vorgestellte denkbare Welt, die wahre seiende Welt, ist in der Seele erfahrbar. Es ist die Welt des Wortes und der Gedanken. Darin befinden sich das Gute und das Vollkommene. Wenn diese Welt vom Bewusstsein ergriffen werden kann, ist der Mensch im Sein angelangt. Es ist die Welt, die durch den Geist in die Seele übertragen wird; dies findet im Innenraum der Seele statt. Damit dies möglich ist, der Mensch also in diese Welt eintreten kann, ist ein »Eintrittspreis« zu entrichten, und dieser besteht darin, die Seele von ihrer irdischen Bindung zu befreien. Die »Eintrittskarte« kann erworben werden durch das Studium der Weisheitslehren und deren Anwendung im aktuellen Sein. Das Leben, dem Vergänglichen gewidmet, ist abzulösen durch eines, das im Wissen um die ewigen Prinzipien und Gesetze geführt wird. Während das Vergängliche auch im nachhaltig organisierten modernen Leben immer vergänglich bleibt, kann das Ewigkeitsleben durch Seelenbildung erforscht und nach dessen Kenntnisnahme durch Anwendung begriffen werden. Wenn die gedachte Welt des Guten vor dem Seelenauge des um sie Bemühenden ununterbrochen aufleuchtet, kann sich der Kandidat auf gutem Wege wissen.

Wahrheitserkenntnis kann auf dem Weg von der Schule der Weisheit zum Tempel der Weisheit gefunden werden. Weisheit bedeutet, mittels glaubhafter Erklärungen Einblick in eine Welt zu erhalten, welche von Platon als denkbare Welt der Ideen und in der Offenbarung des Johannes als neue Erde und neuer Himmel bezeichnet wird (Offenbarung 21.1: *»Und ich sah einen neuen Himmel und eine neue Erde …«*[1]).

[1] Das Wort »neu« im Text der Offenbarung bezieht sich allein auf die Perspektive des irdischen Menschen, als etwas, das dem Menschen in seiner Seele, in seinem Bewusstseinsfeld offenbart wird, von welchem er in der sinnlichen Erfahrungswelt jedoch keine Kenntnis erwerben kann.

Mit Tempel ist ein abgeschlossener Raum (Wohnung Gottes) gemeint, in dem die äußere Welt keinen Zugang hat und nur die Kräfte und Intentionen des Einen und des Ursprungs eingelassen werden. Und es gilt, diesen Tempel im Menschen selbst zu entdecken. (1. Korinther 3.16: *»Wisst ihr nicht, dass ihr ein Tempel Gottes seid.«*)

Schatzsuche schließlich bedeutet, dass nach etwas Ausschau gehalten wird, das äußerst wertvoll sein muss und das nicht überall und vielerorts verfügbar ist, sondern mühsam und methodisch gesucht werden muss. Ein Schatzsucher ist daher ein Mensch, der nach etwas sehr Wertvollem sucht. Er weiß, dass es existiert, er hat es aber noch nicht gefunden. Er beginnt daher mit der Suche, er schließt sich einer Schule der Weisheit an, um dort Kenntnis zu erlangen, wie er zum Tempel in seinem eigenen innersten Wesen vordringen kann, um dort einen Schatz des Geistes zu finden. Er sucht dabei nach einem unvergänglichen und unzerstörbaren lebendigen Hort vollendeter Schönheit.

In diesem Streifzug durch die Philosophie von Platon (4. Jh. v. Chr.) bis Marsilio Ficino (15. Jh.) wird der Versuch unternommen, Wege und Methoden aufzuzeigen, wie ein solcher Schatz geborgen werden kann. Beim Studium der Werke dieser Philosophen kann erkannt werden, dass es zwischen der Philosophie und dem Neuen Testament keinen wesentlichen Unterschied hinsichtlich des Bedeutungsmittelpunktes gibt. Der suchende Mensch wird feststellen können, dass der Weg zur Wahrheitserkenntnis derselbe ist. Er ist jeweils in ein Wortkleid gehüllt, welches der Ausdrucksweise der jeweiligen Weisheitsquelle angehört. Die darin aufgeführten Ziele für den Menschen sowie die Empfehlungen für das tätige Leben, um diese zu erreichen, und die Bedeutung der sichtbaren Welt für den Menschen werden in ähnlicher Weise und oft in Gleichnissen dargestellt. Philosophische Betrachtungen, in logischer Gedankenfolge begründet, vermögen das Verständnis für die Sichtweise des Evangeliums zu vertiefen.

Die Auswahl der in diesem Buch zitierten Textstellen muss sich notwendigerweise auf diejenigen Teile beschränken, welche einen direkten Bezug zum Thema Wahrheit erlauben. Dem Urteil des Lesers bleibt es überlassen, ob er an seiner eigenen bisherigen Vorstellung haften bleibt oder ob er die Gedanken von weisheitsliebenden Menschen von über 2.500 Jahren Geschichte des geschriebenen Wortes in das eigene Weltbild integrieren möchte. Erkenntnis zu vermitteln vom wahren Wesen des Menschen, hängt nun nicht allein davon ab, ob ein Autor einen Sachverhalt überzeugend darlegen kann, sondern es betrifft ebenso sehr den Leser selbst, ob dieser sich für das Textverständnis öffnet oder ob er auf seiner bisherigen Erkenntnisstufe verharrt. Die äußere Welt ist immer dieselbe, sie bildet sich jedoch in unterschiedlicher Weise im Bewusstsein des Menschen ab. Er bleibt dem einmal erkannten eigenen Weltbild verbunden und kann sich nur davon lösen, wenn er durch Erfahrung sein Bild von Welt und Mensch selbst korrigiert.

Die durch die Sprache vermittelte Ansicht der inneren Welt wird von Mensch zu Mensch sehr unterschiedlich aufgenommen. Und die Unterschiede im Verständnis für die innere Welt sind deutlich größer als die mit Worten ausgedrückten Vorstellungsbilder der äußeren Welt. Von den Schwierigkeiten des Menschen, diese gedachte Welt des Wortes zu begreifen, zeugt bereits das Johannes-Evangelium (Johannes 1.5: *»...und das Licht scheint in der Finsternis, und die Finsternis hat es nicht angenommen.«*). Das richtige Verständnis von Wahrheit liegt daher nicht in geschriebener Sprache, sondern im Bemühen eines suchenden Menschen, diese Wahrheit in sich selbst zu finden. Texte können lediglich einen Beitrag leisten, um diesen Findungsprozess beim Sucher zu unterstützen.

Der Mensch, bestehend aus Körper und Seele, muss in Gedanken auf seinen Wesenskern reduziert werden; dessen Erkennen bedeutet Selbsterkenntnis. Wesenskern bedeutet das, was des Menschen Wesen ausmacht, und dieser ist zu ergründen, nur in ihm wird der Ursprung des Menschen aus der Welt des Guten ersichtlich. Der Erforschung des Wesenskerns muss die ganze Aufmerksamkeit geschenkt werden, denn in ihm zeigt sich die Wahrheit. Dieser Teil des Menschen wird in vielen Schriften als in der Seele seiend bezeichnet. Die Seele, und darin besteht das Problem, kann nun nicht in vollem Umfang unmittelbar ins Bewusstsein gerufen werden, denn Seelenerkenntnis ist Selbsterkenntnis, und diese wiederum kann nicht eine Erkenntnis sein, welche einem ständigen Wandel unterworfen ist. Es geht auch nicht um individuelle Wesensmerkmale, sondern um generelle, allgemeine Wesenszüge, die für alle Menschen Gültigkeit haben. Selbsterkenntnis muss sich auf festen Grund stützen können, und dieser liegt in der Erkenntnis von der Abstammung des menschlichen Wesenskerns vom Ursprung und nicht in der Kenntnis eines Familienstammbaums, der über zwanzig oder mehr Generationen reicht.

Das Selbstbewusstsein des Menschen bildet sich zunächst aufgrund seiner Körpergestalt, seines unwesentlichen, sichtbaren Teils, des den Tieren verwandten Körpers. Sodann wird ein Seelenbewusstsein erfahren, das weitgehend auf diesen Körper ausgerichtet ist – und auf seine in der Sinnenwelt brauchbaren Fähigkeiten und das logische Denkvermögen. Diese Fähigkeiten werden in einem auf die sichtbare Natur Bezug nehmenden Bildungsprogramm gefördert mit dem Ziel, das irdische Leben erträglicher zu gestalten, die Talente der Persönlichkeit zu entwickeln, das Selbstwertgefühl zu erhöhen und um allenfalls einen Lustgewinn zu erfahren. Erst im Denken und der Vernunfterkenntnis kann der Bewusstseinsdurchbruch zum Wesen in der Seele gefunden werden, und dieses Wesen ist der reine Denker, der für dieses Denken nicht die vergängliche Sinnenwelt als Gerüst verwendet, sondern die Welt des seienden Geistes.

Die Welt des Geistes und wie davon Bewusstsein erworben werden kann, ist in den Bildungsprogrammen der modernen Welt bestenfalls in homöopathischen Dosen erkennbar. Nicht nur was die primäre Bildung anbelangt, auch im Geist des gesamten Kultur- und Wirtschaftsbetriebes kann ein großer Mangel an Vernunft festgestellt werden. Die Vernunftlosigkeit zeigt sich nicht nur im ungezügelten materiellen Wachstumsstreben, sondern auch in der Organisation des Sozialgefüges, das, dem Prinzip der Selbstbehauptung gehorchend, zwischen den Menschen Spannungen unterschiedlichster Intensitäten auslöst, die sich in höchst unvernünftiger Weise entladen. Hat ein Mensch jedoch das Gerüst des seienden Geistes in sich wiederhergestellt, so wird er sein Handlungsleben daran und nicht an der Außenwelt orientieren können. Seine unsterbliche Seele ist wieder erwacht.

Die auf Wahrheit bedachten philosophischen und theologischen Wissenschaften beabsichtigen, durch Suche in alten Texten und durch Systematisierung oder durch Formulierung neuer Ordnungskriterien und mittels logischer Beweisführung neue Feststellungen zu vermitteln. Die neuesten Erkenntnisse und Einsichten werden in der Folge über diejenigen der alten gestellt, da die neueste Forschung ja auf der älteren aufbaut. Von den naturwissenschaftlichen Erkenntnissen beeinflusst, wird auch in den Geisteswissenschaften nach neuen Einsichten gesucht. Aber es gibt nichts Neues unter der Sonne im Bereich der Philosophie. In diesem Sinne begriff der Philosoph Whitehead, dass alle neuere Philosophie, soweit sich diese innerhalb der Grenzen der Wahrheit bewegt, nur Fußnoten zu platonisch-sokratischen Erkenntnissen sind.

Die in der sichtbaren Welt geltenden Prinzipien sind überall in ihr erkennbar, ihre Wirksamkeit kann als eine Mischung aus Chaos und Ordnung erfahren werden. Harmonie und Ordnung zeigen sich zum Beispiel im Verlauf der Sternenbahnen und in den Harmoniegesetzen der Musik. Und natürlich gibt es Menschen, die unmittelbar Zugang zu diesen Gesetzen haben, beispielsweise sind Komponisten in der Lage, universelle Gesetze im Ton darstellbar zu verdeutlichen.

Harmonie zeigt sich auch in der Natur, in der Schönheit der Pflanzen- und der Tierwelt, man denke an Blumen, Schmetterlinge, Fische und Vögel. Das Betrachten der Farb- und Formkompositionen in allen Bereichen der Natur sorgt im Menschen für ein Empfinden von Seligkeit. Die mit den Sinnesorganen erkannten Prinzipien der Ordnung und der Vernunft als Handschrift des Einen können mit dem menschlichen Denkvermögen verstanden werden. Ebenso wird aber erkannt, dass diese sichtbare Ordnung im Gefüge ihrer materiellen Darstellung nicht von bleibender Substanz ist, sondern sich in ständigem Wandel aufs Neue beweisen muss. Aus der Ewigkeit stammend sind also nicht die sichtbaren Formen und hörbaren Schallwellen, sondern die diese Formen bewirkenden Prinzipien, von Platon als Ideen bezeichnet. Diese können nur mittels des Denkens erkannt werden, sie tragen das Merkmal des ewig Seienden, während ihr materielles Bild den Naturgesetzen gehorchen muss. So wird das erste und dominierende Prinzip der Natur als Werden bezeichnet. Was aber werdend ist, vergeht auch wieder. Ein Seiendes ist daher ein Prinzip oder eine Idee, das immer existiert und unvergänglich ist, da Prinzipien und Ideen nicht an Manifestationen in der sichtbaren Natur gebunden sind. Für Platon ist die ewig seiende Welt der Ideen die des Ursprungs. Diese Welt, mit den Sinnen nicht wahrnehmbar, kann nur mittels des Denkens und der Wiedererinnerung der Seele an ihren vormaligen Zustand erkannt werden.

Die Naturgesetze zeigen deutlich die Prinzipien der natürlichen Notwendigkeiten auf, welchen die gesamte sichtbare Welt unterworfen ist. Für Mensch und Tierwelt gilt deutlich das Prinzip »friss oder stirb«, das schon in frühester Zeit als unumstößlich angesehen wurde. Charles Darwin (1809-1882) hat diese Gesetzmäßigkeit in der ganzen biologischen Welt als Notwendigkeit erkannt und beschrieben, wobei zwei Grundprinzipien herausgestellt werden können: Selbstbehauptung und Anpassungsfähigkeit. Letztere ist notwendig zur Selbstbehauptung, aber auch zur Assimilierung an langfristige Veränderungen in der Außenwelt, im irdischen und kosmischen Lebensraum. Das Prinzip der Selbstbehauptung ist nun in der ganzen Natur sehr deutlich erkennbar, bei den Pflanzen, den niederen und höherentwickelten Tieren und beim Menschen. Es führt dazu, dass alle Lebewesen zunächst nur ihren eigenen Lebensraum sichern. Sie alle nehmen in keiner Weise Rücksicht auf das Territorium und die Entfaltung anderer Lebewesen, falls der eigene Lebensraum und der der eigenen Art beeinträchtigt werden. Jeder lebt auf Kosten anderer: der Mensch auf denen der Tiere und Pflanzen, die Tiere auf denen anderer Tiere und der Pflanzen. Selbst Pflanzen verdrängen andere Pflanzen, was sichtbar ist im Urwald oder in der Verwaldung von Gebieten, die vom Menschen, der noch um eine gewisse Ordnung besorgt war, verlassen wurden. Pflanzen und Tiere beachten nur ihr unmittelbares Umfeld und breiten sich ohne Rücksicht auf andere Lebewesen aus, wenn sie es aufgrund ihrer relativen Stärke vermögen. Es ist offensichtlich, dass die in der Natur geltenden Prinzipien unmöglich als Teil der göttlichen Ideenwelt des Guten, Gerechten und Schönen verstanden werden können.

Der Mensch ist nun das einzige Wesen, welches die Wirkung und das Zusammenspiel dieser Kräfte erkennen und eine Vorstellung vom Universum und der sich darin zeigenden Wesen bilden und beurteilen kann. Durch Schaffung einer Ordnung könnte er Rücksicht nehmen auf die Mitbewohner und das Zusammenleben nach der bestmöglichen Weise organisieren. In einem solchen Gefüge aus Vernunft und Verstand könnten Ordnungsprinzipien ihre Wirkung entfalten, die es jedem Teilnehmer erlauben würden, nach seinen Fähigkeiten und Möglichkeiten zu leben, Selbsterkenntnis zu erlangen und seine Seele nach dem ihr zukommenden Ziel hinzuführen.

Ohne zu übertreiben kann festgestellt werden, dass zu allen Zeiten in allen Lebensbereichen das Prinzip der Selbstbehauptung dominierte. Es hat immer wieder zu Chaos und Krieg geführt. Dieses Naturgesetz kann im irdischen Bereich nicht ausgerottet werden, es ist systemimmanent. – Die moderne Gesellschaft mit ihrem auf die Spitze getriebenen Individualismus macht die Selbstbehauptung im Erwerbsleben, in der politischen Auseinandersetzung sowie auch im Kunst- und Kulturbetrieb zur vorherrschenden Kraft, welche diejenigen, die dieses Prinzip, auch im Hinblick auf die Entwicklung der eigenen Seele, nicht anwenden wollen, in die zweite Reihe versetzt. Ihnen wird durch den modernen Raubritterkapitalismus ein Verhalten aufgezwungen, das in größtem Gegensatz steht zu einem anderen Gesetz, das der Menschheit von weisen Menschen schon in frühesten Zeiten vorgestellt und von vielen auch in der eigenen Seele als für den Menschen maßgebend erkannt wurde. Dieses Gesetz, deutlich in den Schriften der Philosophen und im Neuen Testament erläutert, zeigt dem Menschen eine Entwicklungsmöglichkeit auf, die vollkommen außerhalb der materiellen Welt liegt: die Entfaltung der Seele im Geist.

Ausgestattet mit Verstandesvermögen und Vernunft kann der Mensch Selbsterkenntnis erlangen, die ihm die Einsicht ermöglicht, dass er über das Vermögen der Freiheit verfügt. Er kann sich – im Unterschied zu den Tieren, deren Leben vollständig durch die Naturgesetze bestimmt ist – dem Liebesgesetz unterstellen und dieses für seine Lebensführung anwenden. Dieses in vollkommenem Gegensatz zur Selbstbehauptung stehende Gesetz ist das der Welt des Guten und Gerechten. Platon hat diese mittels des Denkens erkennbare Welt als schön und seiend bezeichnet und in seiner Ideenlehre der Menschheit vorgestellt. Aber die Welt hat das Licht, das ist das Bewusstsein von Weisheit, sei es im Sinne der Ideen des Guten und Gerechten oder im Wort, das am Anfang steht (Johannes 1.1), nicht angenommen. Der Mensch lebt wie in einer Höhle im Dunkeln und kann die Bedeutung des Lichtscheins, der von außen eindringt, nicht erfassen. Was die Geistesbildung anbelangt, so lebt er noch immer im Bewusstsein des ptolemäischen Weltbildes und hat die Vorstellungen von Kopernikus und Einstein noch nicht zur Kenntnis genommen.

Was ist Weisheit? Sie ist dasjenige Gut, welches einerseits aufzeigt, wie Wahrheit über den Menschen und seinen Zustand im irdischen Feld erworben werden kann. Andererseits beleuchtet Weisheit des Menschen Möglichkeit, Bewusstsein vom denkbaren überirdischen Feld zu erlangen. Der Suchende kann darin einen Lebensweg erblicken, der ihn vom Zustand des Werdens in den Zustand des Seins führt, der Glückseligkeit in der erkannten Lebensführung in Dienstbarkeit bedeutet. Die Dienstbarkeit erfolgt an der eigenen Seele durch Gerechtigkeit und Ruhe – und an der Menschheit, indem die erkannte Weisheit weitervermittelt wird.

Wissen ist nichts anderes als die Beschreibung der Dinge in der Seele (Thomas von Aquin: *»De veritate«*, XI, 11). Was in der Seele haften bleibt, ist Wissen. Wird etwas verstanden, das zum bürgerlichen Leben erforderlich ist, so ist es vergängliches Wissen. Unvergängliches Wissen dagegen ist Weisheit, und Weisheit hat immer Gültigkeit. Sie ist etwas Ewiges, aus der göttlichen Welt kommendes Wissen, das Wissen des Geistes. Philosophieren ist Denktätigkeit zur Erlangung von Weisheit. Dabei muss sich aber der Denker mit in diesen Prozess einbeziehen und sich selbst in einem Werdegang der Selbsterkenntnis nicht schonen, insbesondere, wenn er erkennt, was ihn hindert, zu dieser Weisheit durchzudringen.

Ziel dieses Buches kann es nicht sein, eine umfassende Darstellung des Gedankenweges aufzuzeigen, der erforderlich ist, um dem Menschen Wege zur Selbsterkenntnis zu vermitteln, um in sich die wahre Bedeutung des Menschseins zu erkennen. Die Auswahl und der Umfang der vorgestellten Denker sind sehr selektiv und weit von einer wissenschaftlichen Betrachtungsweise entfernt. Es geht einzig darum, im interessierten Leser ein Wahrheitslicht zu entzünden und Hinweise zu vermitteln, wie dieses strahlend bleiben kann. Der Fokus ist vor allem darauf gerichtet:

1. Im Seelenkern des Menschen ist der platonische Funkensprung zu entfachen, um eine Vorstellung von der Unsterblichkeit seines innersten Wesens zu erwirken und Ursprung und Abstammung dieses Seelenwesens zu erkennen.
2. Für diejenigen, die etwas von dieser Vorstellung erfahren, soll auf den Weg hingewiesen werden, der in Gedanken verfolgt werden kann, um die Bewusstwerdung von der unsterblichen Seele im eigenen Wesen weiter zu verdeutlichen und um die eigene Lebenspraxis an den Gesetzen der Ewigkeit auszurichten.

Den Weg zu beschreiten, ist allein die Aufgabe des Lesers, dazu kann ein Autor lediglich mit Hinweisen beitragen, die in der über zweitausendjährigen Geschichte der Philosophie dokumentiert sind. Diese Anhaltspunkte können als Schätze verstanden werden, die große Menschen der Nachwelt hinterlassen haben. Gebrauch von ihnen zu machen, kann aber allein derjenige, der sich um sie bemüht.

In diesem Buch soll versucht werden, ausgehend vom Werk Platons den Beitrag der Philosophie zur Wahrheitserkenntnis für Menschen der aktuellen Generationen darzulegen. Dabei sind diejenigen Philosophen ausgewählt und auch diejenigen Teile ihrer Philosophie erörtert, die aus der Sicht des Autors das Werk Platons ergänzen und in den wesentlichen Aussagen mit dessen Werk übereinstimmen. Die vorliegende Analyse beschränkt sich daher auf eine Auswahl derjenigen Philosophen, die den von Platon dargestellten Weg als wahr ansahen und aus ihrer Sicht beleuchteten zum Wohle der Mitmenschen, damit auch diese den universellen Pfad erkennen und beschreiten können.

Zur philosophiegeschichtlichen Positionierung seien die Lebensdaten der in diesem Buch vorgestellten Philosophen kurz festgehalten, um den Beginn ihres zeitlosen Wirkens festzuhalten.

Platon (* 428/427 v. Chr. in Athen; † 348/347 v. Chr. in Athen) war Philosoph und Schüler des Sokrates, dessen Denken und Methode er in vielen seiner Werke schilderte. Platons Untersuchungen im Bemühen um Wahrheit hat er in Dialogform niedergeschrieben. Zentrale Themen seiner Philosophie sind in seinen Schriften über die Ideenlehre und seinen Erklärungen über die unsterbliche Seele festgehalten. Platon gründete die Platonische Akademie, die älteste institutionelle Philosophenschule Griechenlands, von der aus sich der Platonismus über die antike Welt verbreitete.

Plotin (* 205; † 270 Kampanien) war ein antiker Philosoph und Begründer des Neuplatonismus. Ab 244 lebte er in Rom, wo er eine Philosophenschule gründete. Plotin betrachtete sich nicht als Entdecker und Verkünder einer neuen Wahrheit, sondern als getreuen Interpreten der Lehre Platons, die nach seiner Überzeugung im Prinzip bereits alle wesentlichen Erkenntnisse enthielt. Das Ziel seiner philosophischen Bemühungen bestand in der Annäherung an das Eine, das Grundprinzip der gesamten Wirklichkeit, bis hin zur Erfahrung der Vereinigung mit dem Einen, wofür er eine konsequent philosophische Lebensführung als Voraussetzung als wichtiger erachtete als das diskursive Philosophieren.

Jamblich (* um 240/245 in Chalkis; † um 320/325 n. Chr.), ein Philosoph, sowohl Neuplatoniker als auch Neupythagoreer, aus Syrien. Er teilte die schon im 2. Jahrhundert n. Chr. bei Neuplatonikern und Neupythagoreern verbreitete Überzeugung, dass zwischen den Lehren des Pythagoras und denen Platons inhaltlich keine Unterschiede bestehen. Er meinte, dass die pythagoreisch-platonische Philosophie die Wahrheit schlechthin ausdrücke. Pythagoras sah er als einen Erlöser an, der in die materielle Welt hinabgestiegen sei, um den Menschen das heilbringende Gut der Philosophie darzureichen.

Nikolaus von Kues, lat. **Cusanus** (* 1401 in Kues an der Mosel; † 1464 in Todi, Umbrien), war ein berühmter universal gebildeter deutscher Philosoph, Theologe und Mathematiker. Als Philosoph stand Cusanus in der Tradition des Neuplatonismus, dessen Gedankengut er sowohl aus antikem als auch aus mittelalterlichem Schrifttum aufnahm. Sein Denken kreiste um das Konzept des Zusammenfalls der Gegensätze zu einer Einheit, in der sich die Widersprüche zwischen scheinbar Unvereinbarem auflösen. Metaphysisch und theologisch sah er in Gott den Ort dieser Einheit.

Marsilio Ficino (*1433 Toscana; † 1499 in Florenz) war Humanist und Philosoph, der mit seinen Übersetzungen und Kommentaren maßgeblich zur Bekanntheit Platons und des Platonismus in seiner Epoche beitrug; sein vom Neuplatonismus Plotins geprägtes Platon-Verständnis wurde für die Neuzeit wegweisend. Er war Mentor der »Platonischen Akademie« in Careggi bei Florenz, einem informellen Kreis seiner Schüler, die er »Akademiker« nannte. Sein Wirken wurde unterstützt von der Familie Medici.

2. Platons Vorstellung von Welt und Menschheit

2.1. Das Erwachen des inneren Menschen

Platon hat der Menschheit vor 2.400 Jahren ein Welt- und Menschenbild vorgestellt, welches er als eine Darstellung bezeichnete, der man ein höchstes Maß an Wahrscheinlichkeit zukommen lassen könne. Diese Wahrheit kann gefunden werden durch das Beschreiten eines geistigen Weges in der eigenen Seele. Platon und Sokrates dienen dabei als Dschungelführer im Durcheinander des eigenen Inneren. Platons Werk hat Unzählige dazu inspiriert, den in den Gleichnissen erklärten Weg zur Erkenntnis der Wahrheit zu beschreiten. Spätere Philosophen haben Platons Sichtweise zum Teil verdeutlicht und weitere Gesichtspunkte hinzugefügt, um die Menschen dazu anzuregen, einen Weg der Bewusstseinsentwicklung zu finden und auch zu beschreiten. Die dabei verwendeten allegorischen Bilder können hilfreich sein, die Gefahr ist aber nicht auszuschließen, dass neue Missverständnisse entstehen und der Mensch in der Täuschung (Höhle) verbleibt.

In diesem Buch werden Teile einiger Werke späterer Philosophen der platonischen Tradition analysiert, um dem Leser zusätzliche Hinweise zu vermitteln, wie das Kleinod der Mysterien gefunden werden kann. – Sokratisches philosophieren nach Platon ist ein Gespräch mit sich selbst; der äußere Mensch spricht mit dem inneren Menschen. Die Schüler der Philosophie werden, um Weisheit erlangen zu können, einem Denkprozess folgen müssen, der jenseits des herkömmlichen Denkens angesiedelt ist. Für Cusanus ist das Philosophieren das Betreiben der »Jagd nach der Weisheit«, denn diese ist die geistige Speise der Philosophen. Die erkannte Weisheit bedeutet für Philosophen nicht, die Sicht der Dinge dogmatisch zu verlautbaren, sondern einen Denkprozess zu erklären, den jeder Mensch in sich selbst durchführen muss, um diese Weisheit zu erlangen. Der Leser muss sich eine Urteilsfähigkeit aneignen und selbst in der Lage sein, prüfen zu können, ob eine solche philosophische oder in heiligen Schriften verkündete Vorstellung der Wahrheit entspricht und ob diese bei ihm die notwendige Einsicht bewirken kann, in welcher Weise er sein Leben gestalten kann.

Das Ziel der Philosophie besteht darin, Vorstellungen zu entwerfen vom Menschen, seinem Wesen, seiner Aufgabe in diesem Lebensfeld, um in ihm Denkprozesse auszulösen für eine der Vernunft entsprechenden Lebensgestaltung. Instrumente, die er bei dieser Suche verwenden kann, sind der Verstand und angewandte Logik. Mit deren Hilfe kann er seine fundamentale Unwissenheit, was den Sinn des Lebens anbelangt, begreifen. Diese Erkenntnis formt ihn zum Sucher nach Kenntnis von der Wahrheit. Dafür wird er auch die Bereitschaft zeigen, Vorstellungen zu übernehmen, die auch außerhalb des mit der Logik Erklärbaren gefunden werden können. Der Verstand erlaubt, die Bedeutung der mittels der Sinnesorgane wahrgenommenen Phänomene zu ordnen.

Die Interpretation der Bedeutung der sichtbaren Welt für den Menschen war nie einheitlich und löste beziehungsweise löst immer wieder Streit unter den Menschen aus. Die Philosophie versucht, dieses Problem mittels rationaler Begründungen zu entschärfen, um beim Interessierten vernunftgemäße Einsichten zu bewirken. Rationale Begründungen allein sind dafür aber nicht ausreichend. Auch die Philosophie kommt nicht ohne Glaubenskomponente aus, denn der Ursprung, aus dem alles stammt, kann nicht begründet werden, er trägt den Grund in sich selbst. – Je umfangreicher die Begründungen sind, umso geringer wird die Glaubenskomponente ausfallen. Glauben darf aber nicht als blinder Glauben verstanden werden, sondern als Einstellung zu einem Sachverhalt, der einleuchtend, aber nicht vollständig begründbar ist. Das Erreichen des Zieles, Selbsterkenntnis vom Wesen des Menschen zu erlangen, gelingt der Philosophie allein mit Logik nicht. Zu solcher Erkenntnis vom Urgrund wird letztlich auch intuitives Erkennten notwendig sein. Von Platon wird eine solche Erfahrung als Funkensprung in der Seele oder als aufkeimende Erinnerung an einen vormaligen Seelenzustand gedeutet.

Auch der gebildete Mensch des 21. Jahrhundert darf nicht vergessen, dass, was die Vorstellungen vom Wesen des Menschen anbelangt, der Satz gilt: »Es gibt nichts Neues unter der Sonne.« Die Erkenntnis von der Wahrheit bleibt dieselbe, ob diese nun vor Tausenden von Jahren oder heute erlangt wurde. Wahrheit bleibt Wahrheit, neu ist oft nur das Wortgerüst, in das sie gestellt wird. Die Philosophen der Antike und auch späterer Zeiten haben mit ihren Beiträgen das »Bild« vervollständigt, das zu erklärende Urbild bleibt jedoch immer dasselbe. In diesem Sinne wird versucht, die Beiträge der Philosophie zu deuten. Platon hat bereits eine umfassende Darstellung von Welt, Menschheit und dem göttlichen Ursprung von allem, was ist, in seinen Schriften festgehalten, womit man es bewenden lassen könnte. Auch von den großen Religionsgemeinschaften wurden der Menschheit Vorstellungen überlassen und in Worten festgehalten, soweit sich diese mit Worten erklären lassen. Zudem haben Philosophenschulen der Antike und auch spätere Schulen die eine für den Menschen geltende unumstößliche Wahrheit mit eigenen Worten dargestellt.

In christlichen Schriften wird ein Mysterium dargestellt, das von einer dafür empfänglichen Seele ohne weitere Begründung als wahr erkannt werden kann. In der Philosophie dagegen wird der mittels des Denkvermögens möglichen rationalen Begründung ein hoher Stellenwert beigemessen. Der Urgrund jedoch, aus welchem alles stammt, kann nicht erklärt werden. Es bedarf immer eines Interessenten mit einem erkennenden Glauben in seiner Seele, um die philosophische Vorstellung zu verstehen.

Zu allen Zeiten wurden Ideen entwickelt vom Wesen des Menschen. Was ist der Mensch? Woher kommt er? Wohin geht er? In welchem Umfeld befindet er sich? Die auf diese Fragen gefundenen Antworten beziehungsweise entworfenen Ansichten basierten einerseits auf der Denkfähigkeit, das heißt auf Vorstellungen, die mittels des Denkvermögens entwickelt wurden. Anderseits stammen sie aus Mythen, welche von den Alten überliefert wurden. Wer aber waren diese Alten? Es waren nach Platon Menschen, die noch über direkte Kontakte zur Götterwelt verfügten, Menschen, die an der Hand Gottes gingen und die noch von einer Welt Kunde bringen konnten, ohne diese begründen zu müssen, denn sie erkannten unmittelbar und wussten.

Philosophieren bedeutet, sich Zeit zu nehmen für ein Thema, einen Gedanken, eine Vorstellung. Und damit eine philosophische Erklärung auch verstanden werden kann, ist Muse erforderlich. Das Erkennen des inneren Menschen im Menschen selbst ist ein Prozess, der lange dauern kann, durch den aber deutlich wird, dass der innere der wahre Mensch ist. Dieses innere Wesen wird an anderer Stelle auch als unsterbliche Seele bezeichnet; wobei festzuhalten ist, dass Begriffe nicht von Bedeutung sind, sondern allein die Erkenntnis vom Wesen dieses inneren Menschen, der unmittelbar Zugang zu den Intentionen des Geistes hat. Er ist verwandt mit dem Einen (von den antiken Philosophen als Gott bezeichnet) und stammt aus dem Ursprung, er hat aber keine Verwandtschaft mit dem bekannten körperlichen Menschen.

Eine Beschreibung dieses inneren Menschen ist nicht möglich. Er kann sich aber in einem Menschen offenbaren, wenn dieser Weisheit zur Kenntnis nimmt und umsetzt, um in sich einen Denkprozess auszulösen, damit sein Bewusstsein geöffnet wird für die Wahrheit. Diesen Prozess der Bewusstseinsentwicklung muss jeder Mensch in sich selbst durchführen; das Zentrum des Werkplatzes dafür ist die eigene Seele.

Die Eigenart aller Menschen drückt sich in der Persönlichkeit aus, wobei die Persönlichkeitsunterschiede ebenso beträchtlich sind wie die Verschiedenheit der sichtbaren Menschen. Es gibt in höchstem Grade intelligente, dumme, mutige, feige, sanftmütige, psychisch und physisch kranke, gesunde, selbstbewusste Menschen und weitere tausendfache Differenzierungen. Es ist offensichtlich, dass keine zwei Menschen sich gleich sind und dass die Vielfalt nicht nur erkennen lässt, dass es offenbar keinen idealen Typus gibt, sondern dass dieser naturgeborene Mensch auch in keiner Hinsicht der aus dem göttlichen Urgrund stammende Mensch sein kann, sondern höchstens eine schlechte Karikatur vom wahren Typus Mensch. Auch Darwin wusste, dass der sichtbare physische Mensch nicht die Krone der Schöpfung sein kann, sondern lediglich als der letzte Ast am Baum des biologischen Lebens zu verstehen ist, verwandt mit den Tieren. So erkennen reine Darwinisten den heutigen Menschen als ein Selektionsprodukt, entstanden aus einer Mischung aus Stärke und Anpassungsfähigkeit, was heißt: nur der Stärkere und Anpassungsfähigere überlebt. Das Prinzip dieser Lebensform und -haltung ist die Selbstbehauptung auf Kosten des Lebens und/oder der Lebensweise anderer und hat mit Einschränkungen auch Eingang gefunden in die Gesellschaftsordnungen der Völker aller Zeiten. Selbst die heutige Ordnung von demokratisch bestimmter Marktwirtschaft hat dieses Prinzip legitimiert und lediglich durch den Einschub einiger sozialer Komponenten eingeschränkt.

Vom Einzeller über den Dinosaurier zum Säugetier ist schließlich ein Mensch entstanden, sagt man. Was aber zu diesem Menschen gehört, ist damit noch nicht erklärt, ebenso wenig sind Gründe genannt, weshalb ein Mensch in dieser Form ins Dasein kam. Nur das Wie ist erklärt, nicht aber das Warum. Mit der Sichtweise der Naturwissenschaften können die Gesetze der Natur (Mathematik, Physik, Chemie, Biologie und Evolution) erkannt werden. Mit der Erkenntnis dieser Gesetze und Ordnungsprinzipien kann auch verstanden werden, dass mit diesen weder der Ursprung der Entstehung der Materie noch die des ersten biologischen Lebewesens erklärt werden kann. Ebenso wenig kann der Sinn und das Lebensziel des am höchsten entwickelten Lebewesens gedeutet werden. Weiterhin ist nicht begreiflich gemacht, wer diese Gesetze und Ordnungsprinzipien geschaffen hat und zu welchem Zweck.

Die Überwindung der sichtbaren Natur mit ihren Gesetzmäßigkeiten von Wachstum, Blüte und Vergänglichkeit ist mit Hilfe der umfangreichsten Kenntnisse dieser Ordnungsprinzipien nicht möglich. Die Teilhaber an diesem System, ob Mensch oder andere Lebewesen, ja selbst der ganze sichtbare Kosmos, sind die Gefangenen dieses Systems. Bleibt ein Mensch auf der Betrachtungsebene der Naturgesetze stehen, so begreift er sich als ein Wesen, das ausschließlich dieser sichtbaren Natur angehört. Eine solche Betrachtungsweise darf als beschränkt bezeichnet werden, denn der Mensch, ausgestattet mit einem vernünftigen Verstand, ist zweifellos als etwas Höheres einzuschätzen, als etwa Tiere, die unschwer erkennbar den Naturgesetzen in keiner Weise entrinnen können.

Der körperliche Mensch jedoch, wenn auch etwa als kochender Affe bezeichnet, hat im Unterschied zum Affen die Fähigkeit zur Selbsterkenntnis und damit zur Erkenntnis eines Lebenszieles, eines Zieles also, das seinem Leben eine Richtung gibt. Dass dieses in keiner Hinsicht biologischer Natur zu sein braucht und daher außerhalb der darwinschen Betrachtungen gesucht werden muss, ist für jene klar, die ihre Beobachtungen auf die unsichtbare Seele richten und den Menschen nicht nur mit den Sinnesorganen wahrnehmen, sondern mittels des Denkens und der Vernunft zu erfassen trachten. Sie suchen, Erkenntnis mit dem vernünftigen Verstand zu erlangen, einer geschenkten Fähigkeit der Seele. Diese im Menschen erkennbare Vernunft besitzt die höchste Verwandtschaft zur göttlichen Welt.

Die ganze sichtbare Welt ist aus der Perspektive der Vernunft kein Endziel. Zweck und Ziel des Seins liegen außerhalb der sichtbaren Welt in einer unvergänglichen geistigen Welt. Mit anderen Worten, das Lebensziel des Menschen muss außerhalb der zeit-räumlichen Welt gesucht werden. Diese Vorstellung ist für Wesen ohne ausreichendes Denkvermögen nicht erklärbar, und für die meisten Menschen gehört sie wohl auch ins Reich realitätsferner Fantasie. Dass viele Menschen über Denkvermögen mit Verstand verfügen, ist unbestritten, ob dieser Verstand aber mit Vernunft gepaart ist, ist nicht offensichtlich.

Es stellt sich daher die Frage: Gibt es überhaupt eine Welt, die nur mit Gedanken erfasst werden kann? Deren Existenz ist auf zweierlei Arten erkennbar, einerseits mittels der am irdischen anhaftenden Eigenschaften wie Schönheit, Gerechtigkeit, Liebe und Güte, von Platon als unvergängliche Ideen bezeichnet, mündend in der Idee des Guten, der höchsten erkennbaren Idee, sowie im weiteren in den Gesetzen der Mathematik, die ewige Gültigkeit besitzen, unbesehen davon, ob sie in der Raum-Zeit-Welt abgebildet werden oder nicht. Andererseits kann diese Welt nur in einem Wesen mit Denkvermögen »abgebildet« werden, das auch die Fähigkeit hat, diese Ideen zu erkennen.

Von der Existenz einer denkbaren Welt und von der Anwesenheit des Bewusstseins von dieser Welt im Menschen zeugen viele Philosophen und Künstler. *»Ich denke, also bin ich.«* (Descartes) *»Alles Denkbare existiert.«* (Picasso) *»Diese Ideen sind denkbar, also sind sie.«* (Platon) – Diese Denker zeugen mit ihren Vorstellungen von der Existenz rein denkbarer Dinge. Andere Philosophen wiederum, beispielsweise Aristoteles, haben die Ideen nur als im Innenraum des Menschen existierend verstanden und die Existenz einer denkbaren Welt außerhalb dieses Innenraumes verneint. Diese Auffassung konnte von Cusanus nicht geteilt werden, ist doch in seiner Philosophie der Ursprung allen Seins rein geistiger Natur und den Ideen gleich. Diese »Ideen« existieren also immer, sie waren bereits wirksam, bevor biologische Menschen evolutiv entstanden sind. Ideen sind die Denkstrukturen und das Lebensgebiet des inneren Menschen, welcher als Ewigkeitswesen immer existiert. Die denkbare Welt ist daher die höchste Realität und Ewigkeit und nicht nur ein Gebilde, das sich im Denkvermögen des Persönlichkeitsmenschen zeigt. Der Mensch kann aber von der Existenz des inneren Menschen Kenntnis nehmen. Sein

Denkvermögen ist jedoch wie er selbst Bestandteil der zeit-räumlichen Welt.

Im Dialog *»Timaios«* hat Platon den Menschen als zweifaches Wesen beschrieben: aus Körper und Seele sowie aus Geist (Idee) und Seele bestehend. Der Mensch ist ein Angehöriger zweier Welten, jener der Vergänglichkeit und jener der Ewigkeit. Diese Zweifachheit wurde von Goethe mit *»Zwei Seelen wohnen, ach! in meiner Brust«* ausgedrückt, *»die eine ganz dem Irdischen zugewandt, die andere nach dem Himmel strebend«*. Meister Eckhart sprach vom inneren und vom äußeren Menschen. Die Erkenntnis von dieser Zweifachheit ist das Ergebnis einer Denkarbeit einerseits und einem Licht in der Seele (Platon: *»7. Brief«*), welches aufleuchtet und den Blick von der eigenen Person abwendet und die Existenz einer reinen Seelenwelt erkennen lässt. In dieser Seelenwelt steht nicht ein »Ich« im Vordergrund, sondern ein Wesen, das das Lebensfeld mit anderen teilt und seine Handlungen in Liebe und Gerechtigkeit ausführt. Dieses Leben aus der Vernunft rührt her vom Wissen um die Abstammung alles Lebenden von einem gemeinsamen einheitlichen Ursprung. Die Erkenntnis von der eigenen, zwei Welten angehörenden Seele erlaubt es, zwischen zwei Ordnungen unterscheiden zu können, denen der Mensch unausweichlich ausgeliefert ist, nach welchen er sein Leben auszurichten hat.

Die als erste wahrnehmbare Ordnung betrifft die sichtbare Welt, hier gilt das Recht des Stärkeren und Anpassungsfähigeren, der Eigennutz steht vor dem Nutzen des andern. Die zweite Ordnung betrifft eine nur mittels des Denkens zu erfassende Welt, erfahrbar im Liebesgesetz (Johannes 13.34-35) und der Welt des Neuen Testaments sowie in der Idee des Guten. Diese Ordnung ist in Spuren auch in der sichtbaren Welt erkennbar, jedoch darin nur beschränkt anwendbar, da die physische Welt von den Kräften der sichtbaren Natur dominiert wird. Zwischen den beiden Ordnungen steht ein Trennstrich, sie sind nicht miteinander vereinbar und auch nicht vergleichbar. Im Dialog *»Parmenides«* schreibt Platon, dass sie nichts miteinander zu tun haben.

Der Mensch aber kann beide Ordnungen nicht nur erkennen, sie sind in ihm wirksam: das Naturgesetz, dem er sich bis zu einem gewissen Grad notwendigerweise beugen muss, und das Liebesgesetz, das er freiwillig befolgen kann. Ersteres ist vergänglich, nach der Auflösung der sichtbaren Natur verschwindet auch dieses Gesetz, denn es existiert kein Wesen mehr, das unter dieses gestellt werden könnte. Das nach der Ordnung des Guten anwendbare Liebesgesetz jedoch hat ewige Gültigkeit, es betrifft die materielle Welt nicht. Dieses Gesetz existiert, egal, ob ein Mensch von ihm weiß oder nicht und ob er es anwendet oder nicht.

Eine Seele, die ein ewig seiendes Gesetz befolgt und verinnerlicht, hat damit Anteil an etwas Ewigem. Das ewige Seelenleben ist also nur für solche Seelen gewährleistet, welche auch das dem Menschen gewährte und von ihm erkennbare Liebesgesetz befolgen. Eine in dieser Ordnung lebende Seele, das heißt ein Mensch, der dieses Gesetz in sich erkennt als das wahre höchste Prinzip , hat Anteil an der Ewigkeit, hat Ewigkeitsbewusstsein erlangt.

Die Naturwissenschaften, genauer die Biologie im darwinschen Sinne, beweisen immer wieder, dass die sichtbare Welt in keinerlei Hinsicht von der Vernunft bewegt wird und nicht der göttlichen Uridee entstammt und daher nicht dafür gedacht ist, um darin die göttliche Absicht zu realisieren. Sie ist vielmehr ein Hinweis, dass die göttliche Welt außerhalb der sichtbaren gesucht werden muss. Die göttlichen Prinzipien sind nicht in ihr enthalten, sondern nur im Menschen, im unsterblichen Teil seiner Seele; davon kann er Bewusstsein erlangen, wenn er den Zugang zu diesem Seelenteil findet.

Die Philosophie befasst sich mit der reinen, unvergänglichen Gedankenwelt als dem Zielbereich, zu dem sich der Mensch begeben kann. Erkennt ein Mensch seinen verwandtschaftlichen Anteil an der Welt des Guten, so wird er diese Affinität aktivieren und seine Zugehörigkeit zur Tierwelt auf ein naturnotwendiges Maß reduzieren.

Der wahre Mensch, mittels des reinen Denkens vorstellbar, muss daher außerhalb der biologischen Struktur, der ganzen sichtbaren Natur gesucht werden. Denn diese vergängliche Natur, von Darwin und Einstein erklärt, ist eine Welt der Gefangenschaft: Gefangen in den Naturgesetzen muss ein notwendiger Lebensrhythmus befolgt werden, der unausweichlich in den Tod führt. Aber was ist das für ein Tod? Es ist der Tod eines Bewusstseins, das sich vollständig an die physische Natur mit ihren Gesetzen geklammert hat und nach deren Untergang nicht mehr existieren kann.

Wo aber lässt sich der wahre Mensch finden? Die Philosophie versucht, auf diese Frage Antworten bereitzustellen, indem nach seinem Ursprung, seinen Wesensmerkmalen und seinen Entwicklungsperspektiven gefragt wird. Auf diesem Weg des Denkens sollte der Mangel an Perspektive der biologischen Ordnung für den denkenden Menschen erkannt und verlassen werden, um in die Harmonie der Welt des Guten einzutreten. Das Lebensziel wird dann darin bestehen, Erkenntnis von einer unvergänglichen göttlichen Ordnung zu erlangen, um nach deren Gesetzen zu leben. Diese Ordnung findet sich im Liebesgesetz, dargestellt in vielen Schriften der großen Denker und in den heiligen Schriften. Der Mensch besitzt die Freiheit, dieses Gesetz kennenzulernen und anzuwenden; Richtet er sein Leben auf dieses aus, so schafft er Freiheit für den inneren Menschen. Eine wichtige Aufgabe in den Bildungsstätten der Philosophie war es, nachdem im Herzen eines Menschen der Funken entzündet wurde, Wege aufzuzeigen, wie vom inneren Menschen Bewusstsein erlangt werden kann. Wenn ein Mensch in sich Spuren des inneren Menschen erkennt, so können Methoden aufgezeigt werden, damit der Erkennende in der eigenen Seele Raum schafft zum Erkennen dieses Anderen in sich.

Im Sokrates offenbarte sich der innere Mensch. Er nannte diese innere Stimme »Daimonion« (griechisch: »göttliches Wesen«), die ihn leitete, dem Guten zu dienen und dessen Kraft anzuwenden. Zum Erkennen des Guten sind zwei Impulse notwendig: einerseits die Vernunft, die mittels Bildung des Denkens ins Bewusstsein gelangt (sie sind in vielen Dialogen Platons enthalten), anderseits die Liebe zum Guten, sie entsteht aus der Umwendung des Begehrens in der Seele, weg von der Zuwendung zu irdischen Dingen und hin zu den Gegenständen des Denkens und dem Seienden (von Platon zum Beispiel dargestellt im Dialog *»Symposion«*). Der Arbeitsplatz, um diese Umwendung zu vollziehen, ist die Seele, der Innenraum des Menschen.

2.2. Der innere und der äußere Mensch

Der sokratische Daimonion, von Platon als innere Stimme des Philosophen dargestellt, erlaubte Sokrates, das Wesen »Mensch« zu ergründen. Er suchte daher schon von Jugend an nach vernünftigen Begründungen von Welt und Menschheit und gelangte zum Schluss, dass die unsterbliche Seele, als des Menschen innerstes Wesen, der wahre Mensch sei und nicht die sichtbare vergängliche Persönlichkeit. In Platons Dialog *»Alkibiades 1«* (133ac) werden der Sitz der vernünftigen Einsicht und der Zugang zu dieser wie folgt beschrieben:

> *Sokrates: »Will das Auge sich selbst sehen, so muss es in ein anderes Auge schauen und zwar in die Stelle desselben, indem die eigentliche Kraft desselben ihren Sitz hat. Das aber ist die Pupille. …*
> *Muss also nicht auch die Seele, wenn sie sich selbst erkennen will, in die Seele blicken und vor allem in den Teil derselben, dem ihre beste Kraft, die Tugend und die Weisheit angehört? Und dazu auch in ein anderes, nämlich in das, mit dem dieses gleichartig ist? …*
> *Können wir nun einen göttlicheren Teil der Seele nennen als den, in welchem das Wissen und die vernünftige Einsicht ihren Sitz haben? …*
> *Es gleicht also dieser Teil derselben dem Göttlichen, und blickt einer auf dieses hin und auf alles von göttlicher Art, so erkennt er Gott und das Wirken der Vernunft, und eben damit erkennt er am sichersten auch sich selbst.«*

Der platonische Sokrates empfand es als seine wichtigste Aufgabe, die Menschen über diesen Sachverhalt aufzuklären. Die Gewissheit seiner Philosophie stammt von seiner inneren Stimme, dem unsterblichen Element in seiner Seele. Er erklärt das Wesen der Seele in kritischer Würdigung der Argumente der älteren Philosophen. Die platonischen Dialoge dokumentieren die Vorgehensweise des Sokrates, um seinen Diskussionspartnern und Schülern seine in sich erfahrene Wahrheit zu erklären. Seine Gesprächspartner sollen zu eigenem Denken und zu eigener Erfahrung bezüglich des Vorhandenseins eines unsterblichen Seelenteils im Menschen angeregt werden.

Der wahre Mensch ist nach platonisch-sokratischem Verständnis der Seelenmensch, welcher die Gesetze des Geistes erkennt und dem äußern Menschen erscheint, wenn dieser seine innere Gestalt enthüllen kann. Zur platonischen, der Selbsterkenntnis gewidmeten Philosophie gehört auch, alles Vergängliche, nämlich die gesamte sichtbare Natur, den Menschen eingeschlossen, als solches zu begreifen und das Denken, das nur die Gesetze dieser Natur zum Gegenstand hat, als Irrweg, was das Erlangen von Erkenntnis über den wahren Menschen anbelangt, zu bezeichnen.

Sokratisches Denken erschließt daher einen Weg, der zum Erkennen des inneren, des ursprünglichen Menschen göttlicher Abstammung, der um die göttlichen Gesetze weiß, führt. Das Beschreiten des sokratischen Weges des Bewusstseins der Vernunft bewirkt das Abstreifen der äußeren Hülle, das sind die wirksamen Denkmuster in der sichtbaren Natur, Selbstbehauptung und Anpassung. Das vom irdischen Ballast befreite Denken erlaubt dem Menschen das Erkennen der göttlichen Gesetze als die seinem eigenen Wesenskern zukommenden. In der Folge wird er sich bemühen, ein tugendhaftes Leben zu führen, weil er erkennt, dass diese Lebensführung aus der höchsten Vernunft stammt. Gerechtigkeit ist nicht, was dem äußeren Menschen nützt, sondern der Seelenbildung förderlich ist – und das ist das Erkennen der der Seele innewohnenden Gerechtigkeit, die allein zur Seligkeit führt.

Die Dialoge Platons dienen nicht dazu, den Schüler der Philosophie in die Irre zu führen, sondern ihm aufzuzeigen, wohin sein eigenes Denken und das von diesem Denken bewirkte Handeln führen. Das Ziel besteht darin, im Schüler die eigene Unwissenheit über das Lebensfeld des Ursprungs bewusst werden zu lassen. Als Folge dieser Einsicht kann eine Umwendung der Seelenausrichtung herbeigeführt und ein darauf basierendes Handeln erwirkt werden.

Im Dialog *»Menon«* wird die Frage gestellt: Was ist Tugend? Tugend ist eine Lebenshaltung, die zur Erfüllung der menschlichen Aufgabe führt: zur Selbsterkenntnis, das ist die Einsicht in das eigene Wesen. Wenn der Mensch sein Wesen, seine Abstammung aus der Welt des Alleinguten erkennt, hat er auch Bewusstsein vom Guten und damit von der Tugend.

Was ist allen Menschen gemein? Was ist sein Wesenskern? Wo bestehen keine Unterschiede mehr zwischen den Menschen, wo sind sich alle ähnlich? Die Antwort könnte lauten: in der Idee, im Typus. Und dieser Typus manifestiert sich in der unsterblichen Seele, die dem einen Ursprung entstammt, aus dem alle Seelen hervorkommen; er zeigt sich in der Einheit mit dem Ursprung und Einen. Aus dieser Einsicht werden auch sein Lebenssinn und seine Aufgabe deutlich: seinen göttlichen Kern, sein Vernunftvermögen in der Seele offenzulegen. Das Resultat ist die Erkenntnis vom Wesen, das ihn von allen anderen Geschöpfen unterscheidet. Er kann sich selbst begreifen mit einem nur ihm eigenen Organ von zweifacher Ausrichtung, einerseits dem Körper zugewandt, andererseits vom Geist der Vernunft bewegt, es ist das Denkvermögen der Seele.

Mittels der Erinnerung kann die Seele sich ihres ursprünglichen Zustandes bewusst werden. Doch was erinnert sich? Nur die unsterbliche Seele im Menschen besitzt Erinnerungsvermögen an einen anderen Zustand. Die sterblichen Seelenteile, die ja vor der Geburt nicht existent waren, können sich eines vormaligen unsterblichen Zustandes nicht erinnern. – Das Erinnerungsvermögen an eine Idee lässt sich am Schönen zeigen. Wir empfinden ein Ding als schön. Woher wissen wir, dass es schön ist? Der Grund kann darin gesehen werden, dass der Mensch über ein intuitives Schönheitsempfinden verfügt und weiß, dass das Schöne existiert. Platon sagt, wir erinnern uns daran. Nun begehen die Menschen aber den Fehler, das Schöne in der vergänglichen Welt zu suchen, wo es nicht gefunden werden kann. Es muss in der Seele gesucht werden, in welcher das Schöne an sich mit seinem Ewigkeitsstatus verborgen ist.

Im Sonnengleichnis (*»Politeia«*, 6. Buch) geht Platon auf die Zusammenhänge des Guten mit der Sonne ein. In der werdenden und vergänglichen Welt bedeutet die Sonne alles. Ohne sie kann kein Leben und damit kein Wachstum und Werden stattfinden. Sie macht nicht nur alle Dinge sichtbar, denn ohne Licht kann das Auge nichts wahrnehmen, sie steuert auch alle Prozesse auf der Erde mit dem Spenden von Wärme und Licht und bewirkt damit alle Lebenskreisläufe und das Wachstum der Pflanzen. Die Sonne ist die Wirkkraft für alles irdische Leben. Ihr Prinzip ist das

Geben; sie gibt, ohne zu nehmen, ohne irgendeine Gegenleistung. Dieses höchste Prinzip kann in der Welt des Geistes als das Gute bezeichnet werden. Gut ist, was dem Leben dient. Und werdendes Leben ist ein Prozess, der zum Guten führen soll. Dieses Gute zu erlangen oder ihm ähnlich zu werden und zu sein, ist das Lebensziel. Für Menschen ist also das gut, was ihn über diese Zusammenhänge aufklärt. Gut ist, wer gibt, und zwar Bewusstsein vom Wesen des Guten, und Hand anlegt, damit dieses Gute auch begriffen werden kann.

Die Denkprozesse zum Erkennen des Guten finden im Innern des Menschen statt, in seiner Seele. Ein Mensch, der das Gute erkannt hat, zeugt von diesem Guten. Der Bewusstseinsgrad vom Guten ist von Mensch zu Mensch, bedingt durch Erbanlagen und karmische Gebundenheit, sehr unterschiedlich. Die von den Großen hinterlassenen Zeugnisse sind Vorbild und Ansporn, um das Bewusstsein vom Guten in den Seelen zu bewirken, die dieses ohne solche Hilfe noch nicht in sich erkennen können. Indem über das Wesen des Guten gesprochen wird, wird Erkenntnis vermittelt über das Wesen des Lebens und der Wahrheit. Das Gute schließlich besteht im Verständnis des Begriffs Gottes und der Erkenntnis, warum alles ist, wie es ist, und dass dieses Sein das Beste ist und vollkommen. Dieses Gute ist nur im inneren, ursprünglichen Menschen erfahrbar. Die Resultate des Guten des äußeren, natürlichen Menschen sind nur für den äußeren, sterblichen Menschen gedacht. Gelingt es, den äußeren Menschen vom Zwang, sich allein um das Äußere zu kümmern, zu entlasten, so kann dieses »Gute« auch als Vorstufe zum Guten bezeichnet werden. – Das Gute im Seienden, bezogen auf den inneren Menschen, ist in der dokumentierten Menschheits- und Kulturgeschichte nur spärlich anzutreffen. Und das Jesus-Wort: *»Keiner ist gut, auch nicht einer«*, konnte bis zum heutigen Zeitpunkt nicht widerlegt werden.

Selbsterkenntnis bedeutet, Erkenntnis erlangt zu haben vom aktuellen Seinszustand des Menschen. Sein Dasein umfasst ein bewusstes, aber vergängliches Äußeres und ein nur schattenhaft bewusstes unvergängliches Inneres, das dem aus dem Einen stammenden unsterblichen Wesenskern entspricht. Das Äußere repräsentiert die vergängliche kurzlebige Natur.

2.3. Das Lebensprinzip Seele

Die Seele ist das Bewegende; in ihr ist eine nicht auflösbare Kraft, die sich immer ausdrückt, sei es aufgrund unbedachten Handelns in der sichtbaren Welt oder durch Führung des göttlichen Geistes. Sie ist also zunächst eine neutrale Kraft, und je nach dem Wesen des Geistes, von welchem sie geleitet wird, ist sie beständig. Falls irdische Ziele in der materiellen Welt verfolgt werden, erlischt die Seelenkraft mit der natürlichen Vergänglichkeit der Dinge, an welche sie sich gebunden hat.

Die unsterbliche Seele ist in dir, aber sie ist nicht du, das heißt, sie ist nicht zu verwechseln mit der irdischen Persönlichkeit, nicht mit dem Körper und nicht mit dem genetisch bedingten Charakter. Sie ist aber verbunden mit den sterblichen Seelenteilen und kann ohne Anstrengung nicht bewusst wahrgenommen werden. Das Erkennen der unsterblichen Seele im Menschen kann erfolgen nach dem Erscheinen eines intuitiven Lichtes, eines Erlebnisses und Hinweises auf eine denkbare Welt des Guten. In der Folge wird der von diesem Erlebnis Berührte sich bemühen, mehr über das Gute und über sein Selbst zu erfahren. Er wird zum Philosophen, zum Weisheitsliebenden.

Was ist Bewusstsein? Es findet in der Seele statt und ist Erkenntnis von etwas. Erkenntnis vom Selbst ist Selbstbewusstsein. Erkenntnis vom Wesen Mensch wäre demnach ein anzustrebendes Ziel. Was aber ist der Mensch? Nach der Lehre Platons ist das Entscheidende am Menschen seine Seele. Der Mensch ist zwar ein Leib-Seele-Wesen, aber nur die Seele kann als unsterblich verstanden werden. Der Leib folgt den Gesetzen der vergänglichen Natur. Ob die Seele aber unsterblich ist, ist Bestandteil der philosophischen Untersuchung.

Die Hauptunterschiede des Menschen zu anderen Lebewesen zeigen sich in der Seele, in der Erkenntnisfähigkeit beziehungsweise der Möglichkeit zur Selbsterkenntnis und nicht im Körper, in dem eine große Verwandtschaft zu den Tieren festgestellt werden kann. Das wichtigste Wesensmerkmal des Menschen ist das Denkvermögen in seiner Seele. So kommt denn auch der Analyse der Seele in Platons Philosophie eine zentrale Bedeutung zu. Menschenkenntnis ist für ihn Seelenkenntnis. Nach seiner Vorstellung stammt die Seele ursprünglich aus dem göttlichen Urgrund, hat sich aber davon entfernt und Qualitäten des irdischen Umfeldes angenommen.

Gewisse Autoren erklären, dass der Mensch über zwei Seelen verfügt: eine natürliche, der sichtbaren Welt zugehörig, ganz auf das Irdische gerichtet und vergänglich, und eine nach dem unvergänglichen Ewigen strebend, die unsterbliche Seele. Andere wiederum erklären den Menschen als aus zwei Wesen bestehend, aus einem äußeren und einem inneren Menschen. Ebenso kann auch von einer ersten und einer zweiten Seele gesprochen werden. Die Reihenfolge ergibt sich zum Beispiel nach deren Bedeutung oder nach der zeitlichen Abfolge, nach der die Seele vom menschlichen Bewusstsein erkannt wird. Die Seele kann aber auch als Einheit verstanden werden. In einem Prozess der Selbsterkenntnis wandelt sich die Seele, sie wendet sich weg von der Orientierung auf die physische Natur und hin zur Natur des Geistes, also zu einer Natur, die nur mittels des Denkens zu begreifen ist.

Die erste Seele ist die natürliche, die lebensnotwendige Nahrung verlangende, sie ist wahrnehmbar in jedem Kind, nachdem es von der Nabelschnur getrennt wurde. Die zweite Seele jedoch, in diesem Körper schlummernd, ist eine rein geistige und auf geistige Nahrung gerichtet und nur mittels des Denkens erkennbar. Es ist die sich im Menschen befindliche Denkseele, die mittels der Vernunft bewusst erfahren werden kann. Wird sich nun ein Mensch der Vernunft in sich bewusst, so kann er auch die göttliche Komponente in sich erkennen. Das Streben nach Vernunfterkenntnis ist daher ein Streben nach dem Göttlichen. Nun hat aber der Mensch auch einen Leib, und dieser strebt nach körperlicher Erfüllung.

»Faust I«, Vers 1112, 1117:

»Zwei Seelen wohnen, ach! in meiner Brust,
Die eine will sich von der andern trennen;
Die eine hält, in derber Liebeslust,
Sich an die Welt mit klammernden Organen;

Die andere hebt gewaltsam sich vom Dust (= Staub) zu den Gefilden hoher Ahnen.«

Die platonische Philosophie hat kein anderes Ziel, als diese zwei Seelen im Menschen ins Bewusstsein zu bringen. Der ersten, der vergänglichen und in jedem Menschen spürbaren, wird die Rolle des Nebendarstellers zugewiesen. Die zu den Gefilden hoher Ahnen strebende Seele existiert nach Platon bereits vor der Geburt des Menschen, denn sie ist unsterblich, stammt aus einer denkbaren Welt und braucht im irdischen Menschen nur erkannt und ihm bewusst werden. Sie verbirgt sich unter der Hülle der irdischen, vergänglichen Persönlichkeit und ist göttlichen Ursprungs. Sich der zweiten Seele bewusst zu sein, ist laut Platon auch mittels Wiedererinnerung möglich. Wiedererinnerung ist der Ausgangspunkt und führt zur Erkenntnis, dass mittels philosophischer Bildung das Bewusstsein von einer Seele oder einem Seelenteil im eigenen Wesen erlangt werden kann. Es handelt sich bei der Wiedererinnerung aber nicht um ein aktives Denken des physischen Menschen, sondern um passives Empfangen eines intuitiven Impulses.

Die Schule der Philosophie lehrt den Weg zur Selbsterkenntnis, den Weg zur Erkenntnis vom wahren Menschen, vom Seelenmenschen, der wiederum Kenntnis vom Geist erlangt in Form eines inneren Wissens. Dieser orientiert sich nicht an der äußeren Welt, sondern am denkbaren Menschenbild, das er in sich selbst entschleiern muss. Befreiung bedeutet Trennung von der vergänglichen Welt und Verbindung mit dem Geist. Eine solche hat einmal bestanden, wurde aber aufgelöst. Und diese Auflösung bewirkte den Eintritt der Seele in die Verbannung, das heißt in ein Gebiet, das losgelöst ist vom Geist. In diesem Gebiet herrscht Chaos, denn es besteht keine einheitliche Leitung. Die Bewohner dieses Gebietes liegen in einem Dauerstreit und ringen um die Ordnung, die dort herrschen soll.

Die Menschheitsgeschichte zeigt mit aller Deutlichkeit, dass auch nach einigen tausend Jahren voller Bemühungen um Kultur und Zivilisation noch immer keine einvernehmliche Ordnung gefunden werden konnte. Die Bestrebungen, Zivilisation und Gerechtigkeit im Sinne der Erklärungen der Staatengemeinschaft zu verwirklichen, stehen im Wiederstreit mit den Vorstellungen der um ihren Einfluss besorgten Machthabern und betreffen in erster Linie den äußeren sichtbaren Menschen. Das Finden einer geeigneten Ordnung ist deshalb schwierig, weil nur eine solche für die materielle Welt gesucht wird. Die Verteilung der Güter, der Kampf um die Ressourcen, die Beanspruchung der Natur und der Erhalt des sogenannten Wohlstandes lassen die gegensätzlichen Interessen der Besitzenden und der über keinen Besitz verfügenden Menschen deutlich in Erscheinung treten. Streit und Krieg sind auf dieser Basis unvermeidlich. Diese von Platon im Dialog *»Phaidon«* geschilderte Ausgangslage hat sich in den vergangenen 2.400 Jahren nicht geändert.

Die in einem demokratischen Prozess eingebundene Zielsetzung der gegenwärtigen Menschheit, der materielle Wohlstand, entpuppt sich als Falle, und zwar deshalb, weil dadurch die Natur überstrapaziert wird und ein Kampf um die Ressourcen der Erde mit allen Mitteln heraufbeschworen wird. Als noch größere Falle erweist sich der Bruttosozialproduktfetischismus aber auch, weil der Seele, als Wesenskern des Menschen keine angemessene Bildung zukommen kann. Da die Bedeutung der Seele für den wahlberechtigten Menschen nicht ausreichend erkannt wird, werden auch solche Menschen in Führungspositionen gehoben, die weder über Seelenkenntnis noch über eine umfassende Selbsterkenntnis verfügen. Die politischen Verhältnisse haben sich, was die Bedeutung der Seelenpflege anbelangt, seit den ersten demokratischen Stadtstaaten in Griechenland nicht wesentlich verändert. Wege aus der Wohlstandsfalle, in der die gegenwärtigen Gesellschaften stecken, können daher nicht gefunden werden, da sich die Menschheit ihres Zustandes nicht bewusst ist.

Für den inneren Menschen gilt eine andere Ordnung, die zum Beispiel im Liebesgesetz erklärt ist. Dieses Gesetz zu erkennen, wird erst möglich, wenn sich der Mensch von der äußeren Ordnung der sichtbaren Natur, der sein eigenes Handeln untergeordnet ist, befreit hat. Diesen Befreiungsprozess muss jeder Mensch in sich selbst, in seiner Seele durchführen. Denn niemand außer er selbst kann die in seinem Wesen schlummernde unsterbliche Seele in einen Zustand überführen, in dem eine Befreiung wahrscheinlich wird. Nach Platon hat die Seele ihren vormaligen Lebenszustand in der Ewigkeit beim Eintritt in das sichtbare Lebensfeld, also in einen Körper vollkommen vergessen.

Der erste Schritt auf dem Wiedererinnerungs- und Befreiungspfad kann nur erfolgen, wenn ein Licht in der Seele aufleuchtet. Dieses Licht bedeutet beginnende Selbsterkenntnis, Erkenntnis der Wahrheit, dass der Mensch aus zwei Wesen besteht: einem äußeren und einem inneren Menschen. Ist diese Erkenntnis wie ein Lichtfunken in der eigenen Seele entbrannt, so kann sich ein solch Entzündeter in die Obhut einer Philosophie begeben. Die Philosophie ist die Liebe zur Weisheit, die dem Kandidaten hilft, in der eigenen Seele den Prozess von der Verlagerung des Bewusstseinszentrums vom vergänglichen Äußeren zum unvergänglichen Inneren durchzuführen. Ohne diesen intuitiven Impuls der Wahrheitserkenntnis hat die darauf folgende logische philosophische Begründung der Abstammung der Seele kein Fundament, auf das gebaut werden kann. Die Vorstellung der Philosophie bleibt das Konstrukt eines Anderen, seine Sichtweise wird zwar gekannt, aber sie bleibt draußen, außerhalb der eigenen Seele. – Der wesentliche Unterschied zwischen Wissen und Weisheit besteht darin: Wissen ist erlernbar und praktisch anwendbar in der äußeren Welt, es ist von einem zum anderen Menschen übertragbar. Weisheit, Einsicht in die Kreisläufe des Lebens zum Erkennen der Wahrheit, ist dagegen nicht übertragbar. Sie muss in der eigenen Seele erarbeitet und erkannt und in der Folge in der eigenen Lebenspraxis angewandt werden. Nur wenn das Wahrheitslicht auch in der eigenen Seele zu leuchten beginnt, wird eine Lehre lebendig, das heißt, sie kann in der eigenen Seele wirken.

Philosophische Tätigkeit ist die Durchführung eines Denkprozesses in der eigenen Seele, in welchem das Erkannte auch in der täglichen Praxis angewendet wird. Geschieht dies nicht, so blieb ein Gedankengang nicht in der Seele haften. Es war ein Gedankengang von Zarathustra, Laotse, Platon, Sokrates, Buddha oder Jesus, aber die Erkenntnis dieser weisen Menschen wurde nicht in der eigenen Seele nachvollzogen und konnte sich daher auch nicht in ihr festsetzen.

Die eigene Seele ist also der Ort, an dem gesucht werden muss, und nicht die äußere Welt. In Letzterer sind wohl auch Spuren des Geistes erkennbar, aber dieser selbst kann nur in der Seele gewahr werden, und wenn er erkannt wird, gibt er auch zu verstehen, dass er, der Geist, die erkennende Seele wahrgenommen hat. Die Seele kann mit dem Denkvermögen ihre Verwandtschaft mit dem Göttlichen erfahren und, wenn diese Einsicht genügend gefestigt ist, den Rückweg ins Gebiet ihrer Abstammung antreten. Diese erste Erkenntnis muss im eigenen Wesen erfolgen. Ohne dass ein Licht in der eigenen Seele aufleuchtet, kann der Weg nicht angetreten werden. Es wäre dann ein Weg, den ein anderer beschrieben hat, den ein anderer gegangen ist. Für die eigene Seele ist das letztlich ohne Bedeutung, denn sie muss den Weg aus der Umklammerung, aus der materiellen Bindung hin zum Geistigen selbst beschreiten. In diesem Prozess wird sie den Tag erleben, an welchem sie den Geist vollumfänglich erfasst.

In der Philosophie kann dieser Prozess erkannt werden, aber das alles Entscheidende ist die Wahrnehmung des Lichtes in der eigenen Seele, denn ohne dieses findet der Prozess nur im Äußeren statt, in einem Gerüst ohne Leben. Das Leben erfüllt sich in der eigenen Seele, und diese muss sich am Geist orientieren, denn dann wird sie sich ihrer Unsterblichkeit bewusst und kann nach den Gesetzen der Ewigkeit leben. Dass dieser Prozess mit gewaltigen Schwierigkeiten verbunden ist, hat Platon im Gleichnis vom Seelengefährt dargestellt. Im Dialog *»Phaidros«* vergleicht er die menschliche Seele mit einem Fahrzeug bestehend aus einem schwarzen Pferd (irdische Begierde), einem weißen Pferd (Durst nach Erkenntnis) und einem Wagenlenker (Vernunft). Auf allegorische Weise wird verdeutlicht, dass:

- die drei miteinander verbunden sind
- das schwarze Pferd das Gefährt zu den irdischen Genüssen und Tiefen zieht
- der vernünftige Lenker Kenntnis hat von einem harmonischen Gebiet, vom überhimmlischen Ort, an dem Gerechtigkeit, Güte und Schönheit als einzige Merkmale vorkommen

- wenn es dem Lenker mit Hilfe des weißen Pferdes nicht gelingt, das schwarze zu bändigen und seine Intentionen zu neutralisieren, das Gefährt niemals in die erstrebte Höhe entschwinden wird.

Die Funktion und Aufgabe des Körpers darf nicht nur als Werkzeug der Persönlichkeit verstanden werden. Er ist nicht Selbstzweck, nicht das Vehikel, um nach dem beruflichen Ruhestand oder während eines Urlaubs das »Leben« zu genießen. Er ist vielmehr der Ausgangpunkt für eine Seelenreise, eine Reise der Seele in ein göttliches Gebiet. Die im Körper gefangene Seele kann mit Hilfe der Denkfähigkeit des Menschen ihren Zustand erkennen und mit dieser sowie des ihm ebenfalls eingeborenen Willensvermögens den Weg freimachen für ihren Gang weg von der irdischen Gebundenheit hin in die Freiheit, in eine Welt der Vernunft und der Liebe. Diese ideale, nur mittels des Denkens erkennbare Welt zu finden, um darin zu leben, ist ihr Ziel. Platon hat diese Welt als überhimmlischen Ort bezeichnet, als Heimat der Seele des Ursprungs.

Die von verschiedenen Seiten vertretene Auffassung, dass alle menschlichen Seelen nach dem Tod des Körpers in dieses Gebiet gelangen, kann für den nur über ein Körperbewusstsein verfügenden Menschen schwerlich zutreffen. Der Körper geht den Gang, wie er in der Natur vorgezeichnet ist, und die an ihm haftende Seele wird auch keinen anderen Weg beschreiten können. Nur eine Vernunftseele, welche sich ihrer selbst bewusst wurde, wird nach dem Tod der stofflichen Hülle in ein Gebiet gelangen können, aus dem sie ursprünglich stammt und in das sie, wenn im irdischen Leben wiederum Bewusstsein von ihm erlangt wurde, ohne weiteres zurückfinden kann, da ihr die verwandtschaftliche Nähe zu ihm nicht mehr fremd ist.

Warum sollte also die Seele im Körper bleiben, da er sie nur behindert? Ein Mensch, der die zweifache Natur aller Menschen erkennt, wird seine Vorstellungen an diejenigen weitervermitteln, die nach dieser Erkenntnis suchen. Und diesen Menschen kann er nur begegnen, wenn er selbst im Körper lebt. Auf dieser Begegnungsebene wird er Aufklärungsarbeit verrichten, solange es ihm vergönnt ist, in dieser Behausung zu sein. Er kann von der denkbaren Welt in dem Ausmaß zeugen, in welchem er davon

Kenntnis erlangt hat, und die Alten, die in ihren Schriften davon berichteten, in einer verständlichen Weise vorstellen.

2.4. Die vier Bewusstseinsebenen im Leben des Menschen (Vom Kampfplatz in der Außenwelt zum Kampfplatz in der Innenwelt)

Von vier Bewusstseinsebenen ist die der physischen Natur die erste; der Mensch erfährt die Naturgesetze. Die Natur ist der Kampfplatz, um zu überleben: ohne Kampf ist kein Leben möglich. Leben auf dieser Stufe bedeutet lediglich überleben; Nahrungssuche beziehungsweise -erwerb, die Beschaffung der Produktionsmittel, den Landerwerb, den Kampf um fruchtbares Land oder eine gute geografische Lage sind der Mittelpunkt des Daseins. Der Stärkere lebt auf Kosten des Schwächeren. Der Einzelne erkennt auf dieser Stufe, dass er diesen Kampf besser führen kann, wenn er sich mit anderen Menschen zusammenschließt. Es entstehen Gemeinwesen, Städte, Staaten, Staatengemeinschaften und schließlich der globale Markt.

Die zweite Ebene ist die, auf welcher erkannt werden kann, dass der Mensch nicht vom Brot allein überlebt. Er begreift, dass es ein Leben geben müsste, in welchem der Kampf ums Überleben nicht der zentrale Lebensschwerpunkt ist. Er beginnt, über sein Handeln nachzudenken, er stellt sich Fragen über sich selbst und sein Umfeld. In diesem Denkprozess kann er begreifen, wer er ist und welches der Grund seines Daseins sein könnte. Und einige Menschen erkennen und erfahren so ein Licht in ihrer Seele. Sie sehen ein, dass es auch ein Leben gibt. Sie verlassen das Stadium des Überlebens und machen sich auf den Weg zum Leben.

Die dritte Ebene ist die der Erkennenden. Diese haben sich auf den Weg begeben, der zum Leben führt; ihr Dasein sollte nicht mehr von den Prinzipien des Überlebens geleitet sein, sondern vom Licht, das in ihrer Seele erschienen ist. Dieser Prozess um Erkenntnis vom wahren Leben ist mit erheblichen Schwierigkeiten verbunden. Die Lichtträger, diejenigen, die erkennen können, müssen feststellen, dass ihre Mitmenschen das Licht nicht bewusst erfassen können. Auch das mit großer Klarheit vorgetragene Mysterium des Lebens bleibt für die meisten Menschen unglaubwürdig, insbesondere wenn eine streng sittliche Lebensweise, als wesentliche Voraussetzung zum Erkennen des Mysteriums, empfohlen wird. Und sollten die Menschen, mit dem Lebensschwerpunkt »überleben« befürchten, dass die Lichtträger ihnen ihren Einflussbereich streitig machen könnten, werden die Lichtträger bekämpft (Jesus am Kreuz; Platon: Apologie des Sokrates).

Der Kampfplatz der Erkennenden ist die Seele des Menschen. Für die Lichtträger ist es die eigene Seele, sie müssen das Licht am Leben erhalten, bis es eine gewisse Kraft erreicht hat, um sich selber zu ernähren. Der innere Mensch muss Bewusstsein erlangt haben. Das Überlebensprinzip wird durch den inneren Menschen abgelöst und mit Lebensprinzip ersetzt werden. Das Ziel ist nun klar: die ganze Seele soll mit Licht gefüllt werden.

Auf der vierten Ebene schließlich sind die Seelen derjenigen anzutreffen, welche den Pfad zum Licht beschritten haben; die Seelen dort sind ganz mit Licht erfüllt. Sie werden nach Möglichkeiten suchen, um auch ihren Mitmenschen das Ziel, den Weg und auch die Ausgangslage, in der sich die Menschheit befindet, zu erklären. Es sollen für alle Erkenntnisfähigen, die in einer bestimmten Zeitepoche leben, die Voraussetzungen geschaffen werden, damit das Licht in ihren Seelen erscheinen kann. – Viele Philosophen, aber nicht alle, sind mit einem Lichtträger vergleichbar. Und in diesem Buch soll versucht werden, die Vorstellungen derjenigen zu verdeutlichen, die als Lichtträger bezeichnet werden können.

Jeder Mensch kann in seiner Seele das Gute erkennen oder zumindest begreifen, dass es ein Gutes geben muss, etwas Besseres als den Zustand, in welchem sich die Menschheit befindet. Mit diesem Befund wird klar, dass die Menschheit noch nicht im Guten angelangt ist. Es kann schließlich erkannt werden, dass im irdischen Lebensfeld das Schlechte überwiegt und der Mensch in einer Welt des Nicht-Guten lebt, denn sonst wäre das unermüdliche Streben nach Besserem nicht gegeben. Es stellt sich daher, falls Einsicht in diese Zusammenhänge besteht, die Frage: Wie kommen wir aus dieser Welt heraus?

Einem Betrachter, der außerhalb der sichtbaren Welt steht, nicht selber Teil von ihr ist, der aber Kenntnis vom Guten hat, stellt sich Folgendes dar: Angefangen beim kleinsten Insekt herrscht in der gesamten Tierwelt das Prinzip »Fressen und Gefressen werden«. Die dabei angewendeten Methoden sind, insbesondere was die fleischfressenden Tiere anbelangt, unbarmherzig und rein triebbezogen; in der Regel wird nur die eigene Art verschont. Die vernunftlose Natur erfüllt die ihr zugewiesenen Gesetze. Und mittendrin steht der Mensch mit der Fähigkeit zur Selbsterkenntnis und der Wahlmöglichkeit seiner Lebensgestaltung. Er kennt auch das Prinzip der Freiheit; er kann frei wählen zwischen einem tierischen Leben und einem Leben der vernünftigen Seele. Doch was tut er?

Für einen Beobachter ist vor allem die tierische Seite erkennbar, jene der Gefangenschaft in der Trieb- und der Begierdennatur. Dass viele versuchen, Gutes zu tun, bleibt nicht verborgen, aber den Resultaten dieses Guten ist oft Beständigkeit versagt, und der Schaden erweist sich als größer als der Nutzen. Die Freiheit, sich der Natur des Denkens zuzuwenden und ein darauf basierendes Handlungsleben zu führen, wird nicht wahrgenommen. Warum ist das so? Weil der Mensch keine Kenntnis von seinen Möglichkeiten hat. – Auch Blattläuse fressen das Gute, sie setzen sich auf die jüngsten Triebe und meiden alte Blätter.

2.5. Vom Dunstfeld des Sichtbaren zur Klarheit des Denkbaren

In seinem Aufsatz *»Fünf Fragen über den Geist«* stellt Marsilio Ficino Folgendes fest (*»Quaestiones quinque de mente«*, Ba 681):

> *»Aus der Ordnung der ersten Natur sind wir ausgeschlossen, außerhalb der Ordnung der Natur handeln und leiden wir. So leicht wie der erste Mensch, anfänglich ganz Gott zugewandt, die Glückseligkeit empfangen konnte, so leicht schließlich verlor er diese Leichtigkeit selbst, nachdem er sich von dort abwandte. Die ganze Nachkommenschaft der ersten Eltern empfängt also, aus der ursprünglichen Naturordnung gefallen, die Glückseligkeit ebenso schwer, wie sie sie leicht empfinge, wenn sie erst in diese Ordnung wieder eingesetzt wäre.«*

Ist die sichtbare, vergängliche, sich im Kreislauf in einzelne Bestandteile, bis hinunter zum Atom oder noch kleineren Teilchen, auflösende Natur das Wahre? Oder sind das Unsichtbare, aber Denkbare, die Kraft der Liebe und die Kraft des Guten, die Gerechtigkeit und das Schöne (alles unvergängliche Prinzipien, von Platon als Ideen bezeichnet) die gesuchte Wahrheit?

Bei der Beobachtung des menschlichen Tuns wird klar: Der Mensch kümmert sich in erster Linie um die sichtbare Welt. Und er sieht die platonischen Ideen nur in vergänglichen Dingen, welche eine gewisse Ähnlichkeit mit ihnen aufweisen. Er bleibt aber mit seinem Bewusstsein an den Ideenträgern haften und kann nicht erkennen, dass das Gute, Schöne und Gerechte als Ideen an sich Ewigkeitsstatus besitzen und über den geoffenbarten, sinnlich wahrnehmbaren Dingen stehen. Eine Erkenntnis von den Ideen an sich erfolgt nicht, da die Vernunft, das Denkprinzip der unsterblichen Seele, im Menschen nur ein kümmerliches Dasein fristet. Das Erfassen der Vernunft im eigenen Wesen bildet daher eine Voraussetzung zum Begreifen der Ideen und deren Bedeutung für die Seelenentwicklung des Menschen. Der Bildung der Seele zum vernünftigen Erkennen ist daher große Beachtung zu schenken.

Das Erkennen-Können der Seelenteile oder der zwei Seelen im eigenen Wesen ist wie schon gesagt durch einige Schwierigkeiten gekennzeichnet. Die bewusste Ergründung der eigenen Motivation für ein Streben und Tun bereitet oft Mühe. Das Durchschauen der Merkmale der Seele und die Unterscheidung der beiden Seelenteile voneinander stellt das Bewusstsein vor noch höhere Anforderungen. Die Seelenteile sind, wie Platon erklärt, vermengt, und diese Mischung macht es schwierig, die beiden Naturen auseinanderzuhalten. Descartes schildert in seinen *»Meditationen«* ein Erlebnis, wie er in einem vom Körper gänzlich getrennten Denken seine wahre Seele erkennt. Sein »Sein« schreibt er seinem Denken zu und nicht etwa seiner vergänglichen Existenz im Körper. Mittels des Denkens erfährt er in sich einen Prozess, in dem sein eigenes Wesen ihm immer deutlicher zutage tritt. Sein »Sein« erfährt er als Denkender in ganzer Klarheit und Deutlichkeit. Erkenntnis ist für ihn nur etwas, das klar und deutlich in Erscheinung tritt. Ist etwas nicht klar und deutlich, so ist es für Descartes auch nicht der Erkenntnis zuzurechnen.

Die menschliche Weisheit ist, wie geschrieben steht, Torheit bei Gott. Ziel muss es also sein, göttliche Weisheit zu erfahren, die in der vom Menschen gestalteten Welt fast nicht anzutreffen ist. Die menschliche Weisheit beziehungsweise das menschliche Wissen beschäftigt sich vorwiegend mit der sichtbaren Natur. Deren Abhängigkeit von der unsichtbaren Natur kann nicht erkannt werden, solange der Ursprung der Wirkungsursachen und die Kräfte der unsichtbaren Natur nicht verstanden werden.

Der innere und der äußere Mensch sind seit der Geburt miteinander verbunden, und zwar in einer Festigkeit und einem Zusammenschluss, der eine Unterscheidung sehr schwierig macht. So schwankt das Bewusstsein des Menschen dauernd zwischen den beiden Bewusstseinssphären: einmal nur das Äußere beachtend, dann wiederum dem Inneren zugewandt. Die sogenannte innere Zuwendung, zum Beispiel in Form einer Meditation, hat aber allzu oft nur Fragestellungen des äußeren Menschen zum Inhalt. Das Stillsein ist eine Fähigkeit, die dem Menschen nicht in einer Schule beigebracht wird. Denn oft bedeutet Stillsein nur ein äußeres

Stillsein, im Inneren sind die Gedanken weiterhin wirksam und haben Themen der Außenwelt zum Inhalt. Menschen wie Sokrates, welche die innere Stimme hören und verstehen und ihr Tatleben darauf ausrichten konnten, sind selten. Hinzu kommt, dass in der modernen Gesellschaft nur das Äußere Beachtung findet, denn darüber kann kommuniziert werden. Das Tatleben im Äußeren ist sichtbar und dem Urteil der Mitmenschen ausgesetzt, das Tatleben im Inneren jedoch kann nicht unmittelbar erkannt werden und bleibt dem Verständnis der Außenwelt verschlossen. Die Kommunikation über das Innere gestaltet sich daher bedeutend schwieriger, da es nicht sichtbar und nicht hörbar, sondern allein in der eigenen Gedankenwelt erkennbar ist.

Selbsterkenntnis im Sinne der Wahrnehmung und der Ergründung des inneren Menschen, die einhergeht mit dessen Unterscheidenkönnen vom äußeren, gestaltet sich als ein langwieriger Prozess. Obwohl es Menschen geben mag, welche diesen von Jugend an rasch zu einem glücklichen Beschreiten in Angriff nehmen, muss festgestellt werden, dass es fast keine Institutionen gibt, die denen, die in sich den inneren Menschen auch erfahren, Hilfestellung bieten können, um auf diesem Erkenntnisweg Fortschritte zu erzielen. Nur allzu oft gelingt die Flucht nach Ägypten nicht, und der innere Mensch wird vom äußeren zum Verstummen gebracht, ehe er ein elementares Bewusstsein erfahren kann. Ja es darf im 21. Jahrhundert ohne zu übertreiben festgestellt werden, dass der innere Mensch als Typus fast vollständig von der Bildfläche verschwunden ist. Gesucht ist der Persönlichkeitsmensch, der durch seine wahrnehmbare Tat einen Beitrag für die Wohlstandsgesellschaft leistet, sei es in Wissenschaft, Politik, Arbeitswelt, Kultur oder Sport, und durch dieses Tun Anerkennung findet, welche dann auch oft noch mit finanziellem Erfolg dokumentiert wird.

Die wahre Philosophie hat sich nie um das Äußere des Menschen gekümmert, sondern immer nach der Wahrheit gesucht und diese auch im Wesen des inneren Menschen gefunden, in seiner unsterblichen, an den höchsten Gott gebundenen Seele. Aufgabe der Philosophie war es daher zu allen Zeiten, einen Beitrag zu leisten, wie die unsterbliche Seele im

Wesen des Menschen erkannt werden kann. Dazu sind Menschen- und Gotteskenntnis erforderlich. Die Bewusstseinsstufen, die in der eigenen Seele zurückzulegen sind, hat Platon im Liniengleichnis beschrieben. Aber nicht jeder Erkennende ist in der Lage, seine Vorstellung in einer verständlichen Weise zu vermitteln. Seit mit Homer die geschriebene Sprache in die westliche Welt gekommen ist, haben die Versuche nicht nachgelassen, die Menschheit über die Wahrheit ihres Daseins aufzuklären. Nun muss aber festgestellt werden, dass diese philosophische Wahrheit zu allen Zeiten von den Mächtigen dieser Welt nicht begriffen wurde. Falls Erkenntnisse der Philosophie dazu führten, die Menschen dem Einflussbereich der Mächtigen zu entziehen (in der Anklageschrift gegen Sokrates wurde dieser bezichtigt, für Jugendliche Irrlehren zu verbreiten), wurde die Wahrheit bekämpft oder zumindest verstümmelt.

Es stellen sich nun einige Fragen: Was ist diese Wahrheit? Wie kann die Wahrheit erkannt werden? Wo kann die Wahrheit gefunden werden? Welche Taten sind notwendig, um diese Wahrheit zu erkennen? – In diesem Buch soll untersucht werden, welche Antworten die Philosophen auf diese Fragen gegeben haben und welche davon in der modernen Zeit noch von Bedeutung sind. Und in dem Zusammenhang muss auch gefragt werden, ob die philosophische Weisheit dem Menschen des 21. Jahrhunderts noch ein Wegweiser sein kann für die eigene Lebensgestaltung, nachdem dieser sich vom Glauben, wie er sich in Kirche und Theologie präsentiert, weitgehend abgewandt hat. Denn die Lebenshaltung und -gestaltung ist immer an das Bewusstsein eines Menschen gebunden, es bestimmt sein Handlungsleben.

Wie bildet sich das menschliche Bewusstsein? Es setzt sich zusammen aus einem inneren und einem äußeren Bewusstsein. Ersteres besteht einerseits aus gespeichertem Bewusstsein früherer mikrokosmischer Leben und anderseits aus erlebten Erfahrungen des aktuellen Lebens. Dieses Bewusstsein wird jedoch weitgehend unbemerkt erfahren, da es hinter dem äußeren Bewusstsein kaum in Erscheinung tritt. Von allen Menschen anerkannt ist vielmehr das äußere Bewusstsein des Persönlichkeitsmenschen, das eine Folge der Erbanlagen, der Ausbildung und Erziehung sowie der Erfahrungen in der aktuellen Lebensausrichtung ist.

Was das äußere, das heißt das in der Gesellschaft dokumentierte Wissen betrifft, so kann festgestellt werden, dass dieses irgendwann an Aktualität einbüßt, in Vergessenheit gerät und schließlich aus dem allgemeinen Bewusstsein verschwindet. So ist zum Beispiel die Kenntnis vom Wesen des inneren Menschen immer vorhanden gewesen; aus den Bildungsprogrammen der Universitäten ist sie aber weitgehend verschwunden, sodass über das Wesen des inneren Menschen nichts mehr ausgesagt werden kann. Selbsterkenntnis beschränkt sich heute fast ausschließlich auf den äußeren Menschen. Die Vermischung der beiden Seiten im Menschen erschwert umfassende Selbsterkenntnis, er ist daher außerstande, diese Unterscheidungsmöglichkeit in der eigenen Seele vorzunehmen. Dieser Zustand dauert solange, bis von der unsterblichen Seele wiederum Bewusstsein erlangt werden kann. Dieses Bewusstsein bezeichnet Platon als Erinnerung an einen ursprünglichen Zustand. Das Wissen über diesen Seelenzustand im Menschen ist allerdings oft nicht verfügbar, ebenso wenig wie die Bewusstseinsprozesse, welche der Mensch in der eigenen Seele durchführen kann, um sich von täuschenden Auffassungen zu befreien.

Die menschliche Seele, einstmals vollumfänglich vom göttlichen Geist geleitet, hat sich von diesem entfernt und ihren eigenen Weg beschritten. Für die abgefallenen Seelen wurde eine sichtbare, eine zeit-räumliche Welt errichtet, in welcher der Seinszustand des Menschen klar erkannt werden kann. Einerseits ist er ein Tiermensch, allen Gesetzen der Natur unterworfen, und anderseits ein Geistmensch, der den göttlichen Geist im Liebesgesetz erfahren kann. Werden diese Gesetze im Hinblick auf ihre Handlungsmaximen verglichen, so darf festgestellt werden, dass die gleichzeitige Befolgung beider Gesetze unmöglich ist. Die Naturgesetze dieser Welt und das Liebesgesetz haben keine gemeinsame Basis. Im Neuen Testament wird mit aller Deutlichkeit festgehalten: der Mensch kann nicht zwei Herren dienen. Kann ein Mensch das Vorhandensein der beiden Welten mit den darin geltenden Gesetzen nicht einsehen, so muss er sich auch nicht entscheiden; er »überlebt« in der Welt des Todes, lebt nach deren Prinzipien und bleibt der sichtbaren Natur als seinem Lebensgebiet verpflichtet. Erkennt er aber auch die Welt des Geistes, von Platon als Ideenwelt dargestellt, so muss er sich entscheiden, in welcher der beiden sein Lebensschwerpunkt liegen soll. Seine Seele könnte sich nunmehr ganz der Leitung der Denkseele anvertrauen und sich der geistigen Welt zuwenden. Dieser Entscheid kann aber nur gefällt werden, wenn Unterscheidungsvermögen vorliegt. Ohne diese Fähigkeit bleiben das Entdecken von zwei für den Menschen bedeutsamen Ordnungen aus und die Seele in der sichtbaren Welt gefangen. Eine Befreiung ist mit dieser Bewusstseinsperspektive nicht möglich, oder in christlicher Terminologie ausgedrückt: die Auferstehung des Geist-Seelen-Menschen kann nicht erfolgen. Die Denkseele bleibt im Schlafzustand und wird eine weitere Inkarnation abwarten müssen, bis ein Erwachen erfolgen kann.

Selbsterkenntnis heißt, erfahren zu haben, dass das Wesen Mensch zwei Welten angehört. Der Erwerb dieser Einsicht kann nur mittels des eigenen Denkens erfolgen und ist nicht messbar und nicht objektiv darstellbar. Der innere Mensch kann als »Idee«, stammend aus dem Ursprung, vom äußeren, mit Denkfähigkeit ausgerüsteten Menschen erkannt werden. Der aus der irdischen Natur geborene Mensch verfügt aber nicht über einen Zugang zum Geist, zum wahren Leben. Dieser Zustand kann nur in der Seele erlebt werden. Alles, was der Mensch tun kann, ist, den Raum vorzubereiten, damit die Seele des Ursprungs wieder erwachen kann. Er selber, ganz der äußeren, vergänglichen Welt angehörig, kann die Unsterblichkeit des inneren Menschen nicht erben. Diese von Paulus im Korintherbrief festgehaltenen Weisheiten wurden von Philosophen mittels eines Diskurses erarbeitet und in der Sprache der Philosophie beschrieben.

2.6. Der Weg der Seele in der Schule der Philosophie

Damit ein Kandidat der Philosophie auf dem Entwicklungspfad der Seele unterstützt werden kann, bedarf es neben seiner eigenen Einstellung zu dieser Lebensphilosophie einen Dschungelführer, einen Begleiter, wie zum Beispiel Sokrates. Das »Bildungsprogramm« hätte Folgendes zu berücksichtigen:

1. die zwei Naturen angehörenden Seelen im Menschen, die sterbliche und die unsterbliche, sind unvereinbar
2. Selbsterkenntnis, das ist die Kenntnis von den in der Seele wirksamen Kräften
3. Weisheit ist der Schlüssel zur Selbsterkenntnis, die Bedeutung der sichtbaren Welt für das Seelenbewusstsein erklärend
4. die Gewichtigkeit des Wortes und seiner Wirkung in der Seele (seiende Welt der Ideen)
5. die Verstandes- und Vernunfterkenntnis
6. das Arbeitsfeld der Seele nach deren Ausleuchtung durch die Vernunft
7. die Kenntnis von der Abstammung der unsterblichen Seele und der Idee des Guten und der Liebe.

2.6.1. Erkenntnis vom Seelenweg

Die Philosophie Platons vermittelt ein Welt- und Menschenbild, das dem interessierten Schüler den Zugang zu einer Welt eröffnet, von der nur mittels des Denkens im Seelenraum des Menschen Einsicht erlangt werden kann. Dass dieser Bewusstseinsweg vom Wissen in der Außenwelt zur Erkenntnis von der Innenwelt nicht in einem direkten Schritt erfolgen kann, ist verständlich. Zuerst muss Verständnis vorhanden sein von der Existenz dieses Innenraumes, sodann ist dessen Bedeutung für den Menschen zu erklären. Hat sich ein Schüler der Philosophie diese Stufe vergegenwärtigt, so sind auch die Voraussetzungen zu ergründen, welche im Menschen gegeben sein müssen, damit die Umwendung der Sichtrichtung in der Seele herbeigeführt werden kann.

Dabei ist zu beachten, dass die Denkprozesse des Menschen auf den Phänomenen der sichtbaren Welt basieren und dazu angelegt sind, das Bewusstsein bezüglich der Wahrheitserkenntnis zu täuschen. Die Außenwelt vermittelt dem sich um Innensicht Bemühenden kein brauchbares Fundament, auf das er sein Denken abstützen kann. Deshalb behält der Philosoph in diesem Umwendungsprozess des Bewusstseins das Ziel, das ist die Erkenntnis vom Guten, im Blickfeld.

Ein Philosoph liebt die Weisheit, denn diese eröffnet ihm Zugang zur Wahrheit und damit zum Guten. Das stete Begehren, Erkenntnis vom Guten zu erlangen, steht daher am Anfang der Bemühungen.

Platon schreibt in *»Philebos«* (20c):

> *»Sokrates: Muss das Gute seiner Natur nach notwendig vollkommen sein oder nicht vollkommen?*
> *Protagoras: Vollkommener, Sokrates, als irgend sonst etwas.*
> *Sokrates: Ist das Gute sich selbst genug?*
> *Protagoras: Wie sollte es nicht? Es muss in dieser Beziehung sogar von allem anderen Seienden den Vorzug haben.*
> *Sokrates: Weiter ist es, wie ich glaube, ganz unbedingt notwendig, von ihm zu behaupten, dass jedes erkennende Wesen ihm nachjagt und nach ihm strebt mit dem Wunsche, es zu erlangen und sich zu eigen zu machen, und sich um nichts anderes Sorge macht als um dasjenige, dessen Ziel mit dem Guten zusammenfällt.«*

Die zwei essentiellen Elemente der Philosophie Platons werden in diesem Dialogausschnitt deutlich:

1. Das Gute als das Sein in Vollkommenheit ist das Ziel für den philosophierenden Menschen.
2. Das Begehren ist die Kraft im Menschen, um dieses Ziel zu erreichen.

Der Bildungsschwerpunkt wird auf der Weisheit als Zugang zum Verständnis des Guten liegen müssen.

>*»Politeia«*, 443cff:
>
>*»In Wahrheit aber war die Gerechtigkeit, wie sich zeigte, zwar etwas dieser Art, aber nicht an den äußeren Handlungen in Bezug auf das, was dem Menschen gehört, sondern an der wahrhaft inneren Tätigkeit in Absicht auf sich selbst und das Seinige, indem einer nämlich jegliches in ihm nicht Fremdes verrichten lässt, noch die verschiedenen Kräfte seiner Seele sich gegenseitig in ihre Geschäfte einmischen, sondern jeglichem sein wahrhaft Angehöriges beilegt und sich selbst beherrscht und ordnet und Freund seiner selbst ist und die Drei in Zusammenstimmung bringt, ordentlich wie die drei Hauptglieder jedes Wohlklangs, den Grundton und den Höchsten und den Mittleren … auch alles verbindet und auf alle Weise einer wird aus vielen, besonnen und wohlgestimmt und so erst verrichtet, wenn er etwas verrichtet. … dass er allen denjenigen Geschäften für gerechte und schöne Handlungen hält und erklärt, welche diese Beschaffenheit unterhalte, und für Weisheit, die diesen Handlungen vorstehende Einsicht.«*

Nachdem Einsicht in den Weg gegeben ist, darf auch das Begehren eines Schülers dieser Philosophie nicht nachlassen, das Ziel zu erreichen: die Welt der Täuschungen zu verlassen, um sich der inneren Seelenwelt zuzuwenden. Die Arbeit in der Seele bedeutet, deren Kräfte ins Gleichgewicht zu bringen und Wohlklang zu erzeugen im Bemühen um Selbsterkenntnis. Er wird zum Freund seiner selbst, das heißt, der äußere Mensch wird zum Freund des inneren, denn der äußere kann ohne den inneren nichts tun.

2.6.2. Seelenbildung

Platon legt in den Dialogen mit Sokrates dar, dass alle Vorstellungen, die der Mensch in seinem bisherigen Leben über Güte, Weisheit, Tugend, das Wesen der Erkenntnis und das Wesen seiner selbst etc. entwickelt hat, auf der Basis täuschender Voraussetzungen entstanden. Und zwar deshalb, weil sich die auf den Wahrnehmungen mittels der Sinnesorgane gründenden Vorstellungen am sichtbaren Menschenbild orientieren, welches als das einzig mögliche erkannt wird. Die sinnesorganische Wahrnehmung ist bei vielen Menschen starken, durch Gedanken verursachte, aber auch durch nicht erklärbare Emotionen hervorgerufene Schwankungen unterworfen, sodass dieselben äußeren Phänomene in unterschiedlicher Weise im Bewusstsein registriert werden. Von Wahrheitserkenntnis kann daher nicht gesprochen werden, wenn diese auf sinnesorganisch basierten Wahrnehmungen beruht.

Der platonische Sokrates versucht, die Idee eines Menschen zu vermitteln, welcher im sichtbaren Raum nicht gefunden werden kann. Diese Idee »Mensch« schlummert im tiefsten Wesen eines jeden, sie kann jedoch nicht lebendig sein, da ein anderer, nämlich der natürliche, stoffliche Mensch das Seelenbewusstsein vollständig in Beschlag nimmt und dem wahren Menschen keine Möglichkeit zur Offenbarung bietet. Die Dialoge haben daher das Ziel, diese Irrtümer in der herkömmlichen Denkweise aufzudecken und durch Impulse aus der Welt der Wahrheit den Menschen anzuregen, sich an seinen Wesenskern, an den ursprünglichen, reinen Menschen zu erinnern.

Seelenbildung umfasst mehrere Schritte:

1. Selbsterkenntnis, die wirksamen Kräfte in der eigenen Seele sind zu erkennen
2. Erkenntnis der Seinsordnung, aus welcher die Kräfte stammen
3. Ideenkenntnis und Ausrichtung der Seelenkräfte auf die Ideen des Guten, Gerechten und Schönen.

Ist im Menschen die Erinnerung an diese Ideen wachgerufen, kann er beginnen, in seinem Bewusstsein die Rückkehr, den Weg, zur Erkenntnis vom ursprünglichen Menschen führt, anzutreten. Dazu muss er sich aller Täuschungen entledigen, die er über Jahrtausende angehäuft hat und die neben seinem tierischen Wesen dem Blute nach im Wissenschaftskosmos der Menschheit fest verankert sind. Ein Reinigungsprozess im Denken ist durchzuführen, bis Klarheit entsteht, Klarheit vom »Bild« des wahren Menschen. Dieser kann, nach erfolgreicher Durchführung dieses Prozesses in der eigenen Seele, ins Bewusstsein treten und als Wiederbelebung des Seelenmenschen, des inneren Menschen, verstanden werden.

Auch die bescheidenste Vorstellung von einem idealen Menschen, der von Gott abstammt und nach dessen Willen und Bild entstanden ist, macht deutlich, dass es sich bei diesem Bild nicht um den sichtbaren Menschen, wie er allseits bekannt ist, handeln kann und von der Naturwissenschaft, der Psychologie und anderen Wissenschaften beschrieben wird. Dieser vom Menschen selbst beschriebene Mensch erfüllt in keiner einzigen Hinsicht die Eigenschaften und Merkmale, die Gott zugeschrieben werden. Dieser in der Natur erkannte, von Darwin entwicklungsgeschichtlich dokumentierte Mensch ist ein kochender Affe. Er stammt also nicht unmittelbar von Gott ab und ist nicht die Folge der göttlichen Entfaltung. Die sichtbare Gestalt dieses ungöttlichen, mit den Tieren verwandten Menschen handelt den Naturgesetzen folgend, ist nur beschränkt einsichtig, was die Behandlung dieser Natur und seiner Mitgeschöpfe anbelangt, und ist keine Idee des Gottes der Liebe und des Guten. – Aber warum ist dieser Mensch dennoch in der Lage, sich Vorstellungen zu machen vom Wesen Gottes und von einem idealen Menschen. Dies ist möglich, weil er mit Denk- und Verstandesvermögen ausgestattet ist und in seinem Innersten die Wirkung der Vernunft spürt, welche ihm die Möglichkeit gibt, sich an einen Zustand zu erinnern, der außerhalb seiner jetzigen Manifestation und gleichzeitig aber auch in ihm selbst liegt.

Seit den Anfängen der selbstbewussten Menschheit sind Menschen aufgetreten, die andere über ihre wahre Herkunft aufklärten und Bewusstsein von ihrer zweifachen Abstammung, von der Natur einerseits und von der göttlichen Welt, jener des Ursprungs andererseits, vermittelten. – Wo kann dieser »wahre Mensch«, welcher als das Ziel der Schöpfung beschrieben wird, gefunden werden? Philosophen, Dichter und Abgesandte der Götter haben zu allen Zeiten versucht, darauf Antworten zu finden und zu vermitteln. Dieses Juwel, der ursprüngliche Mensch, kann nur an einem Ort gefunden werden – und dieser ist räumlich und zeitlich nicht zu definieren, er liegt in der Seele des Menschen. Da dieser Wesenskern aber sehr tief verborgen ist, bleibt er dem aktuellen Bewusstsein vieler Menschen verschlossen. Dieser in der Seele verborgene Wesenskern stammt aus dem Ursprung und dem Gebiet der Ewigkeit. Er ist unsterblich und damit göttlich, das heißt, er verfügt über Bewusstsein von der Welt des Guten und muss als Fremdling in der Raum-Zeit-Welt verstanden werden.

Platon und andere Philosophen sprechen von der unsterblichen Seele. Sie vermitteln eine Vorstellung von Welt, Menschheit und vom Lebenszyklus des Menschen, erklären seine wichtigsten Merkmale und begründen seine Existenz, sie sagen, was das Leben ist und welche Handlungen er ergreifen sollte, um Bewusstseinsfortschritte zu erzielen. Aber nur wenige sind es, bei denen ein Licht in der Seele aufleuchtet und welche die Philosophie als hilfreiche Wissenschaft zum Fortschreiten auf diesem Pfad und zum Erkennen des wahren Lebens verstehen können.

> »*Politeia*«, 500c:
>
> *»Denn wer in der Tat seine Gedanken auf das Seiende richtet, hat ja wohl nicht Zeit, hinunterzublicken auf das Treiben der Menschen und im Streit gegen sie sich mit Eifersucht und Widerwillen anzufüllen; dagegen auf Wohlgeordnetes und immer Gleichbleibendes schauend, was unter sich kein Unrecht tut oder leidet, sondern nach Ordnung und Regel sich verhält ... der Philosoph also, der mit dem Göttlichen und Geregelten umgeht, wird auch geregelt und göttlich, soweit es einem Menschen möglich ist.«*

Selbsterkenntnis, also die Kenntnis vom wahren Wesen des Menschen, gipfelt in der Erkenntnis vom Guten und Einen. Da dieser Prozess beschwerlich ist und infolge der gesellschaftlichen und materiellen Bindungen die erforderliche Befreiung kaum allein zustande gebracht werden kann, sind Schulen der Weisheit oder der Mysterien geeignete Institutionen, um den Bewusstseinspfad eines Menschen in sein Inneres zu begleiten. – Schulen, die in diesem Sinne wirken, haben als Wesentliches Folgendes zu erfüllen:

- Impulse sind zu vermitteln, die den inneren Menschen wachrufen können; ohne ein notwendiges Licht am Anfang der Bewusstseinsentwicklung können der Weg und die Hinweise, die zum Weg führen, nicht erkannt werden.
- Eine Beschreibung des Weges ist zu geben beziehungsweise Hinweise für ein tugendhaftes Handlungsleben, um den Seelenweg zu begünstigen.
- Die Bedeutung und der Sinn des Lebens sind zu erklären. Hinweise sind zu vermitteln, wie Zugang zu Erkenntnis aus erster Hand, das heißt Erkenntnis aus dem eigenen Inneren ohne Hinweise oder Anleitungen eines Dritten, erworben werden kann. Nur die im eigenen Wesen erkannten Wahrheiten und die in der Folge dieser Erkenntnis angewandten Handlungsweisen sind anzustreben. Selbsterkenntnis ist daher Wahrheitserkenntnis. Wird Wahrheit nicht erkannt, so ist auch keine Selbsterkenntnis möglich, sie wäre Selbsttäuschung.

Was ist Wahrheit? Mit dieser Frage haben sich schon Unzählige beschäftigt, und viele Menschen tun es immer noch. Wahrheit gehört zum Erkenntnisbereich der Philosophie und der Religion. *»Ich bin der Weg und die Wahrheit und das Leben«* (Johannes 14.6-7), diese Worte hat der Evangelist Johannes Jesus in den Mund gelegt. Jesus, den Sohn Gottes, kennt in der westlichen Welt jedes Kind, wie jedoch dieser und seine Botschaft zu verstehen sind, darüber klaffen die Auffassungen weit auseinander. – Wer ist Jesus der Christus? Er kann als Prototyp des wahren geistigen Menschen (Sohn und Erbe, entfaltet aus dem göttlichen Ursprung) verstanden werden. Er ist der Logos, der Träger der höchsten Vernunft, der Güte und der Liebe und damit Symbol der Vollkommenheit in der Einheit. Die Umsetzung dieser Wahrheitserkenntnis in der gesellschaftlichen Lebenspraxis lässt aber, nach 2.000 Jahren Verbreitung der Botschaft, immer noch auf sich warten. Dies hängt damit zusammen, dass es am Verständnis fehlt, wie diese Wahrheit zu verstehen ist und welche Folgen damit für den Menschen verbunden sind. Der Mensch zieht es vor, sein eigenes Leben anstelle eines in der Wahrheit zu leben, weil er von dieser keine Kenntnis hat. Die Philosophie stellt daher für die evangelische Aussage Begründungen und Deutungen zur Verfügung, die im eigenen Wesen Bestätigung finden und in der Lebenspraxis umgesetzt werden können.

2.6.3. Der Mensch als Demiurg seines Mikrokosmos

Im Dialog *»Timaios«* legt Platon ein Zeugnis ab von der Errichtung eines Makrokosmos durch den Demiurgen nach dem Bilde der Idee des Guten. Dieser Makrokosmos ist dem Urbild ähnlich, aber nicht das seiende Eine selbst, das heißt, der geschaffene, werdende Kosmos ist nicht der wahre, sondern er vermittelt nur ein Bild davon, in ihm sind die Elemente des Wahren angedeutet. In der Natur werden diese Elemente sichtbar gemacht und mit dem Wort, das am Anfang steht, einem erkenntnisfähigen Wesen übertragen. Die Kennzeichen des Guten sind Harmonie, Weisheit, Gerechtigkeit, Schönheit. Der Mensch, der diesen Kosmos erkennen kann, ist nun aufgerufen, in sich selbst, in seinem Wesen einen eben solchen zu errichten. Wenn er damit beginnt – vom Bewusstsein getragen, dass dies der Weg zur Wahrheit sein könnte –, so wird er keine Anstrengung scheuen, sich die Weisheit anzueignen, die zum Erkennen des Guten führt.

> *»Politeia«*, 517bc:
>
> *»Und wenn du nun das Hinaufsteigen und die Beschauung der oberen Dinge setzt als den Aufschwung der Seele in die Region der Erkenntnis, so wird dir nicht entgehen, was mein Glaube ist … Gott mag wissen, ob es richtig ist; was ich wenigstens sehe, das sehe ich so, dass zuletzt und unter allem Erkennbaren und nur mit Mühe die Idee des Guten erblickt wird, wenn man sie aber erblickt hat, sie auch gleich dafür anerkannt wird, dass sie für alle die Ursache alles*

Richtigen und Schönen ist, im Sichtbaren das Licht und die Sonne, im Erkennbaren aber sie allein als Herrscherin Wahrheit und Vernunft hervorbringend, und dass also diese sehen muss, wer vernünftig handeln will.«

Die Arbeit am Bauwerk im Inneren seines Mikrokosmos kann, bei gutem Gelingen und in einem bestimmten Augenblick, das Urbild des wahren Menschen offenbaren (im Bruchteil einer Sekunde, zum Beispiel bei Paulus auf dem Weg nach Damaskus). Diese Offenbarung ist das Ziel des Menschseins, sie enthüllt den gottgleichen Sohn, den wahren Menschen als inneren Menschen, den Geistmenschen oder die vom Geist erfüllte unsterbliche Seele. Der Eintritt dieses Ereignisses kann aber nicht durch den äußeren Menschen bewirkt werden. Dieser kann jedoch mit Hilfe der Weisheit vorbereitende Arbeit leisten. Am Wesen der Tugend zeigt Platon, dass die Erkenntnis vom Guten letztlich allein der göttlichen Schickung (Gnade) anheim gestellt ist und ohne Kenntnis der Vernunft nicht offenbart wird (Platon: *»Menon«*, 100a). Wenn dieses Bewusstsein vom Guten in der Seele aufleuchtet, wird es auch gleich als solches begriffen. Das Gute oder der Eine wird vom Erkennenden verstanden, was eben auch bedeutet, dass der Erkennende vom Guten erkannt wurde.

»Politeia«, 589a:

»Wer das Gerechte für nützlich erklärt, der würde behaupten, man müsse solches tun und reden, wodurch des Menschen innerer Mensch recht zu Kräften kommt …«

Für den Menschen ergeben sich für die Bewusstseinsorientierung zwei Möglichkeiten, zwei Wege: einer nach außen in die materielle Welt oder einer nach innen in die eigene Seele. In der Außenwelt beschäftigt er sich mit dem Vergänglichen, er bahnt sich seinen Weg zum Grab. In der Innenwelt erlangt er Seelenbewusstsein, der Weg führt zu einer Auferstehung der Seele aus dem Grab, in welchem sie sich befindet, aber sich dessen nicht bewusst ist.

Philosophieren bedeutet, im Bestreben Weisheit zu erlangen, Wege aufzuzeigen aus der irdischen Gefangenschaft (Höhlengleichnis). Der Weg muss jedoch von jedem Menschen in der eigenen Seele gesucht, erkannt und beschritten werden – als äußerer Mensch, der zum Freund des inneren geworden ist.

»*Phaidros*«, 279b:

»*O lieber Pan und ihr Götter, die ihr sonst hier zugegen seid, verleiht mir, schön zu werden im Innern, und dass das, was ich Äußeres habe, dem Innern befreundet sei.*«

Was bedeutet Weg? Was ist Leben? Was ist Wahrheit? Und was bedeutet es für den Menschen, sie erkannt zu haben? Die Seelenbildung im Sinne Platons kann zur Wahrheitserkenntnis führen. Wahrheit hat derjenige gefunden, der das Gute, Schöne und Gerechte an sich in seiner Seele gefunden hat.

»*Politeia*«, 505a:

»*Denn dass die Idee des Guten die größte Einsicht ist … als durch welche erst das Gerechte und alles, was sonst Gebrauch von ihr macht, nützlich und heilsam wird. Und auch jetzt weißt du wohl gewiss, dass ich dies sagen will, und noch überdies, dass wir sie nicht hinreichend kennen; wenn wir sie aber nicht kennen, weißt du wohl, dass, wenn wir auch ohne sie alles andere noch so gut wüssten, es uns doch nicht hilft, wie auch nicht, wenn wir etwas hätten ohne das Gute.*«

Im 1. Korintherbrief (13.2) wird dieses Gute der Liebe gleichgestellt: »*Hättest du alles, aber die Liebe nicht, so wäre ich nichts.*« Dieses Gute zu finden, ist die erste Aufgabe der Platonschen Philosophie. Ist dies geschehen, dann hat der Philosoph die geistige, denkbare Welt wiederum erkannt als die erste ewig seiende Welt. Und die Zutrittspforte zu diesem Gebiet hat sich einen Spalt geöffnet, in seiner Seele spiegeln sich erste Komponenten der himmlischen Sphären. Es ist aber offensichtlich, dass es nicht ausreicht, diese Worte oder eine ähnliche Formulierung zu kennen, diese Gedanken müssen im eigenen Wesen aufkeimen und eine unumstößliche, dieser Erkenntnis entsprechende Lebenshaltung hervorrufen. – Dieser Prozess kann lange dauern, da das irdische Leben mangels entsprechender Erfahrung noch nicht als endloses Trauertal erkannt wurde und im sichtbaren Lebensfeld weiterhin nach dem Guten gesucht wird. Das Glück im sichtbaren Lebensfeld ist das vergängliche Glück des irdischen Menschen. Dieser in der Natur gewordene Mensch ist aber nicht der Mensch des Ursprungs. Der im äußeren Menschen verborgene der innere hat keine Verwandtschaft mit dem, der ihn umgibt, denn er entstammt der ewigen Natur. Ein Erkennender wird von dieser Ausgangslage, dass sein Wesen zwei Welten angehört, Kenntnis nehmen. Eine erste Einsicht wird darin bestehen, dass es sich beim Weg zum bewussten Leben des inneren Menschen zuerst um einen innerseelischen Prozess handelt und nicht um eine äußere Lebenspraxis.

Wissenschaftliche Bemühungen, um dieses Thema umfassend zu begründen, lassen sich nicht finden. Der Beitrag der Wissenschaft soll nun keineswegs geschmälert werden, deren Betrachtungsweise ist aber auf die äußere, sichtbare, zeit-räumliche Welt beschränkt. Wissenschaft wird als die Gesamtheit des menschlichen Wissens bezeichnet, welches mittels Forschung erworben und durch Lehre weitergegeben wird. Die auf diese Art und Weise betriebene Wissenschaft befasst sich mit der physischen Natur und mit dem menschlichen Geist soweit dieser einer logischen, das heißt einer mit dem Verstand beschreibbaren Methode zugänglich ist.

Die erste aller Wissenschaften ist die Philosophie, denn diese sucht nach der Wahrheit in der Natur sowie in der Übernatur oder der ersten Ordnung, welche vor und außerhalb der sichtbaren Welt ewig existiert. Das Thema Wahrheit ist das Allerschwierigste, da es mit den Arbeitsweisen der Wissenschaft nicht erklärbar ist, denn es entzieht sich der Methode der betrachtenden Naturwissenschaft ebenso wie der Logik. Die Betrachtung der nicht zeit-räumlichen Welt ist mit den an Raum und Zeit gebundenen Sinnesorganen und dem darauf basierenden Verstandesvermögen nicht möglich. Hingegen müsste mit dem Denkvermögen eine Weltordnung außerhalb von Raum und Zeit erkennbar sein. Dies setzt aber eine Art und Weise des Denkens voraus, welche dem an Raum und Zeit gebundenen Menschen fremd sind. Um zu diesem reinen Denken zu gelangen, müsste er sich vollkommen von seiner mentalen Bindung an die stoffliche Welt lösen. Da aber eine solche Loslösung von vielen Menschen nicht nachvollzogen werden kann, ist die Vermittlung von Erkenntnissen, die das Lebensgebiet der reinen Gegenwart betreffen, mit großen Schwierigkeiten verbunden. Als solche seien erwähnt:

- Die Erkenntnisschulung des Menschen für Geistiges ist im breiten Bildungsangebot nicht enthalten und durch gesellschaftliche und kulturelle Vorstellungen massiv beeinträchtigt.
- Die materielle Zwangsjacke, in welcher alle Menschen stecken, bewirkt, dass sich der Mensch zuerst mit der dinglichen Welt auseinandersetzen muss. Das durch die Bindung der Seele an den Stoff vorgegebene Lebensmuster wird auch beibehalten, wenn alle materiellen Bedürfnisse abgedeckt sind. Wege aus der Wohlstandsfalle sind für das moderne Kollektiv nicht erkennbar.
- Diejenigen, die die wirtschaftlichen und politischen Machtzentren sowie die Informationsmedien kontrollieren, sind vollkommen der sichtbaren Welt verhaftet und den vom Menschen veranlassten ökonomischen Gesetzen unterworfen, sie können deshalb weder Verständnis noch Interesse für die Wissenschaft von der Wahrheit zeigen.
- Die Philosophie als Wissenschaft von der Wahrheit kann als solche (als Liebe zur Weisheit, die zur Wahrheit führt) nicht mehr erkannt werden, da der Universitätsbetrieb als Zentrum der philosophischen Lehren bei den beweisbaren Methoden stehen geblieben ist und eine vom Menschen erkennbare Wahrheit, die aber nicht mit der Methode der Logik abschließend begründet werden kann, nicht anerkennt. Mit »wissenschaftlichen« Methoden, allein auf aristotelischer Tradition beruhend, hat sie sich dem Wahrheitspfad verschlossen.
- Moderne Wissenschaftler erkennen: »Das menschliche rationale Denken ist somit etwas perspektivisch Bedingtes und kann nicht als absoluter Maßstab der Erkenntnis gelten«[2], und die universitäre Wis-

[2] Christian Tornau: *»Plotin. Ausgewählte Schriften«*, Reclam, Stuttgart 2001, S. 17.

senschaft der Philosophie bewegt sich in genau dieser »menschlichen« Perspektive. Das Denken aus der Vernunft ist ein individuelles Erkennen, und die Wahrheit lässt sich als solche nicht beschreiben. Daher kann auch nicht nachgewiesen werden, ob ein Erkennender erkennt. Nur er selbst kann dieser Einsicht gewahr werden, für diesen wichtigsten Bewusstseinsschritt sind keine Zeugnisnoten möglich, und Anschauungen solcher Art stehen daher vollkommen außerhalb der von Menschen entworfenen Ordnungen für das Leben an sich und das in der Menschengemeinschaft.

Philosophie (auch die wissenschaftliche, aber unter Berücksichtigung der Mysterien) kann als die oberste Wissenschaft bezeichnet werden, sie umfasst das mit der Methode der Logik erfahrbare Wissen, aber auch die noetische Vorstellung, das heißt das Erkennen eines Sachverhaltes mittels der Intuition in der individuellen Seele, welcher mit sprachlich-logischen Mitteln nicht abschließend dargestellt und begründet werden kann. Für die Darlegung der Wahrheit benutzt jeder Philosoph seine eigene Sprache und verwendet eigene Begriffe. Diese unterschiedlichen sprachlichen Aussagen haben durchaus ihre Berechtigung, wenn sie die Wahrheit und ihre Merkmale aus einem individuellen Blickwinkel vermitteln. Nun darf aber festgestellt werden, dass schon bei Platon und Sokrates einerseits und bei Aristoteles andererseits eine entscheidende Trennung hinsichtlich der Darstellung der Wahrheit stattgefunden hat. Aristoteles hat das System der sprachlich logischen Darstellungsmethode, welche sich für die Beschreibung der sichtbaren Natur am geeignetsten erwies, weiterentwickelt und zur Grundlage auch der Philosophie erklärt. Für ihn ist die denkbare Welt des Guten keine außerhalb des Menschen existierende, sondern ein Gedankenkonstrukt im Menschen. Damit hat er sich aber von Platon entfernt, dessen Ideenlehre anders interpretiert. Für Platon sind die Ideen der seiende Ausdruck der Gottheit, sie können vom Menschen in seiner Seele eingesehen werden. Bei der Interpretation des aristotelischen Denkmodells muss daher die Frage erlaubt sein: Wie gelangt eine Vorstellung vom Menschsein in menschliches Denkvermögen, wenn die Ideen außerhalb der menschlichen Seele nicht existieren sollten? Aristoteles' Verdienst besteht jedoch darin, dass sein methodischer Ansatz zur Beschreibung der sichtbaren Natur für Naturforscher eine solide Grundlage bietet und jedem Wahrheitssucher als Erklärungsmodell für die physische Natur dienen kann.

Vernunft ist die Kunst, Ordnung zu schaffen, Ordnung in die menschlichen Handlungen zu bringen. Logik bedeutet, das menschliche Denken zu perfektionieren, den Akt des Denkens zu lenken. Die Vernunft, offengelegt im Denkvermögen der ursprünglichen Seele, lenkt sich selbst, ist losgelöst von irdischen Einflüssen und gelangt zu einem irrtumsfreien Urteil. Das begriffliche, durch eine Kette vorausgehender Urteile begründete Denken ist das Denken des Menschen (Aristoteles). »Nous« dagegen ist der wahrheitsfähige Intellekt, der nicht durch begründetes Denken erkennt. Noetische Erkenntnis bedeutet, direkt und unmittelbar zu erkennen, und kann als geistiges Erfassen in der Seele verstanden werden. Und in welcher Seele? In jener, die Klarheit von sich selbst erlangt hat, also um ihren geistigen Ursprung weiß, und in der Lage ist, die Erbschaft anzutreten. Diese Seele ist vertraut mit der Wahrheit, ist zwischenzeitlich aber vom Weg der Vernunft abgekommen und erinnert sich nun wieder an ihren Ursprung. Sie erkennt die ewigen Ideen und damit das wahre Seiende wieder (Platon).

Ausgehend von der platonischen Sichtweise kann nun versucht werden, einen Weg der Entwicklung des Seelenbewusstseins aufzuzeigen. Folgt ein Mensch dieser Methode, so kann er Bewusstsein vom Geist in seiner Seele erlangen. Als Erstes müssen die Kennzeichen der Philosophie (sie wurden einleitend in diesem Kapitel aufgeführt) als Gedankengerüst in der Seele gefestigt werden, letztlich können sie im sich um Erkenntnis bemühenden Schüler ein Erlebnis auslösen. Ein solches Ereignis ist die unmittelbare noetische Erkenntnis als innere Erfahrung vom Ursprung der eigenen Seele und der Nahrungsquelle, aus welcher sie lebt, ohne Zuhilfenahme weiterer Begründungen. Erklärungen können noetische Einsicht unterstützend bestätigen, sind aber für wahre Erkenntnis nicht erforderlich.

Ein Suchender kann feststellen, dass mit der ersten Philosophie eine Weisheit und ein Hilfsprozess zur Verfügung gestellt werden, die bei richtiger Anwendung zu Selbsterkenntnis und damit zum Erkennen der Wahrheit über Welt und Menschheit führen können. Bleibt die noetische Erfahrung aus, so bleibt das Begreifen auf der Ebene des menschlichen Verstandes stehen, womit nur begründete Urteile als der Wahrheit zugehörig anerkannt werden. Da aber der Urgrund, aus welchem alles stammt, nicht begründbar ist, kann Wahrheit mit Verstand und Logik nicht erfasst werden. Ohne Funkensprung in der Seele ergibt sich kein Verstehen der Weisheit, das Individuum bleibt dem alten Denken verbunden und dem Wesen des Neuen verschlossen. Der göttliche Wille kann nicht erfahren und daher auch nicht befolgt werden. Der ich-bezogene menschliche Wille bleibt vorherrschend.

Der Mensch sucht das Gute, und was er als gut erkannt hat, versucht er, den Mitmenschen in einer Art und Weise zu vermitteln, welche seinen Fähigkeiten und Kenntnissen entsprechen. Beim Beobachten der menschlichen Handlungen fällt nun auf, dass die meisten Menschen sich um das eigene körperliche und »seelische« Wohl kümmern. Sie tun etwas, was diesen Zustand fördert und erhält. Für den Handwerker ist dieses Tun das Handwerk, für den Künstler die Kunst. Der Komponist erkennt Harmonie und Rhythmus als immerseiende Wesensmerkmale in der Welt des Tones und vermittelt dieses Bewusstsein weiter. Für den Arzt ist es die menschliche Gesundheit. Jeder erreicht auf seinem Gebiet eine Perfektion, die als gut bezeichnet werden kann. Es ist aber offensichtlich, dass es sich bei den genannten Arten von Gutem nicht um das Gute an sich handeln kann. Es bezieht sich auf die individuelle Perspektive oder den Blickwinkel des »Ich-Menschen«. Diese Ansicht erlaubt keinen Blick auf das Gute. Dieses auf individuelle Weise erkannte Gute wird von Mensch zu Mensch unterschiedlich verstanden und ist deshalb, wie in der evangelischen Darstellung (Lukas 18.19) erwähnt, in dieser Welt nicht anzutreffen. Der Prototyp des guten Menschen ist Jesus Christus und dieser sagt: *»Mein Reich ist nicht von dieser Welt.«*

Auch für Platon muss das Gute in der denkbaren Welt gesucht werden, und dieses Gute kann sich nur in der Seele eines Menschen spiegeln. Diese Innenansicht muss aber vom Menschen selbst erschlossen werden, was bedeutet, dass er einen Raum in seiner Seele dafür freihalten muss.

> *»Politeia«*, 490ab:
>
> *»Werden wir uns aber nicht ganz angemessen damit verteidigen, dass der wahrhaft Lernbegierige so geartet ist, sich um das Seiende zu beeifern, und also nicht bleiben kann bei dem vielen als seiend vorgestellten Einzelnen, sondern weitergehen wird, ohne sich verblenden zu lassen, und nicht eher Befriedigung für seine Liebe, bis er die Natur von jedem selbst, was ist, aufgefasst hat mit demjenigen in der Seele, womit es geziemt dergleichen zu fassen – es ziemt aber mit dem Verwandten; womit also dem wahrhaft Seienden sich nähernd und sich damit vermischend, und so Vernunft und Wahrheit erzeugend, er erkennen wird und wahrhaft leben und sich nähren und so seiner Schmerzen Ende finden, eher aber nicht.«*

Das Gute und Seiende in seiner Seele zu finden, ist das erste Thema, dem sich der Sucher widmen wird, und zwar in dem Bewusstsein, das in einem harmonischen und gerechten Mikrokosmos kein Raum bleibt für die Unzulänglichkeiten der irdischen Begierden und im so geschaffenen Freiraum sich das Gute offenbaren kann.

In der sichtbaren Welt ist alles klar, die Lichtquelle, das Licht, der zu betrachtende Gegenstand. Aber die Lichtquelle gibt Licht ab in einem endlichen chemisch-physikalischen Prozess. Dieser Verbrennungsprozess kann nur solange dauern, wie brennbare Substanz vorhanden ist. Alle sichtbaren Gegenstände zerfallen ebenfalls wieder in ihre Bestandteile, organische Gegenstände rascher, anorganische langsamer. Die gesamte sichtbare Welt verwandelt sich in einem solchen Prozess wiederum in reine unsichtbare Energie.

Aus der denkbaren Welt bilden sich Vorstellungen in der Seele ab, und zwar handelt es sich um solche Gedankenstrukturen, die in der sichtbaren Welt nicht sichtbar sind. Das Licht erscheint in der Seele als Bewusstseinsblitz ohne räumliche oder zeitliche Abbildungsqualität, als reine Erkenntnis. Ein solches Bewusstsein ist dann gegenwärtig.

Leben im Sein bedeutet immerseiendes, ewiges Leben, ein Leben in einem Zustand ohne Ende, ohne Zukunft und Vergangenheit. Es ist Leben außerhalb der Raum-Zeit-Welt in einer ewigen Gegenwart. Dieses Bewusstsein ist vollkommen verankert im Seienden, es knüpft nicht an räumliche oder zeitliche Gegebenheiten an, sondern ist erfasst von den ewigen Ideen. Es ist die Schau des Guten, Gerechten und Schönen. Werden diese Ideen von einem in einem raumzeitlichen Gefüge (Körper) gefesselten Wesen (Mensch) erkannt, so besteht fortan sein Lebensziel darin, nach den Prinzipien des Geschauten zu leben. Das Schauen des Guten bewirkt beim Erkennenden eine Lebensführung, die dem Wesen des Guten und Gerechten entspricht

Leben im Werden dagegen ist das Leben in der Raumzeitlichkeit, in der körperlichen Gebundenheit, bis zur Erlösung von dieser Bindung. Es ist ein Leben des Mangels und der Unerfülltheit, eines in Unkenntnis vom Guten. Wenn eine Seele sich ihres Zustandes bewusst wird, im Stadium des Nichtwissens, dann kann die Suche beginnen, dann kann sie dem Werden Richtung geben und eine Bewusstseinsentwicklung hin zum Guten verfolgt werden. Die Bindung an Erscheinungen in Raum und Zeit können dann schrittweise aufgelöst und eine Ausrichtung an Seiendes angestrebt werden. Ein solches Leben bedeutet: Abstand nehmen von der Vergangenheit und von der Zukunft und sein in der Gegenwart. Werden bedeutet nicht mehr Leben im Naturkreislauf der Evolution der Vergänglichkeit, sondern ein Sich-Bewegen hin zum Seienden.

Das Sichtbare ist das Werdende, und das Werden wird bestimmt von der dem Körperhaften inhärenten Seelenkraft. Die Seele ist das Bewegende, ohne dieses kann die sichtbare Welt nicht werden. Die Seele wiederum bedarf des Geistes, denn ohne Geist (ohne Vernunft) ist kein Seelenwachstum möglich. Die Seele würde sich zwar bewegen, aber chaotisch, ohne Ziel und Struktur. Der Geist hängt ab vom Guten, denn ohne das Gute wäre keine vernünftige geistige Struktur möglich. Das Sein wird vom Geist, der aus dem Guten und dessen Kraft lebt, hervorgebracht. Alles Werdende strebt zum Guten. Im von irdischen Notwendigkeiten befreiten Innenraum der Seele kann die Nahrung des Geistes empfangen und assimiliert werden. Diese Nahrung ermöglicht Wachstum, damit gelangt die Seele auf den Pfad zum Guten. Dieser Pfad führt vom Werdenden zum Seienden, zur Erkenntnis von der seienden Seele. Der Bau am Mikrokosmos unter Verwendung von philosophischen Weisheiten als Bausteine erschließt dem Bauenden ein Werk und Gebäude, in welchem sich der innere Mensch offenbaren kann.

2.7. Das Seiende

Im Dialog *»Sophistes«*, der ursprünglich *»Über das Seiende«* hieß, hat Platon eine Wesensbeschreibung des Seienden deutlich dargestellt. Aus platonischer Sicht ist das Seiende gleichbedeutend mit dem Wesen der Ideen. Die Ideen sind durch das Denken erfahrbare Kräfte und führen alle werdenden Seelen hin zum Guten. Werdende Seelen sind diejenigen, welche noch nicht nach der Weise der Ideen leben, also die Seelen der Menschen. Seiend sind die gelebten Ideen, in ihnen ist daher auch die Kraft enthalten, sich bemerkbar zu machen. Eine solche Offenbarung des Seienden kann in der Seele eines Menschen stattfinden, in dem die Idee als Möglichkeit zu einem den Ideen entsprechenden Leben angelegt ist. Die Idee als Seelenwirkkraft kann sich daher in der unsterblichen Seele eines Menschen entfalten, womit der Geist der Ideen einen Seelenzustand bewirkt, der seiend genannt werden kann. Seiend bedeutet, aus eigener Kraft zu sein, das heißt ewig und immer gleichbleibend. Denn verfügten die Ideen nicht über die ihnen inneliegende Kraft, so würden sie von etwas anderem bewegt und damit nicht seiend sein.

Die platonische Idee ist das geistige Urbild eines Wesens oder ein absolutes Merkmal, das ein Wesen vollkommen ausfüllt. Sie existiert nur im denkbaren Lebensfeld, in einem absolut unstofflichen Gebiet, das heißt außerhalb der sichtbaren Welt. Eine platonische Idee kann in der sichtbaren Welt nicht angetroffen werden, da ihr das Merkmal des Seienden, das heißt etwas Ewigem, Unvergänglichem zukommt. Dieser Zustand kann von keinem Ding oder Wesen in der sichtbaren Welt erreicht werden. Als Prototyp der Idee wird die »Idee des Guten« bezeichnet, das ist das Gute an sich ohne Bezug zur physischen Welt. Am Guten müssen sich alle Wesen messen lassen; zum Guten strebt alles, insbesondere der Mensch. Die Idee könnte auch als das Strukturgebende bezeichnet werden, welches in Verbindung mit der Urkraft Leben bedeutet – aber nur geistiges Leben, Seelenleben.

Das Nicht-Seiende ist alles, was nicht seiend ist. Das Nicht-Seiende sei, ist demnach schon ein Widerspruch im Satz. Das Nicht-Seiende existiert in der Seele eines Menschen, solange er in der Täuschung lebt, solange das Seiende noch nicht offenbart ist. Nach Platons Darstellung ist es der Lebenszustand der Sophisten, derjenigen, die die Welt erklären und Rezepte vermitteln, wie ein Mensch im Sozialgefüge erfolgreich sein kann. Als etwas ganz anderes ist das Seiende zu verstehen. Es ist nur im Bewusstsein derjenigen erfahrbar, die, wie im Höhlengleichnis erklärt, außerhalb der Höhle leben. Das Nicht-Seiende, der Irrtum und das Täuschende also, sind die Gegenstände, mit denen sich diejenigen beschäftigen, die sich in der Höhle befinden. Das Nicht-Seiende hat keinen Unvergänglichkeitsstatus und verliert seine Benennbarkeit für einen Menschen, in welchem das Seiende in der ganzen Seele offenbart ist. Das Nicht-Seiende ist daher Werdendes und Vergängliches.

In Platons Dialog *»Sophistes«* (237b) versichert Parmenides:

> *»Niemals lässt durch Beweis sich zeigen, es sei, was da nicht ist; nein, halte ferne dein Denken von solchen Wegen der Forschung.«*

Andererseits kann auch das Seiende nicht bewiesen werden, denn das Unendliche, das Unsterbliche, das Unvergängliche kann von einem vergänglichen Wesen, und der Denkapparat des Menschen ist vergänglich, nicht mit logischem Denken begründet werden. – Das Seiende ist das ganz Andere, nicht das Bewegliche und nicht das Ruhende, sondern ein

Drittes, nicht Erklärbares. Die Ideen können sich also nur in einer geeigneten Seele zeigen, und diese Offenbarung ist nicht beschreibbar und auch nicht vermittelbar. Die Vermittlung von Denkprozessen, mit welchen versucht wird, anhand von Beweisen das Nicht-Seiende zu begründen, ist das Geschäft der Sophisten. Von diesem Denken soll man sich fernhalten, empfiehlt Platon.

Offensichtlich kommt dem Nicht-Seienden auch nicht der geringste Anteil am Seienden zu. Daher kann auch der durch Logik erbrachte Beweis nicht angetreten werden, dass es sei. Das Nicht-Seiende muss aus der Warte des Seienden beurteilt werden. Da aber das Seiende auch nicht mittels der Logik nachgewiesen werden kann, ist die Erklärung nur für diejenigen verständlich, die das platonische Denkgerüst, welches die Ideen als die stärksten Wirkkräfte im Universum verstehen, als höchste Wahrheit erkennen. In diesem Denkgebäude sind die beiden Welten enthalten: die seiende, in sich ruhende Welt des Guten als die allumfassende unvergänglich-ewige sowie die werdende, gewordene und vergängliche Welt, die auf ihrer sichtbaren Seite für jedermann als solche erkennbar ist. Das Nicht-Seiende ist aus dieser Perspektive das Werdende, denn es befindet sich nicht im Sein. Das Seiende ist außerhalb des Werdenden, in den denkbaren Ideen des Guten, Gerechten und Schönen erkennbar.

> *»Sophistes«*, 247e:
>
> *»Ich sage also, was nur irgendein Vermögen besitzt, es sei nun, ein anderes zu irgendetwas zu machen … Ich setze nämlich als Erklärung fest, um das Seiende zu bestimmen, dass es nichts anderes ist als Vermögen, Kraft.«*

Die Idee des Guten ist die höchste Kraft im Universum; sie steht am Anfang und am Ende des Prozesses, den alle bewusstseinsfähigen Wesen, die sich nicht im Zustand des Seienden befinden, zurücklegen dürfen. Dieser Prozess des Wandels ist einer des Seelenbewusstseins. Der menschlichen Seele muss sich also zunächst klar werden, dass ihr Bewusstsein am Nicht-Seienden haftet. Der berühmte Satz des Sokrates, *»Ich weiß, dass ich nichts weiß«*, bezieht sich auf das Nichtwissen-Können vom Seienden, für den im nicht-seienden Zustand lebenden Menschen. Nur auf dieser

Bewusstseinsgrundlage kann eine Seele den Weg antreten zum Bewusstsein im Seienden. Dies bedarf aber einer radikalen Seelenumwendung: Das Nicht-Seiende muss vollständig von der Bewusstseinssphäre verschwinden.

»Sophistes«, 228c:

»Fremdling: Die Unwissenheit ist aber doch nichts anderes als ein Fehlgehen der der Wahrheit zustrebenden Seele, indem sie von der richtigen Erkenntnis abirrt …«

»Sophistes«, 229b:

»Fremdling: Dass man ohne eigentliches Wissen glaubt, im Besitze des Wissens zu sein. Das scheint für uns die Quelle alles Irrtums beim Nachdenken zu sein.«

Damit nach einer neuen Perspektive gesucht werden kann, muss die Einsicht vorhanden sein, dass der bisherige Standpunkt keine klare Sicht ermöglicht. Diesen Schritt des Wechsels des Blickfeldes muss jeder Mensch in sich selbst vollziehen. Platon beschreibt diesen Prozess folgendermaßen:

»Sophistes«, 248b:

»Fremdling: Ihr unterscheidet doch scharf zwischen Werden und Sein?
Theaitetos: Ja.
Fremdling: Und euch zufolge stehen wir durch den Leib vermittelst der Wahrnehmung mit dem Werden in Gemeinschaft, durch die Seele aber vermittelst des Denkens mit dem wahrhaft Seienden, das sich eurer Behauptung nach in jeder Hinsicht identisch und immer auf die gleiche Weise verhält, während das Werden in beständigem Wechsel ist.«

Die zwei Perspektiven sind die des Sophisten und die des Philosophen.

»Sophistes«, 254a:

»Der Sophist flüchtet sich in die Dunkelheit des Nicht-Seienden, wo er sich mit Vorliebe aufhält. So ist es denn die Finsternis dieser Stätte, die ihn schwer erkennbar macht.

Beim Philosophen dagegen, der in ununterbrochener Denkarbeit der Idee des Seienden nachhängt, ist es gerade umgekehrt die Helligkeit der Stätte, die ihn nicht weniger als leicht erkennbar macht. Denn das geistige Auge der meisten hält es nicht lange aus, auf das Göttliche hinzuschauen.«

Beide sind nicht leicht durchschaubar, aber die Gründe der Erkennbarkeit liegen diametral auseinander. So könnte geglaubt werden, dass das Nicht-Seiende existiert, da sich doch der Sophist darin befindet. Aber auch die erforderliche Ruhe im Denkprozess ist nicht Sache des Menschen, denn die philosophische Betrachtung des Seienden bleibt unverstanden.

»Sophistes«, 254c:

»So wird es uns gelingen, uns das Seiende und das Nichtseiende, wenn wir es auch nicht mit voller Klarheit zu erfassen vermögen, so doch zu genügender Deutlichkeit zu bringen, soweit es unsere jetzige Betrachtungsweise zulässt, und wir dürfen vielleicht hoffen, mit der Behauptung, dass das Nicht-Seiende wirklich nicht seiend ist, ungestraft davonzukommen.«

»Sophistes«, 264d:

»Nachdem sich nun aber falsche Aussage und falsche Meinung als tatsächlich vorhanden herausgestellt haben, steht auch dem nichts entgegen, dass es Nachahmungen des Seienden gebe und dass diese Sachlage eine Kunst der Täuschung möglich mache.«

»Sophistes«, 265bc:

»Als hervorbringend bezeichneten wir doch eine jede Tätigkeit, welche bewirkt, dass das, was vorher nicht war, in der Folge zum Dasein gelange.
Alle sterblichen Geschöpfe nun und Pflanzen, … soll alles dies …durch eine andere als göttliche Schöpferkraft zum Dasein gelangen? … Welche? Nach welcher die Natur aufgrund blind wirkender und ohne Nachdenken geschaffener Ursache erzeuge. Oder soll das ursächliche Wirken nicht vielmehr, mit Vernunft und Wissen ausgestattet, göttlicher Art sein und von Gott ausgehen?«

Für Platon ist offensichtlich, womit das ursächliche Wirken erklärt werden kann: Es sind die höchste Vernunft und das Gute, die erfahrbar sind in den Seelen, die der Kraft des Guten Raum lassen. Dieses Gute steht noch über dem Seienden. Das Seiende darf auf diese Weise als Entfaltung des Guten verstanden werden, und was sich außerhalb dieser Entfaltung befindet, ist Nicht-Seiend.

Viele Philosophen haben das Wesen Gottes beschrieben und dabei ein ziemlich einheitliches Bild gezeichnet. Platon spricht vom Guten. Ohne die Güte Gottes wäre überhaupt nichts, was ist. Der Grund für die Erschaffung von Welt und Menschheit liegt in der unermesslichen Güte.

> »*Timaios*«, 30e:
>
> *»Warum hat er dieses Weltgebäude, diese Stätte des Werdens zusammengefügt? Er war voller Güte, wer aber gut ist, für den gibt es niemals einen Grund zum Neide. Alles sollte ihm so ähnlich wie möglich sein.*
> *Denn Gottes Wille war es, die Welt dem Schönsten und in jeder Beziehung Vollkommensten unter allem, was die Vernunft sich denken kann, so ähnlich wie möglich zu machen, und so bildete er sie als ein einziges sichtbares lebendes Wesen, das alle ihm von Natur verwandten Geschöpfe in sich schließt.«*

In diesem Weltgebäude gilt als höchstes Prinzip die vernünftige Ordnung, und dieses über allem geltende Prinzip wird in der Philosophie als das Eine, als der Ursprung dieser Ordnung, das Gute und das Sein bezeichnet. Sein bedeutet, zu leben im Bewusstsein der Ewigkeit. Das ist Gewissheit vom Höchsten, vom Guten. In welchem Gefäß zeigt sich diese Vorstellung? In der aus dem Einen entfalteten Seele. Es gibt also die Weltseele, in welcher sich der Eine entfaltet, und individuelle Seelen, die in ihrer Struktur und ihrem Wesen der Weltseele gleich und eigenständige Teilnehmer am Entfaltungsprozess sind. Sein heißt, ein Leben zu führen mit dem Bewusstsein, dass es ein Gutes, was das Wesensmerkmal des Einen ist, gibt. Der geschaffene Kosmos entspricht nicht der Natur des Einen und des Guten, sondern ist dem seienden, denkbaren Universum nur ähnlich und dient dem individuellen Mikrokosmos als Vorbild. In einem nach der Idee des Guten wiederhergestellten Mikrokosmos kann sich die wahre unsterbliche Seele und in ihr das Gute offenbaren.

Plotin beschreibt die Bewusstseinspyramide wie folgt: Das Eine ist das Höchste und identisch mit dem Guten. Der Geist des Guten durchstrahlt das Universum und schafft die Seele, welche Anteil an diesem Geist hat. Die sich an die Materie klammernde Seele hat sich überdeckt mit Geist, der nicht aus dem Guten stammt, und lässt sich von diesem nicht aus dem Guten stammenden Geist leiten. Die Seele ist nun an die unbeständige Materie gebunden und muss ihren Sitz immer wieder wechseln.

Wenn nun aber Gott als das höchste Vorstellbare angesehen wird, das gut ist und dem nichts mangelt, so wird offensichtlich, dass auch seine Geschöpfe, die seiner Idee entsprechen und in seiner Identität sein können, damit sein Wesen außerhalb von ihm wahrgenommen werden kann, ewig, seiend, gut und damit ohne Mangel sein müssten.

2.8. Von der Bedeutung des Eros in Platons Philosophie

Die antike griechische Philosophie legte den Grundstein für das vernunftbasierte Erkennen der Wahrheit über den Menschen und das Universum. Die Wahrheitsfindung sollte nicht mehr ausschließlich auf mythologischer Grundlage, aus dem Glauben heraus geschehen, sondern auch so weit wie möglich mittels des Denkens vollzogen werden und logisch begründbar sein. Die Philosophie, die Liebe zur Weisheit, diente dazu, den delphischen Orakelspruch »Mensch, erkenne dich selbst« ins Zentrum der geistigen Bemühungen zu stellen. Selbsterkenntnis sollte aus begründeten Gedankenschritten hergeleitet werden können, beginnend mit einem ersten Schritt, der auf einer unmittelbar einleuchtenden Grundlage basiert. – Selbsterkenntnis geht voraus beziehungsweise sie kann erreicht werden durch:

- das Gewinnen der Einsicht von der Existenz des innersten menschlichen Wesenskerns und dessen Abstammung
- den Kenntniserwerb der Beweggründe für das Tun und Lassen des Menschen

- das Erkennen der wahren Bestimmung und des Entwicklungspotentials des Menschen
- die Orientierung der Seele auf das erkannte Ziel
- die Herbeiführung einer Übereinstimmung des ganzen Wesens mit der Zielvorstellung, was sich ausdrückt im Denk- und Handlungsleben.

Erkenntnisprozesse und der Erwerb von Bewusstsein sind innerseelische Vorgänge, und damit ist auch angedeutet, wo dieser Denkverlauf stattfindet: im Seelenraum des Menschen. Der Vernunfterkenntnis kommt ein hoher Stellenwert zu, dabei darf aber das Begehren des Menschen nicht vergessen werden, es steht zentral für seine Bewusstseinsfortschritte. Ist sein Durst auf Irdisches gerichtet, so dient er dem äußeren Menschen, Ideenerkenntnis kann auf dieser Begehrensbasis nicht erworben werden. Sucht ein Mensch, das Wesen der Ideen zu erfahren, so müsste sein Verlangen auf Erkenntnis vom inneren Menschen gerichtet werden. Die Bedeutung, welche der Richtung des Begehrens zukommt, hat Platon im Dialog *»Symposion«* mit dem Wesen des Eros erklärt. Eros ist, wenn von der Vernunft geleitet, das Streben nach höherem Bewusstsein, Bewusstsein vom Guten.

Wenn von platonischer Liebe gesprochen wird, wird oft an eine zwischenmenschliche Liebe gedacht, bei welcher die erotische Komponente ausgeblendet ist und eine seelische Verbundenheit und Freundschaft eine Beziehung vollständig ausfüllt. Diese Deutung greift aber zu kurz, denn die Erkenntnis von der wahren Liebe ist auch in der platonischen Philosophie nichts anderes, als Gewissheit zu erlangen von der Liebe Gottes zum Menschen, feststellbar in der göttlichen Gnade und von der Liebe des Menschen zu den göttlichen Ideen des Guten, Schönen und Gerechten. Die Bedeutung der seelischen Verbundenheit von Menschen, gleich welchen Geschlechtes, kann daher nur in der Weise erklärt werden, dass solche sich seelisch verbunden Wissende sich auf demselben Weg befinden, um die göttliche Liebe in ihrem Bewusstsein zu erfahren und aus diesem Liebesprinzip zu leben.

Die Liebe zu Gott, in der christlichen Lehre als die höchste Handlungsmaxime für den Menschen bezeichnet, bedeutet, dass etwas vom Wesen Gottes auch erkannt worden ist. Denn wie kann ein Wesen geliebt werden, von dem keine Vorstellung und Idee vorhanden ist! Nähere Erkenntnis vom Wesen der Liebe zu Gott zu erlangen, verschieben aber viele Menschen auf einen späteren Zeitpunkt, müssen doch zuerst die menschlichen Angelegenheiten erledigt werden. Der Mensch ist sich seines natürlichen Zustandes wohl bewusst, nicht aber, dass in seinem Kern etwas vom göttlichen Wesen schlummern könnte. Das im Innern des Menschen erwachende Verlangen nach einer idealen Weltordnung wird daher auf den irdischen Boden projiziert, in der Hoffnung, dass mit genügend Düngemitteln und Bewässerungsanlagen sich schon ein Paradies errichten lassen würde, an welchem alle teilhaben könnten.

Für Platon und die antike Philosophie war die Prioritätsordnung jedoch eine andere: zuerst wurde nach der Weisheit gesucht, nach jener, die zur Erkenntnis vom Guten führt. Den »menschlichen« Angelegenheiten wurde dagegen wenig Beachtung geschenkt. In dieser Hinsicht bestand kein Unterschied zur christlichen Heilslehre, die sich ausdrückt mit den Worten: Suche zuerst das Reich Gottes, und alles andere wird dir zufallen. Auch in der *»Vita Pythagorica«* des Jamblich ist nur eine Lebensführung angezeigt, eine, die es dem Menschen ermöglicht, ein auf das Göttliche ausgerichtetes Leben zu führen.

> *»Vita Pythagorica«*, 137:
>
> *»Alles, was die Pythagoreer über Tun oder Lassen bestimmten, hat sein Ziel in der Übereinstimmung mit dem Göttlichen. Dies ist der Ursprung, und jedes Leben ist darauf hin angelegt, Gott zu folgen, und dies ist der Sinn dieser Philosophie. Die Menschen tun etwas Lächerliches, wenn sie sich das Heil von anderswoher erwarten als von den Göttern.«*

Das Höchste, als Ursprung von allem, wurde von den Philosophen als das Eine bezeichnet. Dieses Eine ist Gut, aus ihm wird das Gute abgeleitet. Um das Wesen dieses ewigseienden Guten zu beschreiben, hat Platon den Begriff der Idee verwendet. Dieses Gute, als »Idee« bezeichnet, durchströmt das ganze All. Die lebende Idee ist für Platon die Wirklichkeit; mit Worten nicht beschreibbar, aber im Menschen in seiner unsterblichen Seele erfahrbar. Die mit der Urkraft verbundene Idee des Guten ist die höchste Realität und ewig wirkend. Im Prolog des Johannes-Evangeliums wird dieses Sein als das Wort Gottes angedeutet, als absolute, unverrückbare Grundlage von allem. Der dort erwähnte Anfang bezieht sich aber nicht auf den Anfang der Existenz des Wortes, sondern auf den Beginn der Wirkung des Wortes außerhalb seiner selbst. Denn dieses Wort, verstanden als Logos, als Ausdruck der höchsten Vernunft, hat keine Entstehung, denn es ist – und damit ist es im Status der Ewigkeit.

Das Gute – und als wesentlichster Ausdruck davon die Liebe – steht als ewigseiende Idee in der Unendlichkeit und kann von einer aus demselben Urgrund stammenden Seele erkannt werden. Die vom Menschen gelobte zwischenmenschliche Liebe und sein Gütestreben sind, da unvollkommen und vergänglich, nur ein äußerst bescheidener Schatten der göttlichen Güte und Liebe, welche in Platons Idee des Guten symbolhaft dargestellt ist. Das Ziel der platonisch-philosophischen Betrachtung ist es daher, Erkenntnis vom Wesen dieses Guten zu vermitteln. In seinen Dialogen *»Symposion«* und *»Politeia«* zeigt er anhand von allegorischen Darstellungen auf, was unter Eros und Liebe und dem Guten verstanden werden kann.

Im Folgenden soll nun der Frage nachgegangen werden, ob ein gemeinsamer Nenner für die Liebe existiert und gefunden werden kann. Sodann ist zu klären, welche Voraussetzungen im Menschen gegeben sein müssen, damit ein Bewusstsein von der Liebe in ihrer höchsten Form und deren Bedeutung für den Menschen erlangt werden kann. Auch soll untersucht werden, was Eros mit Liebe zu tun hat und in welcher Beziehung dieser, von Platon als Dämon bezeichnete Kraft, zur Liebe steht. Unter Zuhilfenahme seiner Philosophie können einige Denkanstösse vermittelt werden, welche einen Menschen dazu anregen können, im eigenen Wesen mittels des Denkvermögens einen Weg zu finden, der Klärung in sein Bewusstsein bringen kann.

Die menschliche Natur sucht nach Glück, einem Zustand, den sie in einem bestimmten Verhalten, mit einer Glück suchenden Lebenshaltung zu erreichen trachtet. In Selbsterkenntnis muss der Mensch aber feststellen, dass er diese Stufe nicht dauerhaft erreichen kann. Sein Versuch, diesen Zustand durch ein auf die äußere Welt ausgerichtetes Seelenleben zu erreichen, scheitert an den Veränderungen, die ohne Unterbrechung im äußeren Leben stattfinden. Verschließt er sich nicht vor den Auswirkungen der Naturgesetze auf seinen Körper und seine Persönlichkeit, so kann er erkennen, dass er in jeder Beziehung abhängig und bedürftig ist. Aus diesem Mangel entsteht ein Begehren, und diese Erkenntnis von der Bedürftigkeit und dem Begehren, diese Bedürftigkeit durch Erfüllung zu beheben, nennt Platon Eros. In dessen allegorischer Darstellung ist Eros eine sich im Menschen befindende Kraft, eine eingeborene Willenswirksamkeit, die auf verschiedenen seelischen Ebenen tätig ist. Sie verursacht, der jeweiligen Einsicht entsprechend, Begehren auf der biologischen Ebene und in der Persönlichkeit einerseits sowie ein Streben nach Bewusstsein vom geistig-seelischen Gebiet anderseits.

Eros entsteht aus der Bedürftigkeit, aus einer Erkenntnis, dass dem Menschen etwas fehlt. Eros ist also diejenige Triebkraft, die den Menschen etwas suchen lässt, nämlich dasjenige, wonach er Mangel leidet. Ein Schüler der Philosophie ist jemand, der leidet: unter einem Mangel an Weisheit und an Kenntnis vom Guten. Denn das Gute ist schön, und Schönheit bedeutet auch Harmonie. Und ein harmonisches Leben wiederum ist ein glückseliges Leben. Eros ist also das Verlangen nach Schönheit und dem Guten. Der Wunsch, gut zu werden, kann als Heilbegehren verstanden werden. Der Weg von der Einsicht über den aktuellen Daseinszustand und das Begehren nach einem erfüllten Lebenszustand wird in jeder wahren Weisheitslehre aufgezeigt. Im Dialog *»Symposion«* (204a) sagt Platon:

> *»Kein Gott philosophiert oder begehrt, weise zu werden, sondern er ist es. Ebenso wenig philosophieren auch die Unverständigen oder bestreben sich, weise zu werden. Denn das ist eben das Arge am Unverstande, das er ohne schön und gut und vernünftig zu sein, doch sich selbst ganz genug zu sein dünkt. Die Philo-*

sophierenden nun sind die zwischen den beiden. Sie begehren nach Weisheit, um des Guten und Schönen teilhaftig zu werden. Denn die Weisheit gehört zum Schönsten, und Eros ist die Liebe zum Schönen.«

Der Eros ist also eine sich im Menschen befindende Kraft, die weisheitsliebend, das heißt philosophisch ist. Sie bewirkt das Begehren, den erkannten Mangel der Schönheit und des Guten aufzuheben. – Warum ersehnt der Mensch die Schönheit und das Gute? Da ihn das Gute und Schöne, wenn es ihm zuteil wird, glückselig macht, ist Platons Antwort. Mit dem Begehren wird angestrebt, dieses Gute immer zu haben. Es gilt daher nicht nur dem Schönen und Guten allein, sondern der Erzeugung und Geburt im Guten und Schönen.

»Symposion«, 206e:

»Weil eben die Erzeugung das Ewige ist und das Unsterbliche, wie es im Sterblichen sein kann. Nach der Unsterblichkeit aber zu streben mit dem Guten, ist notwendig, wenn doch die Liebe darauf geht, das Gute immer zu haben. Die Liebe geht also auf die Unsterblichkeit.«

Der Mensch liebt im Grunde nichts anderes als das Gute und strebt danach, dieses Gute nicht nur vorübergehend, sondern immer zu haben. Der Eros wird als die dieses Streben bewirkende Kraft gedeutet. Die Liebe geht nicht nur auf das Schöne, sondern auf die Erzeugung und Geburt im Schönen. In der Erzeugung ist das Prinzip des Ewigen und Unsterblichen enthalten, und mit der Liebe nach diesem Ewigen geht das Bestreben darauf, das Gute immer zu haben. Die Liebe im Verbund mit dem Begehren dient also als Mittel zur Teilhabe am Guten und der Unsterblichkeit. Sie ist ein dem Menschen gegebenes unerklärliches Prinzip.

Der Eros ist die begehrende Kraft, welche nach Erfüllung trachtet. Dieses Streben und die Liebe zum Wesen des Begehrten richten sich nach der Art des Bewusstseins eines Menschen. Ist dieses in der sichtbaren Welt gefangen, so ist sein Verlangen auf die Dinge dieser Welt ausgerichtet. Ist jedoch das Bewusstsein für ein Gebiet vorhanden, das nur mittels des Denkens als seiende Welt erkannt werden kann, so richtet sich das Begehren auf Wesenheiten dieser geistigen Welt.

»Symposion«, 209a:

»… denn es gibt solche, die auch in der Seele Zeugungskraft haben, vielmehr als im Leibe, für das nämlich, was der Seele ziemt zu erzeugen und erzeugen zu wollen. Und was ziemt ihr denn? Weisheit und jede andere Tugend …«

Wer also Anteil am Schönen haben möchte, der wird zunächst die Schönheit in den Gestalten erkennen, einer schönen Gestalt nachgehen und sie lieben.

»Symposion«, 210c:

»Nächstdem aber muss er die Schönheit in den Seelen für weit herrlicher halten als die in den Leibern, und wenn er einer solchen Seele gewahr wird, wird er diese lieben und pflegen. Er wird Reden erzeugen, um diese Seele zu verbessern. Er selbst wird aber durch solches Tun das Schöne in den Bestrebungen und Sitten anschauen können.«

»Symposion«, 210de:

»Von den Bestrebungen aber muss er weiter zu den Erkenntnissen gehen, damit er auch die Schönheit der Erkenntnisse schaue und sich auf die hohe See des Schönen sich begebend und dort umschauend, viel schöne und herrliche Reden und Gedanken erzeuge in unangemessenem Streben nach Weisheit …«

»Symposion«, 211a:

»Wer auf diese Weise das mancherlei Schöne in solcher Ordnung und richtig schauend, der wird, indem er nun der Vollendung in der Liebeskunst entgegengeht, plötzlich ein von Natur wunderbar Schönes erblicken, nämlich jenes selbst, um deswillen er alle bisherigen Anstrengungen gemacht hat …«

In seiner Seelenlehre spricht Platon von einer Denkseele und von einer trieb- und begierdenhaften Seele, welche beide im Menschen verbunden und gebunden sind. Während die begierdenhafte Seele ganz auf das sichtbare Lebensfeld ausgerichtet ist, entstammt ein Teil der Denkseele einer anderen, nur mittels des Denkens erfahrbaren Welt. Der Stufenweg zum Schönen an sich beginnt mit dessen Wahrnehmung in der sichtbaren Welt.

Der Mensch wird auf dieser Stufe auch noch von seinem begierdenhaften Seelenteil geleitet. Derjenige aber, der anfängt, mit seiner unsterblichen Denkseele zu erkennen, wird die Schönheit in den Seelen für weit herrlicher halten als die vergängliche Schönheit in der Körperwelt.

Was aber ist eine schöne Seele? Das Attribut »schön« kommt derjenigen Seele zu, welche zu erkennen vermag, dass in ihr ein unirdisches Element schlummert, das erweckt werden soll mittels der Weisheitslehre. – Indem einer seine Liebe zur Weisheit begreift, wird er das innere Seelenauge weiter öffnen können. Auf diese Weise gelangt er zum Erkennen des Schönen in den göttlichen Gesetzen und Handlungsweisen, den Tugenden, welche für den inneren Menschen und seine unsterbliche Seele Gültigkeit haben. Auf der höchsten Stufe erkennt er das uneingeschränkt Schöne, er gelangt zur Schau der Einzigartigkeit des Göttlich-Schönen (*»Symposion«*, 211de). Er kann auf dieser Stufe die Existenz einer Ordnung erfahren, die nichts mit den in der sichtbaren Welt erkennbaren Gesetzen zu tun hat.

> *»Symposion«*, 211a:
>
> *»Das Schöne, ... welches zuerst immer ist und weder entsteht noch vergeht, weder wächst noch schwindet, ferner auch nicht etwa nur insofern schön, insofern aber hässlich ist, noch auch jetzt schön und dann nicht, noch im Vergleich hiermit schön, damit aber hässlich, noch auch hier schön und dort hässlich, als ob es nur für einige schön, für andere aber hässlich wäre.«*

Dieser Bewusstseinsprozess in der Seele eines Menschen, vom Wahrnehmen des vergänglichen Schönen in der Natur bis zur Offenbarung der reinen ewigen Schönheit in der Seele, ist ein Lebensprozess. Er beginnt mit dem Bewusstsein vom Mangel an Schönheit im sichtbaren Seinszustand, und daraus entsteht das Begehren nach diesem Schönen. Um diesen Prozess in sich durchführen zu können, bedarf es einer Vorbereitung: Am Anfang steht ein Erkennen, dass in der Seele ein unsterbliches Element verborgen liegt. Nur ein Seelenkern, aus demselben Urgrund wie das Gute und Schöne stammend, ist zur Erkenntnis des Guten befähigt. Die Seele muss also in diesem Prozess von allen Verunreinigungen, die aus ihrer Bindung an die sichtbare Welt herrühren, gesäubert werden. Verunreinigungen sind alle irdischen Dinge, welche die Seele davon abhalten, in sich die Intentionen des Geistes aufzunehmen.

Der mit dem geistigen Seelenauge Erkennende wird seine Bemühungen auf die Wirkung ausrichten, welche durch die Darlegung von Gedanken und Vorstellungen in der Seele eines Aufnahmefähigen ausgelöst werden kann, um dessen Seele zu verbessern. Die Besserung besteht in der Umwendung der Seele und im Streben nach dem Guten und Schönen. Wenn nun ein Erkenntnisträger in einem Erkennenden die durch seine Erklärungen bewirkte Zunahme von Selbsterkenntnis entdeckt, löst dies auch in ihm eine Zunahme von Seligkeit aus, und diese Seligkeit bestätigt ihn in seiner Lebenshaltung und seinem Weg auf den Stufen zu höherem Bewusstsein.

Was ist aber dieses unvorstellbar Schöne? Die höchste Erkenntnis und damit der Zugang zu einer höheren Bewusstseinsstufe liegen in der Erkenntnis vom Guten – und das Gute ist schön, so schreibt Platon. Das Gute und das Schöne sind Ideen und Prinzipien, die unmittelbar vom Einen ausgehen, und dieser Eine ist der Ursprung von allem. Die auf diesem Ursprung basierenden ewig seienden Urbilder sind das Schöne und das Gute. Dieses Gute und Schöne als höchste Offenbarungen sind in einer menschlichen Seele, welche für diese Offenbarung bereit gemacht wurde, erkennbar. In der sichtbaren Welt sind von der göttlichen Allmacht und Güte nur andeutungsweise Spuren von Licht feststellbar, um dem Menschen Hinweise zu vermitteln, wie er Zugang zum Schönen und Guten finden kann, um seine Seele mit dieser Wahrheit vollständig auszuleuchten.

> *»Symposion«*, 211e bis 212a:
>
> *»Was also, sollen wir erst glauben, wenn einer dazu gelangte, jenes Schöne selbst rein, lauter und unvermischt zu sehen, das nicht voll menschlichen Fleisches ist und Farben und anderen sterblichen Flitterkram, sondern das göttliche Schöne selbst in seiner Einzigartigkeit zu schauen? Meinst du wohl, dass das ein schlechtes Leben sei, wenn einer dorthin sieht und jenes erblickt und damit um-*

geht? Oder glaubst du nicht, dass dort allein ihm begegnen kann, indem er schaut, womit man das Schöne schauen muss, nicht Abbilder der Tugend zu erzeugen, weil er nämlich auch nicht ein Abbild berührt, sondern Wahres, weil er das Wahre berührt? Wer aber wahre Tugend erzeugt und aufzieht, dem gebührt, von den Göttern geliebt zu werden, und wenn irgendeinem andern Menschen, dann gewiss auch ihm, unsterblich zu sein.

»Symposion«, 212b:
»... dass, um zu diesem Besitz zu gelangen, nicht leicht jemand der menschlichen Natur einen besseren Helfer finden könnte als den Eros.«

Eros ist also jene dem natürlichen Menschen angeborene Triebkraft, die ihn das Bessere begehren lässt. Das Wissen um das Mangelhafte soll nun aber nicht in der materiellen Natur gesucht werden, die Bedürftigkeit des Menschen muss vielmehr in der Seele erkannt werden. Das Begehren nach dem Guten und Schönen wird in der Seele erfahren, die in sich den beschriebenen Mangel erkennt. Im Heilungsprozess der Seele dient der Eros als begehrende Kraft für das Heilwerden. Auf das Heilbegehren nach derjenigen inneren Schau, welche die Erkenntnis vom wahren Menschen offenbart, folgt das Bestreben, tugendhaft zu leben, und das lässt den Menschen dann ein wahrhaftes Leben führen.

Im Sonnengleichnis eröffnet Platon eine allegorische Darstellung, wie das Gute und Schöne erkannt werden können: das Auge wird als das sonnenartigste aller Sinnesorgane bezeichnet, das Licht der Sonne verleiht dem Auge die Sehkraft. Auch wenn die Augen Sehvermögen haben und Gegenstände Farbe enthalten – ohne Licht können diese weder gesehen werden noch wäre das Auge in der Lage, zu sehen. Die Sonne ist aber nicht das Licht selbst, sondern dessen Ursache. Die Sonne, erklärt Platon, ist das Abbild des Guten, das heißt, sie ist aus dem Guten hervorgegangen, ist aber nicht das Gute selbst. Das Gute ist nicht das Sein, sondern ragt an Würde und Kraft noch über das Sein hinaus. – Was in der sichtbaren Welt das Auge, ist für Platon in der denkbaren Welt das Denkvermögen der Seele. Wenn sich die Seele auf das richtet, worauf das Licht der Wahrheit und des Seienden fällt, dann ist sie im Besitz der Vernunft und kann erkennen. Wenn sie sich aber auf mit Finsternis Gemischtes richtet, dann fällt sie dem bloßen Meinen anheim.

Das Gute bewirkt Wahrheit und verleiht dem (Seelen-)Bewusstsein die Kraft zum Erkennen des Guten, es ist damit Ursache von Weisheit und Wahrheit. Was im Sichtbaren die Sonne, ist im Denkbaren das Gute. Was im Sichtbaren das Licht, sind im Denkbaren Weisheit und Wahrheit. Was im Sichtbaren das Sehen, ist im Denkbaren das Erkennen mittels des Denkvermögens. Mit dem Sehen können das Licht und die Quelle des Lichts wahrgenommen werden. Mit dem vernünftigen Denkvermögen können die Wahrheit und deren Quelle sowie die Idee des Guten erkannt werden. Diese Sichtweise wird auch aus dem bekannten Goethe-Zitat verständlich:

> *»Wär' nicht das Auge sonnenhaft, nie könnt die Sonne es erblicken.*
> *Lebt' nicht in uns des Gottes eigne Kraft, nie könnt' uns Göttliches entzücken.«*

Das Licht der Sonne ermöglicht nicht nur, dass man sehen und gesehen werden kann, sondern auch Werden, Wachstum und Nahrung, ohne selbst ein Werden zu sein. Das Gute bewirkt das Seiende sowie das Wahre und darüber hinaus, dass dieses vom Guten Anteil habe und von der Seele erkannt werden kann. Die Seele kann aber nur bewusst erfassen, was mit ihr selbst verwandt ist. Die unsterbliche Seele hat demnach Anteil am Guten und kann Sein und Wahrheit verstehen. Ohne die Sonne gibt es kein Licht, und ohne Licht ist Sehen nicht möglich. Entsprechend verhält es sich mit dem Guten: es ist die Quelle der Weisheit, und ohne philosophische Weisheit wird das Gute schwerlich erkannt.

Betrachtet man das Verhältnis der Sonne zur Erde und zum Menschen, so ist klar, dass das wichtigste Prinzip der Sonne das Geben ist. Sie gibt und verschenkt Kraft in Form von Licht und Wärme, ohne dieses Geben wäre Leben im sichtbaren Raum nicht möglich. Die Sonne steht damit vollkommen im Dienste des stofflichen Menschen sowie der sichtbaren Natur und offenbart die vollständige Abhängigkeit des Menschen von ihr.

Das der Sonne innewohnende Prinzip ist das Geben, ohne eine Gegenleistung zu erwarten: Wenn ein Gebender sieht, dass die Gabe angenommen wird, ist die Freude groß; ja man darf sagen, dass es keine größere Freude für einen Gebenden gibt, wenn die Gabe angenommen wird und dem Beschenkten zum Glück verhilft. In der unsichtbaren, aber denkbaren Welt des Guten ist das Prinzip des Gebens innewohnend, es kann auch als Liebe bezeichnet werden. Die Liebe ist identisch mit dem Guten. Dieses Liebesprinzip ist nicht ein Geben an einige, sondern an alle.

Liebe deinen Nächsten wie dich selbst, die Erkenntnis dieses für den inneren Menschen geltende Gesetz ist Erkenntnis vom Guten und zugleich die Anwendung dieses Guten. Dieses Liebesgesetz wird in Lukas 6.27-35 deutlich dargestellt:

> *»Liebet eure Feinde; tut Gutes denen, die euch hassen; dem der dich auf den Backen schlägt, biete auch den andern dar, und dem, der dir den Mantel nimmt, verweigere auch den Rock nicht. Jedem der dich bittet, gib, und von dem, der dir das deine nimmt, fordere es nicht zurück! Und wenn ihr die liebet, die euch lieben, was für einen Dank habt ihr? Vielmehr liebet eure Feinde und tut Gutes und leihet, ohne etwas zurückzuerwarten. Dann wird euer Lohn groß sein, und ihr werdet Söhne des Höchsten sein, denn er ist gütig gegen die Undankbaren und Bösen.«*

Der Lohn für eine Lebenshaltung unter Beachtung des Liebesprinzips ist die Bewusstwerdung der eigenen unsterblichen Seele. Diese wiederum ist allein fähig, da zum anderen Reich gehörig, die göttlichen Gesetze zu erkennen und ihnen gemäß zu leben. Dieses Leben ist eines in Seligkeit. Das Gute als ewig-seiendes, höchstes, nicht-materielles Prinzip wird, wie aus einer ewig sprudelnden Quelle, dem Menschen geschenkt. Mit seiner Seele und ihrem Erkenntnisorgan, dem einsichtigen Verstand, kann sie im Lichte der Weisheit die Voraussetzung schaffen, damit sich das Gute offenbaren kann. Ohne die Kraft dieses höchsten spirituellen Prinzips kann die (unsterbliche) Seele nicht belebt werden. Die Seele als Samenkorn würde in einem Zustand des Schlafes verbleiben und könnte weder leben noch wachsen. Das Gute steht damit vollkommen im Dienst der

Seele des Menschen. Der Mensch, welcher das Gute und das Liebesprinzip verstanden hat, wird auch, so kann gesagt werden, von diesem Guten und Einen erkannt. Er ist damit dieser Welt des Guten zugehörig.

Die menschliche Seele, gemäß Platon deren unsterblicher, gottverwandter Teil, hat mit ihrem Denkvermögen die Möglichkeit, Bewusstsein vom Guten zu erlangen. Eine Seele, die das Gute als Kraftquell des Ewig-Seienden erkennt, nimmt es auf und verschenkt es weiter. Das Ziel des Philosophen besteht daher darin, im eigenen Bewusstsein das Gute zu erfassen, zu festigen und es weiterzureichen an diejenigen, die für philosophische Weisheit empfänglich sind. Das Sprichwort: »Geben ist seliger denn nehmen« entpuppt sich so als das von Platon als Wahrheit angesehenes höchstes Prinzip, wobei für das Nehmen kein Bedarf besteht, da in der Ordnung des Guten Gerechtigkeit herrscht und jedem das Seine zukommt. Das Gute ist selbstlos und will andere an sich teilhaben lassen.

Der Bewusstseinsweg des Menschen, erkennbar im Werk Platons, ist der Weg vom Eros zur Liebe. Der Prozess der Bewusstseinsentwicklung, der in jeder individuellen Seele durchgeführt werden muss, um glaubhaft und wirksam zu sein, ist durch vier Stufen gekennzeichnet. Auf der ersten Bewusstseinsstufe richtet sich das Begehren auf sichtbare irdische Dinge. Das Heil und die Erfüllung werden in diesen Dingen gesucht und wohl auch vorübergehend gefunden. Diesem Stadium muss jedoch die Einsicht folgen, dass diesem Begehren kein bleibender Erfolg beschieden ist. Es kann in der Folge auf andere Werte ausgerichtet werden: auf die schon von Kindheit an bekannten Ideen vom Guten, Schönen und Gerechten. Diese Werte werden gesucht in Seelen von Mitmenschen und in der eigenen Seele.

Die Bewusstseinsreise der Seele geht danach auf eine Stufe, die reines Denken erfordert, und dieses bedeutet befreites Denken, befreit von allem körperlichen Ballast. Das Verlangen führt zum Suchen nach Gesetzen, die nicht der irdischen Welt zugehörig sind. Weisheitslehren führen auf die Spur, und das Umsetzen dieser Weisheiten in der eigenen Seele führt zum Finden der Wahrheit in Güte, Schönheit und Gerechtigkeit. Diese Kraftprinzipien, aus dem Willen des Einen erklärbar, können nur im

Geist, der von ihm ausgeht, gefunden werden. Die Liebe gilt der Weisheit, von welcher Rettung erhofft wird, um die Seele von den Naturkräften, die sie gefangen nehmen, zu befreien.

Das Finden des Guten ist aber nur mit einer Seele möglich, die aus dem Gebiet des Guten stammt. Die Bewusstwerdung von der Abstammung der eigenen Seele aus eben diesem Gebiet ermöglicht Erkenntnis vom Guten. Die befreite Seele erfährt nun die Schau des Guten und Schönen. Auf dieser Stufe überlässt der Eros seinen Platz der Liebe. Ein die ganze Fülle der Liebe Erkennender hat keine Bedürfnisse mehr, denn er schöpft aus einer nicht versiegenden Quelle. Hat eine Seele das Gute erkannt, so gilt für sie nur noch eine Aufgabe: dieses erkannte Gute in Liebe auszutragen. Diese Liebe ist vom Begehren befreit, sie lebt und wirkt.

Die Erkenntnis von dieser Liebe und ihre Bedeutung für die individuelle Seele wird im 1. Korinther 13.3 deutlich dargestellt:

> *»… selbst wenn ein Mensch alle Fähigkeiten hätte und alle seine Güter den Armen gäbe, aber die Liebe nicht hätte, dann wäre er nichts.«*
>
> Korinther 13.4-8:
>
> *»Die Liebe ist langmütig, sie ist gütig; die Liebe eifert nicht, die Liebe prahlt nicht, sie bläht sich nicht auf, sie sucht nicht das ihre, sie lässt sich nicht erbittern, sie rechnet das Böse nicht an; sie freut sich nicht über die Ungerechtigkeit, sie freut sich aber mit der Wahrheit; sie erträgt alles, sie glaubt alles, sie hofft alles, sie erduldet alles. Die Liebe vergeht niemals.«*

Die Erkenntnis vom Guten bewirkt nun eine neue Liebeskraft, die des Eros nicht mehr bedarf. Es ist die im Menschen neugeborene Liebe göttlichen Ursprungs, von welcher eine Seele Anteil erhalten hat und die der mit solcher Erfahrung Beglückte nun wegschenkt an Bedürftige. Er kann nun verschenken, ohne etwas dabei zu entbehren, da er diese Liebe aus einem unerschöpflichen Quell erfährt, und wenn er sie wegschenkt, trägt er dazu bei, dass dieser Strom, der sich auf diese Weise über Welt und Menschheit ergießt, vergrößert wird. Die erkennende Seele hat das höchste Ewigkeitsprinzip verstanden und wird alle Bemühungen darauf richten, nach diesem zu leben.

2.9. Die essentiellen Elemente von Platons Philosophie

- In der Vorstellung Platons existieren zwei Welten mit unterschiedlichen Gesetzen und Ordnungen (*»Timaios«*), die denkbare seiende (nur im Denkraum der Seele erkennbare geistige Welt), bezeichnet als Welt der Ideen oder Formen, und die sichtbare äußere Welt als vergängliche Natur. Im ersten Universum gilt das Gesetz der Liebe und des Guten, in der zweiten Natur gilt das Gesetz der Selbstbehauptung und Anpassung, des Kampfes ums Überleben um jeden Preis. Das Leben in der sichtbaren Natur erfolgt auf Kosten der anderen Lebewesen. Das Leben in der denkbaren Welt wird gelebt nach der Idee des Guten, das heißt mit Liebe zu Gott und mit Nächstenliebe (Ideen nach Platon sind gedachte Kräfte und Prinzipien rein geistiger Natur, welche als Urbilder die ganze denkbare Welt bewirken und als Kräfte ewig sind). Im Ideenbewusstsein erfolgt jede Handlung zum Guten für alle und alles.
  Diese beiden Welten sind voneinander getrennt durch eine unvorstellbar hohe Mauer. Dem Bewohner der sichtbaren Welt, der nur die in ihr geltenden Gesetze kennt, ist der Zugang zur denkbaren Welt verschlossen. Nur mit dem Bewusstsein seiner wiedererwachten unsterblichen Seele hat der Mensch die Möglichkeit, die Prinzipien des Guten und der Liebe als immer seiende universelle Kräfte zu erkennen. Er wird diese Welt in der Seele erfahren können, falls er sie auf diese Schau vorbereitet hat. Eine erkenntnisfähige Seele ist eine, in der Klarheit besteht über den unsterblichen und den sterblichen Seelenteil und über die Trennmauer, die zwischen den beiden besteht. Nur das Bewusstsein der unsterblichen Seele kann die Idee des Guten erkennen. Zutritt zur Ideenwelt des Guten ist daher für den sterblichen Menschen nicht möglich. Mittels Denkarbeit im eigenen Seelenkörper kann ein Bewusstsein von den in der Ideenwelt geltenden Gesetzen erworben werden. Diese haben nichts zu tun mit den Gesetzen der sichtbaren Natur, obwohl auch in dieser ähnliche Ge-

setze mit beschränkter Wirkung gelten. Es ist denn auch nicht das natürliche Denkvermögen, in dem die Ideen offenbar werden, sondern das Denkvermögen des Ursprungs als Fähigkeit der unsterblichen Seele, in welcher diese Offenbarung möglich ist. Das Denkvermögen des natürlichen Menschen führt die Seele zur Tür der Ideenwelt. An dieser Schwelle wird das natürliche Denken verlassen und die Führungsrolle dem Denkvermögen der unsterblichen Seele übertragen, mit dem allein Offenbarung der Ideenwelt erfahren werden kann.

Die Welt des Guten durchwirkt die sichtbare Welt, ihre Gesetze werden von einigen Menschen, deren Seelen für diese Impulse geöffnet sind, erkannt. Mittels Sprache und Wort können Vorstellungen vom Wesen der denkbaren Welt des Guten in einer Weise auf andere Menschen übertragen werden, dass diese die Prinzipien und deren absolute Gültigkeit auch in sich selbst erahnen und erfahren können. Die Bedeutung dieser Gesetze für das Seelenleben muss also von der Seele selbst erfahren werden, sozusagen aus erster Hand, ohne Zutun eines Dritten. Die Wahrheit kann nicht beschrieben und erklärt werden, sie muss in der eigenen Seele erlebt werden. Durch Bildung kann der Seelenweg aufgezeigt werden, der zur Wahrheit führt, der Weg an sich muss aber vom Kandidaten selbst beschritten werden.

- Der Mensch ist das einzige Lebewesen in der physischen Welt, das auch Anteil an der denkbaren Welt hat. Er lebt zwar mit den Tieren und Pflanzen auch in der physischen Natur, ist aber im Unterschied zu diesen mit einem Denkvermögen ausgestattet, das ihm erlaubt, Selbsterkenntnis zu erlangen. Selbsterkenntnis bedeutet Kenntnis von seiner zweifachen Natur, von seiner sterblichen Person und von seiner unsterblichen Seele.
- Was bereits in Delphi dem Menschen als Auftrag erteilt wurde (»Mensch, erkenne dich selbst!«), wird auch in der Philosophie Platons als Lebensaufgabe bestätigt. Diese Aufgabe bedeutet, Bewusstsein von einer denkbaren ewigen Welt zu erlangen, und die

Erkenntnis, dass der Mensch auch dieser Welt angehört, sollte ihn dazu bewegen, dass dieses Bewusstsein im Hier und Jetzt in seiner Seele verwirklicht wird.

- Wichtig sind die Erkenntnis vom Weg, von den Notwendigkeiten der Seelenerkenntnis, und die Schaffung von Schulen für die Bildung der Seele. Bildung bedeutet: Entfernung von allem, was die Seele an Vergängliches bindet, und Stärkung des Erinnerungsvermögens an den Ursprung, aus welchem ein Seelenteil stammt, an die Welt des Seienden und Guten.
- Seelenerkenntnis wird mittels Weisheit erworben und kann zum Erkennen des inneren Menschen führen, womit Wiedererinnerung erfahren werden kann. Diese Erkenntnis erfordert vom äußeren Menschen seine ganze Aufmerksamkeit und schließlich sein Zurücktreten, um Raum zu schaffen für den erwachenden Geist-Seelen-Menschen.

3. Ergänzende Gedanken zur philosophischen Praxis

3.1. Die Bedeutung des Wortes in Wissen und Weisheit

Wenn in der wissenschaftlichen Philosophie nach der erstmaligen Publikation einer Erläuterung gesucht und von späteren Philosophen gesagt wird, sie hätten Gedanken von ihren Vorgängern übernommen, so mögen solche Aussagen nicht falsch sein. Entscheidend jedoch ist, ob es sich um philosophische Vorstellungen der Wahrheit handelt; ist es nicht an dem, so ist es unerheblich, wer diese beschrieben hat. Ein Ringen im Sinne von, derjenige hat dies und das bezüglich der Wahrheit zuerst beschrieben, ist fehl am Platz, denn in der göttlichen Welt existiert kein Neid, und die Verbreitung der Wahrheit in liebevoller Art und Weise ist höchstes göttliches Gesetz. Da viele der Großen diese Wahrheit verkündet haben, wären die Aussagen dieser Abgesandten es wert, genannt zu werden. Für den heute lebenden Menschen wäre es jedoch nicht wichtig zu wissen, wer diese kundgetan hat, sondern entscheidend ist allein, ob ein Leser oder Hörer, ein Interessent oder Schüler der Philosophie diese Wahrheit erkennen kann. Denn die Wissenschaft von der Wahrheit ist, im Unterschied zu Erkenntnissen von Gesetzen der Naturwissenschaft und deren praktischer Anwendung, nicht patentierbar.

Übernimmt ein Philosoph eine erkannte Wahrheit, die schon vor seiner Zeit verfasst wurde, so darf dies dahingehend interpretiert werden, dass er einen Zugang zu ihr gefunden und sie verinnerlicht hat. Schriftliche oder mündliche Vorstellungen zur Wahrheit dienen denn auch nicht dazu, den Namen des Erkenntnisträgers, sondern die Wahrheit bekannt zu machen. Diese vom Erkenntnisträger erkannte Wahrheit soll dazu beitragen, dass auch andere Menschen Anteil an der Wahrheit erlangen können. Die uneigennützige Verbreitung dieser Wahrheit ist ein Urimpuls, sie wurde dem Erkennenden geschenkt, um sie ohne Gegenleistung weiterzugeben.

Das Wort ist das zentrale Element des Satzes, und mit der Sprache ist der Mensch in der Lage, Gedanken wiederzugeben. Die geschriebene Sprache gibt daher die Möglichkeit, Gedanken aus alten Zeiten für zukünftige Generationen in der Gegenwart zu vermitteln. Das Wort ist daher dasjenige Element, das zu allen Zeiten vom Menschen zur Weitergabe geistiger Inhalte genutzt wurde. Mit ihm können Inhalte, erfahren durch eigenes Denken oder durch Inspirationen, an andere Menschen herangetragen werden.

Wissen oder Weisheit oder auch nur Information, egal wie man es nennen will, für deren Vermittlung sind immer ein Sender als Quelle und ein Empfänger nötig. Eine Radio-Station beispielsweise sendet, aber ohne einen auf die entsprechende Frequenz eingestellten Empfänger würden die Sendeinhalte nicht ankommen. Auch die Sonne sendet, nämlich ihre Strahlen auf die Erde – aber ohne die Augen der Lebewesen könnten diese nicht erkannt werden. Wie aber verhält es sich mit Wissen? Ein von einem Menschen erworbenes Wissen wird in Worte gekleidet und damit in eine Form gebracht, damit es von Mensch zu Mensch übertragen werden kann. Das Empfangsorgan für Gedanken ist die mit Denkvermögen ausgestattete Seele. Die Größe dieses Denkvermögens und der Intelligenz bestimmen nun über den Umfang von Wissen, welcher beim Empfänger aufgenommen werden kann. Aufnahme bedeutet, Erkennen und von der Möglichkeit Gebrauch zu machen, diese Gedanken an Aufnahmefähige weiterzugeben. Sende- und Empfangstätigkeit setzt aber voraus, dass Sender und Empfänger dieselbe Sprache sprechen, das heißt die Bedeutung der Worte oder Bilder verstehen. Ein Gedankenempfänger mit der notwendigen Bildung kann daher den Inhalt eines Gedankens nachvollziehen und sich aneignen. Das Äußere eines Gedankens, also das Wortkleid zu verstehen, heißt aber noch nicht, dass auch der Sinn des Gedankens begriffen wurde. Erkennen muss also zweifach sein, nicht nur die Worte, sondern die Sätze als Ganzes müssen erfasst werden können.

Wie verhält es sich nun mit der Weisheit? Weisheit ist Ideenkenntnis, sagt der Philosoph. Ideen im Sinne Platons sind Urgedanken und Urkräfte, die erkannt werden können. Sie sind das Seiende, das es zu suchen gilt. Die Idee ist also nicht nur ein mit Wörtern beschreibbarer Gedanke, sondern eine Kraft, die in der Seele eines Menschen ihre Wirkung entfalten kann. – Bei der Betrachtung philosophischer Vorstellungen über viele Jahrhunderte, ja Jahrtausende hinweg ist eine Klärung betreffend der Bedeutung des Wortes nicht unangebracht. Jeder Gedanke (jeder Logos), mittels der Wörter von Mensch zu Mensch übermittelt, löst im Hörer eine Wirkung aus. Maßgebend ist die Bedeutung eines Satzes im Seelenraum des Menschen, und über diese Bedeutung des Wortes für einen Hörer oder Leser entscheidet dieser selbst. Unterschiedliche Darstellungen der Wahrheit bedeuten daher nicht, dass ihr verschiedene Sinngehalte zukommen. Die Wahrheit bleibt sich immer gleich, sie muss vom Sucher selbst entdeckt werden.

Die Hilfe, die gegeben werden kann, beschränkt sich auf die Methode der Vermittlung und die empfohlene Lebensweise, mit welcher sich ein Sucher der Wahrheit annähern kann. Auch das Gebiet, der Ort, an welchem diese findbar ist, muss erwähnt werden. Jeder Weisheitsträger hat auf seine Weise, mit seinen Ausdrucksmitteln versucht, Gedanken zu vermitteln, die zur Wahrheit führen. Nicht die Worte und Begriffe sind entscheidend, sondern deren Wirkung in der Seele des Menschen, und darüber entscheidet der Mensch selbst und nicht der Schreiber der Worte. Dennoch dürfen die Anstrengungen der Philosophen nicht unterschätzt werden, denn ohne ihre vorbereitende Tätigkeit würde die Weisheit schwerlich Eingang finden ins Bewusstsein der Menschen.

Ein Beobachter, käme er von einem anderen Planeten, kann unschwer feststellen, dass auf dieser Erde im Menschen ein unmessbar starker Trieb vorherrscht: das Begehren nach Perfektion. Sein ganzes Streben gilt der Perfektionierung des sichtbaren Teils des Menschen und seiner Umgebung. Produkte werden als Marken mit Qualitätsmerkmalen angeboten: kein Hotel ohne Sterne und Wellnesszone, keine Stadt ohne neue größere und schönere Gebäude. Im Gesundheits- und Bildungswesen bemühen sich alle um die höchste Qualität. Mit anderen Worten, das Vergängliche wird perfektioniert. Aber wie steht es mit dem Unvergänglichen? Dieses müsste doch eigentlich das Beste sein, und das Beste am Menschen ist seine unvergängliche, unsterbliche Seele. Aber diese verharrt im Dornröschenschlaf, und alle Bemühungen der Philosophie, welche seit Jahrtausenden Wege aufzeigt, wie das Edelste der Seele, nämlich ihr gottähnlichster Teil, im Menschen zum Bewusstsein gebracht werden kann, wird nicht beachtet, die Wegweiser werden in der Richtung verschoben oder abmontiert. Ja selbst große Religionsgemeinschaften sind nicht in der Lage, die Wahrheit über den Menschen in ungeschminkter Form zu vermitteln. Sie verbinden sich mit den Herren der Welt, obwohl, was die christliche Religion betrifft, vom ersten Wegweiser klar und deutlich gesagt wurde: *»Mein Reich ist nicht von dieser Welt.«*

Das Leben im Reich, das nicht von dieser Welt ist, kommt ja für jeden Menschen noch früh genug, und gemäß der Bibel sollen nach dem Tode Wohnungen für alle zur Verfügung stehen. In der von den christlichen Kirchen verbreiteten Botschaft wird jedoch unterlassen zu erwähnen, dass dies nur für die Nachfolger gilt, für diejenigen also, welche die Botschaft von Jesus erkannt und aufgrund ihrer Einsicht in die Wahrheit dieses Weges diesem auch gefolgt sind und sich bemüht haben, das zu perfektionieren, was nur vervollkommnet werden kann durch das Zurücklassen von allem, was man hat, und durch Antritt seiner Nachfolge (*»Folget mir nach!«*). Allerdings wird Letztere missverstanden, denn der physische Naturmensch wird nicht nur durch viele Kräfte daran gehindert, diese Nachfolge anzutreten, ja er könnte sie gar nicht antreten, da er nicht sein Erbe ist, er zeigt keinerlei Verwandtschaft mit dem Göttlichen. Wenn nach Paulus nicht Fleisch und Blut das Reich Gottes erben können (1. Korinther 15.50), wer kann da als Nachfolger angesehen werden? Es ist offensichtlich der innere Mensch, der aber vom äußeren unter Verschluss gehalten wird, da dieser selbst auf dem Thron sitzt. Und solange König »Ich« das Sagen hat, ist keine Nachfolge durch den inneren Menschen möglich.

Der Prozess des Verlassens der seelischen Bindung an das Irdische wird nicht nur im Evangelium, sondern auch in der wahren Philosophie sehr deutlich beschrieben. Das Leben in der sichtbaren Welt zu perfektionieren, bringt kein Ergebnis für das Bewusstsein des inneren Menschen. Die Perfektionierung kann daher nur darin bestehen, alles Unvollkommene aus dem Bewusstsein zu entfernen, damit das ursprüngliche, vollkommene Wesen, das ist das Seelenwesen, wiederum zum Vorschein kommen kann. Die Arbeit, welche verrichtet werden muss, um den inneren Menschen zu schauen, ist eine in der Seele; und das Allerwichtigste: nicht in der Seele eines anderen Menschen, sondern in der eigenen. Das Resultat dieser Seelenarbeit hat Paulus folgendermaßen festgehalten: *»Wie wir zuerst das Bild des Irdischen tragen, so werden wir dann* (nach erfolgter Arbeit, Anm. d. Autors) *das Bild des Himmlischen tragen.«* (1. Korinther 15.49)

Das Bild des Irdischen zu tragen, bedeutet, das Wesen der sichtbaren Welt zu erkennen in ihrer täuschenden, aber auch symbolhaften Darstellung des Allgeschehens zur Förderung der Selbsterkenntnis des Menschen. Die Zuwendung des Menschen zur Welt des Wortes folgt in einem zweiten Schritt, nachdem er die tierische Seite seines Wesens durchschaut hat. Die Deutung des Wortes als über allen Gesetzen stehend (Johannes 1.1) ist daher wegweisend für den Erkenntnisschritt, den die Menschheit seit 2.000 Jahren zurücklegen konnte. Sie ermöglicht die Wiedergeburt des inneren, des ursprünglichen Menschen, der das Wort im Sinne des Liebesgesetzes, dargestellt am Beispiel des Lebenswandels Jesu Christi, versteht.

Bei der Beschreibung dieser Gesetze muss aber auch an den Menschen gedacht werden, der dies verstehen soll. Die Erkennbarkeit der in der sichtbaren Natur herrschenden Gesetze wird jeder mit Verstand ausgerüstete Mensch feststellen können. Für das Erkennen des Gesetzes der Liebe bedarf es eines Instrumentariums, das im Menschen angelegt ist: das Seelenauge. Es ermöglicht das innere Sehen, dient der Erkenntnis von nur denkbaren Dingen – es muss aber zuerst entdeckt werden.

Jedes in der Welt sichtbare Phänomen hat seine Bedeutung, die sich danach richtet, ob es sich auf die äußere Natur bezieht oder ob es sich um einen Fußabdruck eines göttlichen Signals in der irdischen Welt handelt. Das Erkennen der göttlichen Botschaften in der sichtbaren Welt bedarf aber eines geschulten Seelenauges. Die Bildung dieses Seelenauges erfolgt nun nicht wie ein einer Schule üblich durch eine Anhäufung von Wissen, das, wenn es auf ein Stück Papier gebracht wird, positiv benotet wird. Erkennen von innerem Wissen bedeutet, von den für äußeres Wissen entworfenen Bildungsplänen Abschied zu nehmen. Alles äußere Wissen muss vergessen, das heißt vom Denkkörper entfernt werden, damit das innere Wissen, welches der Mensch aufgrund seiner göttlichen Abstammung schon kennt, wiederum sein aktuelles Bewusstsein füllen kann. Dieser Prozess wird in der christlichen Lehre Auferstehung genannt: die des inneren Menschen in einem geistigen Prozess. Dieser Mensch erscheint dann vor dem gebildeten, vom irdischen Staub befreiten Seelenauge und tritt ins Bewusstsein. Dieser Prozess findet im Innern der Seele statt. Es geht daher nicht um das Lernen von Formeln und Grundsätzen, sondern um die Befreiung der Seele vom irdischen Ballast, damit die Strahlen der göttlichen Sonne wiederum das verwandtschaftliche Seelenherz berühren können. Diese Herzensberührung erlaubt ein Wachstum der Seelenpflanze hin zu ihrem ursprünglichen Wesen und Seinszustand.

3.2. Philosophie als Lebenspraxis

In antiken und auch späteren Bildungsstätten mit philosophischer Weisheit als Schwerpunkt durften folgende Elemente nicht fehlen:

- Das Vermitteln von Impulsen, um den inneren Menschen wachrufen zu können; ohne ein notwendiges Licht am Anfang des Weges können dieser und die Hinweise, die zum Bewusstsein vom inneren Menschen führen, nicht erkannt werden.
- Eine Beschreibung des Weges zur Wahrheit und Hinweise für das Handlungsleben, um den Seelenweg zu begünstigen, sind unabdingbar.
- Die Bedeutung des Lebens und das, was das Leben an sich ist, sind herauszustellen. Die Lebensführung sollte die gewonnene Erkenntnis und das Offenbarwerden des inneren Menschen reflektieren. Nur die im eigenen Wesen erkannten Wahrheiten und die in der Folge dieses Bewusstseins angewandten Handlungsweisen sind anzustreben. Selbsterkenntnis ist daher Wahrheitserkenntnis; wird Wahrheit nicht erkannt, so ist auch keine Selbsterkenntnis möglich, es wäre Selbsttäuschung.

***

Die folgenden Kapitel sind Philosophen gewidmet, welche – jeder auf seine Weise – die Wahrheit in Worte gefasst haben und denen Platons Philosophie als Leitfaden für ihre Gedankenwelten diente.

4. Plotins Philosophie auf den Spuren Platons

4.1. Platon, Philosoph der ersten Stunde

Platon hat die alte Philosophie (Vorsokratiker und andere) und die Vorstellungen der antiken Mysterienschulen in einer Synthese vereint. Basierend auf der Erkenntnis seines Lehrers Sokrates und unter Zuhilfenahme von Weisheiten älterer Zeiten, insbesondere von Pythagoras (*»Timaios«*), hat er eine Vorstellung entwickelt, die es dem dafür Empfänglichen ermöglichen sollte, sich selbst ein Urteil vom Wesen der Weisheit zu bilden. Einen Nutzen aus der Weisheit kann nur derjenige ziehen, der diese Erkenntnisse auch in der Lebenspraxis anwendet. Platon hat daher die wichtigste Frage eingehend begründet: Wie soll ich leben?

Eine Erkenntnis ist nur eine von der Wahrheit, wenn sie im Bewusstsein eines Menschen haften bleibt, und diese Erkenntnis findet auch in der aktuellen Lebenspraxis ihren Niederschlag. Wenn er sich um Wahrheit bemüht, bedeutet dies, dass er noch keine ausreichende Kenntnis erworben hat von einer Weisheit, die zur Wahrheit führt. Empfindet er diesen Zustand als einen Mangel an Bewusstsein, so wird er sich um ein Bildungsprogramm für seine Seele bemühen, das ohne Anstrengung und Ausdauer nicht durchzuführen sein wird. Wahrheit ist kein Besitz eines Gegenstandes oder die Kenntnis von Lebensregeln, sondern sie drückt sich aus als Seinszustand in der Lebenspraxis, sie kann also in unermüdlicher Anwendung erfahren werden.

Eine Erkenntnis von Wahrheit bleibt ohne Nutzen für Welt und Menschheit, wenn diese nicht in die Seele der Menschen fließt, um dort einen Nährboden für deren Wachstum zu bilden. Jeder Mensch bringt daher seine Erkenntnisse von der Wahrheit in seinem Wesen zur Anwendung. Der Philosoph führt ein Leben, das seinem erworbenen Bewusstsein von der Wahrheit entspricht.

Philosophen, die auf Platon folgten, haben keine grundsätzlich neuen Erkenntnisse vorgelegt. Wahrheit ist und kann nicht neu erfunden werden. Die platonische Philosophie bedarf keiner weiterführenden Erkenntnisse. Neue Argumente und Darlegungen können zwar dazu beitragen, die

Wahrheit von neuem zu beleuchten, an ihr selbst ändert sich dadurch jedoch nichts. Da aber jeder Mensch die Wahrheit in sich selber finden muss, sind Vorstellungen von ihr, eingekleidet in neue Worte, oft hilfreich, um bei einem Leser etwas zu bewirken, was aus dem Blickfeld nur eines Philosophen vielleicht nicht erreicht werden kann. Die Sichtweisen der Philosophen, die auf Platon folgten, sind daher keineswegs ohne Nutzen, sondern können dazu beitragen, das Werk Platons und Sokrates' zu verdeutlichen.

Die Zeugnisse der in Platons Tradition Philosophierenden sollen nun untersucht werden in der Hoffnung, dass diese beim Leser zum Aufleuchten eines Lichtes in der Seele führen. Dieses Licht in der Seele wird auch als intuitive oder noetische Erkenntnis verstanden, was bedeutet, dass eine Erkenntnis ohne weitere Begründung als wahr erfasst wird. Ohne das Erlebnis eines Lichtfunkens in der Seele wird alle Philosophie menschliches Wissen bleiben.

Die in der Philosophie über die Jahrhunderte entstandenen Argumentationsketten und weitläufigen Begründungen denkbarer Dinge sind für einen Erkennenden immer einleuchtend. Für den Menschen aber, der noch nicht vom Licht berührt wurde, bleiben sie dogmatisches Wissen, das für das eigene Leben keine unmittelbare Bedeutung hat; er hat zwar Kenntnis von der Philosophie eines Platon oder eines anderen weisen Menschen erworben, diese aber nicht zu seiner eigenen gemacht, sein Bewusstsein ändert sich nicht. Die Weisheit bleibt nicht in der Seele haften, da sie nicht als solche erkannt wurde. Die Umwendung der Seele, das Ziel der platonischen Philosophie, hat nicht stattgefunden. Das erlernte Wissen hat beim Betreffenden nur den Kopf erreicht, aber nicht den ganzen Menschen, insbesondere nicht sein Herz.

Die in dieser Schrift vorgestellten Textausschnitte und Zitate können nur eine Auswahl vom unübersehbaren Gedankenreichtum der Philosophie sein. Bei den Zitaten und deren Erläuterung wurde darauf geachtet, dass auch der philosophisch »Ungebildete« Einsichten gewinnen kann, denn diese Erkenntnisse sind für jedermann gedacht. Sokrates hat jeden Menschen angesprochen, der sich von ihm befragen ließ. Für den Menschen ist am Ende eines Gedankenganges nur von Bedeutung, was unmittelbar, das heißt ohne Vermittlung, in der Seele einleuchtend ist. Zu diesem Erkennen in der eigenen Seele kann ein Autor nur einen Anstoß geben, die Erkenntnis vom Wesentlichen erfolgt in der Seele des Erkennenden allein aufgrund seiner Aufnahmebereitschaft und Aufnahmefähigkeit und ohne Zutun eines Dritten.

Im Zentrum der platonischen Philosophie steht die Ideenlehre. Ideen sind die höchsten, rein geistigen, mittels des Denkens erkennbaren Wirkursachen. Diese können als Entfaltung des Einen erklärt werden und als Ursprung und Quelle, aus welcher alles hervorkommt, was ist. Platon unterscheidet zwischen einer sichtbaren, werdenden und vergänglichen Welt und einer denkbaren, unsichtbaren, seienden, ewigen Welt. Die Ideenwelt stellt für Platon die höchste vom Menschen erkennbare Realität dar. Diese zu erfahren, ist auch das anzustrebende und zugleich einzige Ziel für einen Schüler der Philosophie. Als höchste Idee wird die Idee des Guten bezeichnet. Kenntnis von dieser Idee zu erlangen, steht am Anfang und am Ende aller philosophischen Bemühungen. Das Bestreben, Ideenerkenntnis zu erlangen, bedeutet Sein und Leben, nicht das vergängliche im Schosse der Natur, sondern ewiges Leben nach dem Gesetz und Willen des Geistes.

In seiner Seele kann der Mensch die beiden Welten erkennen. Sie entstammen aus dem Urgrund, aus welchem auch der Mensch selbst stammt. Sein Körper ist der sichtbaren Welt zugehörig, seine Seele aber der geistigen Welt der Ideen. Die Erkenntnis von der unvergänglichen Welt des Seienden erklärt Platon mit der Wiedererinnerung der Seele an einen vormaligen Bewusstseinszustand, an einen Lebenszustand im Bewusstsein des Guten. Ohne Wiedererinnerung, die sich als Gedanken- oder Lichtblitz in des Menschen Seele zeigt, kann die Vorstellung einer denkbaren seienden Welt nicht in sein Bewusstsein gelangen. Wiedererinnerung bedeutet ein inneres Erkennen ohne weitere Begründung. Diese innere Einsicht übersteigt das Erkennen mittels des Denkens, denn mit logischer Argumentation allein wird keine verbindliche Aussage betreffend der eigenen Abstammung ermöglicht.

Um der Wiedererinnerung zum Durchbruch zu verhelfen, haben Philosophen Schriften verfasst und Schulen gegründet. Die von diesen Philosophen erarbeiteten Begründungen können dazu beitragen, dass ein Mensch zur Selbsterkenntnis gelangt. Deren Kern ist die Erkenntnis, dass der Mensch nicht nur eine sichtbare Persönlichkeit ist, sondern dass auch eine unsterbliche Seele in ihm lebt. Diese muss aber aus ihrem Schlaf- oder Traumzustand erweckt werden, und wenn sie erwacht ist, muss sich der Erkennende um sie kümmern, damit sie nicht wieder in den alten Zustand zurückfällt.

Die zentralen Elemente der platonischen Philosophie sollen im Folgenden anhand einiger Philosophen[3], die sich auf seine Tradition berufen, untersucht werden mit dem Ziel, diejenigen Begründungen hervorzuheben, die beim Menschen Bewusstseinsfortschritte bewirken können.

4.2. Elementare Voraussetzungen zum Erkennen philosophischer Weisheiten

»Enneaden«, VI 9,5,1:

»Wer meint, dass das, was ist, durch Zufall und von allein gelenkt und nur durch körperliche Ursachen zusammengehalten wird, der hat auch nicht im entferntesten einen Begriff von Gott und dem Einen; diese Leute geht unsere Argumentation nichts an, sondern nur die, die neben den Körpern noch eine andere Natur annehmen und weitergehen bis zur Seele. Und für sie kommt es darauf an, die Natur der Seele richtig zu verstehen, und zwar vor allem, dass sie vom Geist herstammt und dass sie ihre Bestform (Tugend) hat, wenn sie von ihm her Anteil an einer rationalen Struktur erhalten hat.«

[3] In diesem Kapitel wird philosophische Weisheit größtenteils anhand von Texten Plotins erläutert, diese sind entnommen aus: Plotin/C. Tornau, *»Ausgewählte Schriften«*, 2001, sowie Plotin, *»Enneaden«*, Übersetzung Hermann Friedrich Müller, 1878.

Damit Plotins Philosophie verstanden werden kann, sind Einsichten bezüglich der Ordnungsprinzipien der Welt notwendig, nämlich das Erkennen eines denkbaren höchsten Wesens, von Plotin als das Eine bezeichnet. Dieses Eine ist die Ursache von allem, was ist, und auch die Lenkung von allem erfolgt nach seinem Willen aufgrund der Prinzipien der Vernunft. Platon hat das Wesen des Einen wie folgendermaßen beschrieben.

»*Timaios*«, 30e:

»*Er war voller Güte, wer aber gut ist, für den gibt es niemals einen Grund zum Neide. Alles sollte ihm so ähnlich wie möglich sein. Denn Gottes Wille war es, die Welt dem Schönsten und in jeder Beziehung Vollkommensten unter allem, was die Vernunft sich denken kann, so ähnlich wie möglich zu machen, und so bildete er sie als ein einziges sichtbares lebendes Wesen, das alle ihm von Natur verwandten Geschöpfe in sich schließt.*«

Der Mensch wurde mit einem Vermögen ausgestattet, dem Denkvermögen. Seine vernunftbegabte Seele hat die Möglichkeit, die Vollkommenheit Gottes zu erahnen. Erkennt er auch seinen verwandtschaftlichen Anteil am Göttlichen, nämlich die Fähigkeit zum vernünftigen Denken, so wird das für den Erkennenden Beweis genug sein, die Existenz der denkbaren Welt anzuerkennen.

»*Timaios*«, 89e:

»*Dem Göttlichen in uns verwandte Bewegungen aber zeigen die Denktätigkeiten und Umläufe des Alls. Ihnen also muss jeder folgen und durch Erforschung der Harmonien und Umläufe des Alls den Umläufen in unserem Haupte, die schon bei der Entstehung Schaden gelitten haben, ihre richtige Gestaltung verleihen und so das Betrachtende dem Betrachteten seiner ursprünglichen Natur gemäß angleichen, um auf diese Weise gekrönt zu werden mit demjenigen Leben, das den Menschen von den Göttern als das Beste für die gegenwärtige wie für alle folgende Zeit vorgehalten worden ist.*«

Diese platonische Einsicht ist nötig, damit der Mensch überhaupt beginnen kann, seiner Seele die richtige Orientierung zu geben. Er wird vom

Wunsch beseelt sein müssen, diese mittels des Denkens erkennbare Welt im Bewusstsein zu erfahren. Erforderlich sind Muße, um das Gedankenleben in Ruhe ordnen zu können, und eine nicht erlahmende Anstrengung, da Ablenkungen durch die Kräfte und Notwendigkeiten der sichtbaren Natur, wahrgenommen durch die Sinnesorgane und die Bedürfnisse des Körpers, eine ständige Gefahr für das harmonische Gedankenleben bedeuten.

»Enneaden«, V 1,1,25:

»Daher muss man im Gespräch mit denen, die in einer solchen Verfassung sind, eine doppelte Argumentation anwenden, wenn man bei ihnen überhaupt eine Kehrtwendung in die Gegenrichtung, hin zu den ersten Wesen erreichen und sie bis ganz nach oben hinausführen will, zum Einen und Ersten.
Die eine besteht darin, den geringen Wert von allem aufzuzeigen, was die Seele augenblicklich wertschätzt. Die andere besteht darin, die Seele über ihre Herkunft und ihren Eigenwert zu belehren und daran zu erinnern.«

Plotin steht in seinem Werk ganz in der platonischen Tradition. Die Schulung des Denkvermögens der Seele als Prozess einer Neuorientierung auf das Gebiet ihrer Herkunft dient dazu, das Unterscheidungsvermögen zu stärken, um die Unterschiede zwischen den Gesetzen der sichtbaren Natur und denen der denkbaren Natur erkennen zu können. Es geht um die Vermeidung von Täuschungen, hervorgerufen durch die Wahrnehmung mit den Sinnesorganen. Diese lassen das Bild eines Gegenstandes als das Wahre erscheinen und beeinträchtigen dadurch das Denken und die Urteilsfindung.

Philosophische Bildung ist Bildung der Seele und besteht darin, in ihr einen Freiraum zu schaffen, in dem alle Bindungen an die sichtbare Welt aufgelöst werden müssen. In diesem Zustand kann ein Licht in der Seele erscheinen, das auf eine behutsame Weise zu beschützen sein wird, damit es an Leuchtkraft zunehmen kann, bis die ganze Seele von ihm erfüllt ist. In dieser Denkschulung, ausgelöst vom Begehren nach dem Guten, wird die Erkenntnis vom Guten zu einem erfahrbaren Ziel, wenn die vom Licht erfüllte Seele ihren Ursprung und ihre Herkunft mittels der Wiedererinnerung erkennen kann. Diesen Prozess muss ein interessierter Mensch in sich selbst vollziehen. Um diese Seelenarbeit zu unterstützen, wurden in allen Jahrhunderten seit dem Beginn der Zeitrechnung und auch davor Philosophenschulen gegründet.

4.3. Vom Wesen des Einen

»Enneaden«, VI 9,1,1:

»Alles, was ist, ist durch das Eine: das, was im primären Sinne ist, ebenso wie alles, was sonst irgendwie gerechnet wird, was ist.«

»Enneaden«, VI 9,6,37:

»Wenn nämlich etwas bedürftig ist, dann darum, weil es nach seinem Ursprung strebt. Würde aber das Eine in irgendeiner Weise bedürftig sein, so hieße das, dass es danach strebt, nicht eins zu sein … Nun aber ist alles, was als bedürftig angesprochen werden kann, auf das Gute, es Erhaltende angewiesen. Folglich ist für das Eine nichts gut; also hat es auch kein Wollen von irgendetwas; sondern es ist das Übergute, gut nicht für sich selber, sondern nur für die andern, falls etwas fähig ist, an ihm teilzuhaben.«

Auch Platon hat das als Gott bezeichnete Eine vergleichbar dargestellt.

»Politeia«, 381b:

»Gott ist, und was von ihm kommt, in jeder Beziehung vollkommen.«

Und er untermauert, wie die Darstellung der Gottheit erfolgen muss, wie diese in Wirklichkeit ist.

»Politeia«, 379:

»Gott ist gut, und so muss er dargestellt werden. Gutes ist nicht schädlich und richtet keinen Schaden an und verübt nichts Übles und kann daher auch nicht Ursache von Übel sein. Das Gute ist Ursache des Wohlergehens.

Also ist Gott, der gut ist, nicht Ursache von allem, sondern, was die menschlichen Angelegenheiten anbelangt, nur von wenigem. Beim Menschen aber überwiegt das Übel. Für das Gute liegt die Ursache bei Gott, für das Übel aber müssen andere Ursachen gesucht werden, die nicht bei Gott liegen.«

»Politeia«, 381c:

»Er wird sich also nicht verändern und in seiner eigenen Gestalt wandellos verbleiben.«

»Politeia«, 382de:

»Für Gott aber gibt es keinen Grund zu lügen. Gott ist völlig bar der Lüge, ebenso alles Gottentstammte und Göttliche. Durchaus einfach also und wahr in Tat und Wort ist der Gott. Er ändert sich weder selbst noch täuscht er andere, weder durch Erscheinungen noch durch Worte noch durch Sendung von Zeichen, sei es an Wachende oder an Träumende.«

Mit diesen Darstellungen wird der Unterschied zwischen den Wirkursachen der sichtbaren Welt und dem göttlichen Wesen deutlich, ebenso wird klar, dass das Gute aus dem Einen stammt. Der Eine bedarf des Guten nicht, er ist der Ursprung des Guten und mit ihm identisch.

Das ganze irdische Streben ist auf das Gute ausgerichtet, da eine intuitive Ahnung vom Wesen des Guten besteht und ein Mangel an diesem Guten in der sichtbaren Welt unschwer erkennbar ist. Da aber das Gute mit dem irdischen Verstand, beruhend auf Sinneseindrücken, nicht klar wahrgenommen werden kann, trifft das vom Menschen erschaute irdische Gute das Ziel nicht. Aus Mangel an wahrer Kenntnis gelten die Bestrebungen nach dem Guten allein in der sichtbaren Natur, welche prinzipiell nicht verbessert werden kann. Im Laufe der Evolution haben sich alle Wesen der Natur den sich ändernden äußeren Bedingungen angepasst, insbesondere der Mensch. Aber Krankheiten und Tod sind für alle Lebewesen unausweichlich und Bestandteil der sichtbaren Natur, auch wenn einige Krankheiten im Laufe der Jahrhunderte teilweise geheilt und der Eintritt des Todes für viele Menschen hinausgeschoben werden konnte.

Die Erkenntnis vom Guten ist Erkenntnis vom Einen und bedeutet, sich mit ihm gleichzusetzen. Die Identifikation ist möglich, wenn sich eine

Seele ganz vom irdischen Ballast befreien kann, nachdem vollständige Einsicht besteht, dass das Gute nicht in der Welt der materiellen Ausformung zu finden ist und anderswo gesucht werden muss.

Es stellt sich die Frage, ob es die Aufgabe des Menschen ist, dieses Allein-Gute zu suchen. Viele wissen um das Gute und umschreiben es ihren Vorstellungen entsprechend. Solange dieses Gute aber noch erklärt und begründet werden kann, bleibt es eine partikulare Sicht, eine Definition von etwas, das nicht definiert werden kann. Wenn diese Einsicht gegeben ist, kann der Sucher erkennen, dass das Gute noch nicht gefunden wurde. Das Finden des Guten wird ermöglicht durch einen Denkprozess, der in der eigenen Seele anfängt und dort nicht mehr aufhört. Dazu sind Absicht, Wille, Ausdauer und Muße erforderlich. Es ist ein Lebensprozess, in welchem das Gute immer mehr an Klarheit gewinnt, je weiter sich ein Mensch von den alten Vorstellungen des Guten entfernt. Wenn das Gute wie von einem Lichtstrahl in der Seele beleuchtet wird, ohne wissenschaftliche Begründung und ohne logische Erklärung, dann kann derjenige, der von einer solchen unmittelbaren Erfahrung getroffen wird, sich auf dem guten Wege wähnen, dem Weg zur Erkenntnis des Guten.

Die plotinsche Sicht vom Wesen des Guten wird in dessen Werk in aller Deutlichkeit vorgestellt: Alles stammt aus dem Einen, welcher auch das Gute ist, denn alles, was aus dem Einen stammt, ist gut. An ihm ist nichts, was nicht zum Guten gehört. Das Gute ist latent in der menschlichen Seele als Erbschaft vorhanden. Und die philosophischen Begründungen haben nur einen Sinn: zu erklären, warum diese Erbschaft angetreten werden sollte und warum der Mensch dies in Freiheit sowie in eigener Wahl tun sollte. Nach oder während der Erklärungen sollte ein Lichtstrahl in die Seele eindringen können und den Beginn eines neuen Seelenlebens bewirken. Wenn das Licht aber nicht in die Finsternis, das ist der aktuelle Zustand der im Irdischen gebundenen Seele, eingelassen wird, so wird eine Neuausrichtung des Seelenbewusstseins schwerlich erfolgen können.

Dass sich die Erbschaft des Guten allein auf die Seele bezieht, wird auch im 1. Korinther 15.50 bestätigt: *»Dies aber sage ich, ihr Brüder, dass*

Fleisch und Blut das Reich Gottes nicht ererben kann, auch die Verweslichkeit die Unverweslichkeit nicht ererbt.« Das Gute ist auch erklärt in der Gottesliebe und der Nächstenliebe. Gottesliebe ist das Begreifen, dass in ihr die höchste Erkenntnis verborgen ist, und Nächstenliebe bedeutet, Verständnis für die Anliegen des Nächsten aufzubringen (ihn in keiner Weise zu beeinträchtigen und ihm das zuzufügen, was ihm zum Guten reicht).

4.4. Selbsterkenntnis – Erkenntnis vom Seinszustand und vom Selbst

In *»Enneaden«* (V 1,1,1; *Über die drei prinzipiellen Hypothasen*) schreibt Plotin:

> *»Was ist es eigentlich, das dazu geführt hat, dass die Seelen Gott, ihren Vater, vergessen haben und, obwohl sie Teile von dorther sind und überhaupt zu ihm dort gehören, sich selbst und ihn nicht mehr kennen? Nun: Ihr Übel beginnt mit ihrem Übermut, ihrem Eintritt ins Werden, ihrer ersten Verschiedenheit und der Tatsache, dass sie sich selbst gehören wollen. Ihre Fähigkeit zur freien Entscheidung bereitete ihnen offensichtlich Genuss, und darum haben sie ihre Fähigkeit zur Selbstbewegung reichlich eingesetzt und sind in die Gegenrichtung gelaufen und haben den größtmöglichen Abstand hergestellt.«*

Die Folgen dieser Bewegung in die Gegenrichtung sind nun für alle Seelen spürbar, die ihr Dasein im Käfig eines Körpers in einer Welt mit chaotischer Ordnung zubringen müssen. In diesem Bewusstseinszustand befinden sich aber nicht alle Menschen, denn viele empfinden ihr Leben nicht als Gefangenschaft, sondern als Möglichkeit, sich zu entfalten, das heißt, ihre Persönlichkeit den Naturgesetzen entsprechend zu fördern und das körperliche und psychische Wohlbefinden des Individuums ins Zentrum aller, der kollektiven und der individuellen, Bemühungen zu stellen. Mit anderen Worten, sie sind sich nicht bewusst, dass eine solche Lebensweise die Entfernung vom Ursprung vergrößert und den Seelenkern in der Dunkelheit belässt. Ein solches von den höchsten politischen Gremien angestrebtes und auf demokratischer Basis legitimiertes Verhalten ist in jeder Hinsicht zu bedauern, denn nicht die unsterbliche Seele steht im Zentrum der Bemühungen, sondern die sterbliche Persönlichkeit, welche keinen Verwandtschaftsgrad mit dem Einen aufweist.

»Enneaden«, V 1,2,42:

»Und was für die Götter die Ursache ist, dass sie Götter sind, das muss zwangsläufig eine noch ältere und höhere Göttin sein als sie. Aber derselben Art gehört auch unsere eigene Seele an, und wenn du sie ohne das betrachtest, was zu ihr hinzugetreten ist, sie im gereinigten Zustand nimmst, so wirst du eben dasselbe Wertvolle vorfinden, von dem wir gesehen haben, dass es Seele ist, das heißt etwas Wertvolleres als alles, was körperlich ist.«

Das zur Seele Hinzugetretene sind der Körper und die gesamte sichtbare Natur. In dieser Natur gelten keine göttlichen, sondern Naturgesetze. Sie wurde ins Leben gerufen, um den Seelen, welche dem eigenen Willen folgten und die Bindung zum Einen vergessen haben, die Folgen dieser Handlungsweise deutlich darzustellen. Diese Natur kann daher als ein verunreinigtes Lebensgebiet verstanden werden, das dem Bewusstseinszustand der Eigenwilligkeit entspricht. Sie ist aber gleichzeitig ein Gebiet der Rettung, denn sie eröffnet der im Menschen existierenden unsterblichen Seele die Möglichkeit zur Rückkehr zum Ursprung, ins Reich des Guten, falls eine Seele erkennen kann und einsichtig wird. Der in der Seele durchzuführende Reinigungsprozess bedeutet, all das zu entfernen, was hinzugekommen ist. Es handelt sich um einen geistigen Prozess, um einen Denkprozess mit dem Ziel, dass die Seele nicht von den niederen Seelenteilen, welche der irdischen Natur zugewandt sind, geleitet wird, sondern von der Denkseele (Platon).

»Enneaden«, V 1,3,1:

»Da die Seele also eine so wertvolle, ja göttliche Angelegenheit ist, verlass dich nunmehr auch darauf, dass etwas derartiges seinen Weg zu Gott machen wird, und steige gemeinsam mit einer solchen Ursache zu ihm empor.«

Die Beschreitung des Weges erfordert ein klares Denk- und Unterscheidungsvermögen; unterschieden werden muss zwischen dem, was dem Ursprung entstammt, der Geistseele, und dem, was aus der Natur stammt, der irdischen Persönlichkeit. Die Persönlichkeit darf sich nicht mehr selbst zum Ziel nehmen. Sie ist ein Wesen der vergänglichen Natur, sie ist ein Produkt, das entstanden ist aus den evolutionär sich entwickelten Erbanlagen. In der Kultur- und Sozialgeschichte der Menschheit ist aufgezeichnet, dass mit der kulturellen und ethischen Bildung das soziale Verhalten in den hinter uns liegenden Jahrhunderten verbessert werden konnte. Den der Natur zugrunde liegenden Prinzipien Eigennutzen und Selbstbehauptung bleibt die Persönlichkeit aber weitgehend verhaftet.

Um Seelenbewusstsein erlangen zu können, muss die Persönlichkeit zum ersten Gehilfen der Seele auf ihrem Pfad zur Befreiung aus der irdischen Umklammerung werden. Durch die Öffnung des Seelenmantels wird die Seele in den Zustand versetzt, Impulse des Geistes aufzunehmen. Wenn sie sich wieder an ihren Ursprung und die verwandtschaftliche Zugehörigkeit zum Geist erinnert, kann sie aus dieser Erkenntnis Kraft schöpfen, um den Seelenmantel weiter zu öffnen. Das auf diese Weise in die Seele eindringende Licht kann als Folge dieser Arbeit in der Seele unmittelbar Spuren hinterlassen. Diese Unmittelbarkeit bedarf dann keiner weiteren Begründungen.

»Enneaden«, V 1,3,12:

»Da die Seele also vom Geist her ist, ist sie geistig erkennend (ihr Geist besteht aus rationalen Denkvorgängen) und ihre Vervollkommnung kommt wiederum von ihm…
Sie hat also sowohl ihre Existenz vom Geist als auch ihre voll aktivierte rationale Struktur, die dadurch zustande kommt, dass sie ihn sieht. Denn wenn sie auf den Geist hinblickt, besitzt sie das, was sie erkennt und worin sie aktiv ist, von innen her und als ihr Eigenes.«

Die Selbsterkenntnis, das Bewusstsein der Seele von ihrer Abstammung, von dem von Gott entfalteten Urbild und damit vom Einen und Guten, ist als Erstes erforderlich, um die Umkehr und Rückkehr zum Sein anzutreten. Die Seele muss sich daher zunächst eine klare Vorstellung bilden können von ihrer ersten Herkunft, von ihrem Wesen, von ihrem Ursprung und vom Ursprung der Idee des Einen. Dass sie bei der Bildung dieser Auffassung von vielen Seiten bedrängt wird und die Natur ständig das ihre fordert und sie vom Weg abhalten und ablenken will, sei nur am Rande erwähnt. Die erste Einsicht ist denn auch eine Voraussetzung, um überhaupt ein neues Ziel ins Auge fassen zu können, denn der natürliche Mensch kennt den Geist nicht.

In der Seele sind also ein Teil, der ewig ist und eine vom Geist stammende, voll aktivierbare Struktur hat und ihn deshalb auch erkennt, sowie ein natürlicher Teil, der sterblich ist und eine enge Bindung zum Körper hat. Plotins Philosophie legt dar, was erklärt werden kann, und untermauert damit die Wahrheit in der Philosophie Platons auf nachhaltige Weise. Seine Philosophie kann beim Persönlichkeitsmenschen die Einsicht bewirken, dass neben seinem natürlichen Bewusstsein noch ein anderes auftreten kann. Ist diese Einsicht gegeben, so wird von der suchenden Seele das Begehren erforderlich sein, ihren aktuellen Zustand zu verlassen, um in einen Zustand zu gelangen, in welchem die Aufnahme von Impulsen des Geistes möglich wird.

> *»Enneaden«*, V 1,6,5:
>
> *»… die Seele verlangt nach einer Antwort auf die schon von den Weisen der alten Zeit viel beredete Frage, wie ist es möglich, dass aus einem Einen irgendetwas seine Existenz erhalten hat und jenes nicht vielmehr für sich geblieben ist, sondern eine so gewaltige Vielheit hat hervorströmen lassen, die in allem, was ist, zu sehen ist und die wir auf jenes zurückzuführen beanspruchen. Es sei also der Versuch gemacht, es folgendermaßen darzustellen, nachdem wir den Gott selber angerufen haben, nicht mit einer lauten sprachlichen Äußerung, sondern indem wir uns mit unserer Seele im Gebet zu ihm ausstrecken, weil auf diese Weise wir allein zu ihm beten können. Also: Der Schauende muss sich, während jener quasi im Innersten des Tempels für sich ist und ruhig jenseits von allem bleibt, die davorstehenden Statuen anschauen, die quasi schon nach außen gerichtet sind, besser gesagt die Statue, die als Erste zum Vorschein ge-*

kommen ist und deren Erscheinung folgendermaßen vor sich gegangen ist: Alles, was in Bewegung ist, muss etwas haben, auf das es sich zubewegt.«

Das Überdenken ihrer eigenen Situation gehört zu einem Prozess, der von der Seele so oft wie möglich, wenn immer es die naturnotwendigen Verrichtungen erlauben, durchzuführen ist. Überdenken heißt, die eigenen Handlungen zu deuten, ob diese zum Nutzen der Persönlichkeit oder zur Pflege der Seele erfolgen. Und für die richtige Seelenpflege ist die Verbindung zum Geist unerlässlich, denn ohne diese geht die Bewegung schwerlich in die richtige Richtung. Damit die Entwicklung dem Vorhaben entsprechend vonstattengehen kann, müssen auch Vorstellungen vorhanden sein, wo das unbewegliche Sein gefunden werden kann; und dazu gehört auch das Wissen, wo dieses Reich des Ursprungs nicht gefunden wird. Das unbeschreibbare Eine, der Ursprung von allem, was ist und sich bewegt, ist unbeweglich. Plotin erklärt das Wesen des aus ihm fließenden Geistes wie folgt.

»Enneaden«, V 1,6,25:

»Wenn also ein Zweites nach ihm da ist, muss es ohne eine Bewegung von ihm zur Existenz gekommen sein ... ohne dass sich das Erste irgendwie bewegt hat. Was hat man sich rings um jenes vorzustellen, während es unverändert bleibt? Einen umgebenden Lichtschein, der zwar aus ihm kommt, aber so, dass es bleibt wie das Licht der Sonne, das aus ihr erzeugt wird, während sie bleibt. So gibt alles, was ist, solange es bleibt, aufgrund seines eigenen Seins rings um sich herum, in den Bereich außerhalb seiner selbst hinein, notwendigerweise etwas anderem Existenz, das aus der Wirkkraft kommt, die es bei sich hat, und das von ihm abhängig und gleichsam ein Abbild des Originals ist, dem es entsprossen ist.«

»Enneaden«, V 1,6,40:

»Was soll man aber über das absolut Vollkommene sagen? Dass von ihm nichts anderes kommen kann, als etwas, das nach ihm das Größte ist. Aber das Größte nach ihm, das heißt, das Zweithöchste, ist der Geist ...«

Ein Schüler der Philosophie wird sich die Besinnung auf und die Einsicht in die folgenden Denkinhalte und Vorstellungen wenn immer möglich (täglich) vor Augen halten:

- Die Kenntnis von der Abstammung seines Wesenskerns; die Vollkommenheit des Einen, aus welchem alles stammt. Aus ihm strömen Geist und ordnende Kraft, die alles lenkt und bestimmt. Der Geist erschafft die Seele als ein Aufnahmegefäß für ihn selbst. Die Seele kann also, wenn sie den Geist in sich aufnimmt, das wiederspiegeln, was vom Einen ununterbrochen ausfließt. Damit erlangt sie Bewusstsein von der unermesslichen Güte des Einen.
- Hat eine Seele das Bewusstsein von dieser Güte, so wird sie nichts anderes tun, als diese in einer ihr möglichen Form weiterzugeben. Diese Handlungsweise gewährt der Seele höchstes Glück – und eine Seele, welche dies schon einmal erlebte, würde alles daran setzen, dauerhaft in diesem Zustand zu verbleiben.
- Als Vorbild vollkommener Seelen dienen reine Seelen (zum Beispiel Christus). Diese sind vorübergehend in natürlichen Körpern (Jesus) gebunden, welche den in Körpern gebundenen Menschenseelen ihren Zustand erklären und ihnen den Weg aufzeigen, wie auch sie wiederum ins ursprüngliche Sein gelangen können.

Des Weiteren dienen dem Schüler die Vorstellungen der Philosophen, welche die erforderlichen Denkprozesse in der eigenen Seele nachvollziehen konnten. Sie erklären den Weg, der zur Seelenbefreiung führen kann, auf eine den Umständen der jeweiligen Zeit angepassten Weise.

4.5. Die Wiedererlangung des Bewusstseins vom Urbild

> *»Enneaden«*, V 1,6,40:
>
> *»Bei der Seele freilich ist die rationale Struktur verblasst, sie ist ja nur ein Scheinbild des Geistes, und deshalb ist sie darauf angewiesen, auf den Geist hinzublicken.«*

Die Selbsterkenntnis des Menschen ist dann vollständig, wenn er sich der beiden Seiten seines Wesens bewusst ist: einerseits der unsterblichen Seelengestalt, die im Körper gebunden ihr wahres Wesen nur eingeschränkt leben kann, andererseits der Naturgestalt, welche von Begierden, Trieben und naturbedingten Notwendigkeiten bewegt und gefangen gehalten wird und deshalb den aus dem Ursprung stammenden Seelenteil vergessen hat. Nicht erkennbar bleiben für diese Naturgestalt ihre Lebensaufgabe und Möglichkeit, die unsterbliche Seelengestalt wieder ins Bewusstsein zu führen. Die rationale Struktur ist verblasst, die in der sichtbaren Welt geltenden Gesetze der Biologie, der Physik und der Psychologie werden als die alleingültigen Gesetze für den Menschen erforscht, das Studium der Ordnungskräfte des Geistes hingegen wird vernachlässigt. Letztere sind im Wesentlichen nur im Innern der Seele erkennbar oder durch Worte von Menschen beschreibbar, welche das Innen erfahren haben. Die Wirkung des Geistes in der Seele muss zugelassen werden, um ihn erfahren zu können. Diese Erfahrung kann als individueller Beweis erkannt werden. Ein solcher Mensch bedarf für diese Erkenntnis keiner logischen Begründungen mehr.

> *»Enneaden«*, V 1,10,1:
>
> *»Dass man annehmen muss, dass es sich so verhält – dass es erstens das jenseits des Seins, das Eine, gibt, dass es im Anschluss daran das Sein und den Geist gibt und dass das Dritte die Natur der Seele ist – ist nunmehr dargelegt. Aber so wie es diese drei in der Natur gibt, so gibt es sie auch bei uns. Damit meine ich nicht, dass es sie innerhalb des sinnlich Wahrnehmbaren gibt, sondern nur bei dem, was außerhalb des Sinnlichen ist, ›außerhalb‹ in demselben Sinne, wie jene drei außerhalb des gesamten Himmels sind: Genau so ist es mit den ent-*

sprechenden Anteilen des Menschen, dem inneren Menschen. Demnach ist auch unsere Seele etwas Göttliches, etwas, das zu einer anderen Natur gehört, so wie es die Natur der Seele als Ganzes tut. Sie ist dann vollkommen, wenn sie Geist hat; Geist aber ist einmal der, der denkend vorgeht, und zum andern derjenige, welcher ihm das Denken ermöglicht. Also, dieses denkend Vorgehende in der Seele, das keinerlei körperliches Organ zum Denken braucht, sondern die ihm eigene Aktivität in reiner Form enthält, damit es in der Lage ist, rein zu denken – dies als separat, das heißt unvermischt mit dem Körper und am Anfang des geistig Erkennbaren anzusetzen, ist sicher nicht falsch.«

In diesen wenigen Zeilen ist die ganze Weisheit Plotins, welche auch als ungeschminkte platonische Weisheit gedeutet werden kann, zusammengefasst. In dieser Erkenntnis ist alles enthalten, was sich ein Mensch aneignen kann, der in sich einen Zugang zur Wahrheit geschaffen hat und der den Weg zum reinen Seelenleben beschreiten möchte.

Für Plotin war klar, dass zwei Naturordnungen existieren: eine die sichtbare Welt betreffende und eine, die nur mit dem Denken erfassbar ist, und zwar mittels eines Denkprozesses in der Seele ohne Ablenkung durch sinnesorganische Wahrnehmungen. In der Folge kann unterschieden werden zwischen einem äußeren Menschen, aus der sichtbaren Natur stammend, und einem inneren Menschen, der nur mit der Seele erkennbar, unsterblich und der Aufnahme des Geistes fähig ist. Der innere Mensch, der Mensch mit einer wiedererwachten Seele, ist also das Studienobjekt von Plotin. Die Fähigkeit der Seele, die Welt der Ideen zu erfassen, ist nur möglich, wenn auch etwas geistig Erkennbares existiert. Davon geht Plotin aus.

»Enneaden«, V 1,11,1:

»Wenn es die Seele gibt, die über Gerechtes und Schönes nachdenkt, und wenn das Denkvermögen danach forscht, ob dieses gerecht und ob jenes schön ist, dann muss es notwendig auch ein feststehendes Gerechtes geben, von dem aus auch der Denkvorgang in der Seele entsteht.«

Damit ist er bei der Ideenlehre Platons angelangt, welche von der denkbaren Welt, den im Geist erkennbaren Ideen zeugt. Diese sind nicht nur seiend, sondern auch Ursache der Fähigkeiten des Seelenwesens zur Selbsterkenntnis. In der sichtbaren Welt sind Ideen nicht feststellbar, und wenn doch, dann am ehesten noch am Schönen, aber das Irdisch-Schöne verblasst. Aus dieser Wahrnehmung darf abgeleitet werden, dass Ideen in ihrer seienden Beständigkeit allein in der rationalen Seele erkannt werden können. Ideen sind also Merkmale des Geistes und können in der dafür vorbereiteten Seele verstanden werden als eine geistige Struktur, die das ganze Universum trägt.

»Enneaden«, I 6,6,10:

»Im gereinigten Zustand ist die Seele also Form und rationale Struktur, gänzlich unkörperlich, fähig zum geistigen Erkennen, ganz zum Göttlichen gehörig, wo die Quelle des Schönen ist und von woher alles so ist, was mit ihm verwandt ist.«

Was nach Plotin im Bewusstwerdungsprozess der Seele geschehen muss, hat er in *»Enneaden«* (VI 9,7,6) verdeutlicht: eine Loslösung von allem, was vom sichtbaren Außen kommt, und eine Hinwendung zum Innern, bis das Abbild des Geistes in der Seele deutlich wird. Das Abwenden vom Äußeren bewirkt, einen Raum zu schaffen für das Innere; denn in einer Seele, angefüllt mit dem Ballast äußerlicher Erscheinungen, ist kein Platz vorhanden, sich um das zu kümmern, was ihrer Möglichkeit entspricht. Ihr Potential besteht in der Aufnahme und Widerspiegelung des Geistes. Diese Wahrnehmung kann erfolgen, wenn Raum für diese Aufgabe und Bestimmung bereitgestellt wird.

Die Seele also ist das Leben, und Leben bedeutet Bewegung; Bewegung wiederum ermöglicht, sich auf etwas zu oder von etwas weg zu bewegen. Den Seelenweg zum Leben zu beschreiten, will heißen, das Bewusstsein von der sichtbaren Welt abzuwenden und die Öffnung der Seele für die Stimme des Geistes zu vergrößern. Die unsterbliche Seele, welche aus diesem Geist entsprungen ist, kann durch ihre Affinität zu ihm die ebenfalls aus ihm stammenden Ideen wiederum in sich aktivieren, nachdem sie die Hülle entfernt hat, die sie hinderte, den Geist wahrzunehmen.

»Enneaden«, VI 9,9,1:

»Und während man sich auf ihn zubewegt, sieht man ihn, Quelle des Lebens, Quelle des Geistes, Ursprung des Seins, Ursache des Guten, Wurzel der Seele – nicht so, dass sie aus ihm herausfließen und ihn so vermindern; er hat ja keine Masse; sonst müssten seine Erzeugnisse vergänglich sein. Nun sind sie aber ewig, weil ihr Ursprung immer in identischer Weise verbleibt. Darum bleiben auch sie, solange das Licht bleibt, nicht anders als das Licht bleiben würde, solange die Sonne bleibt. Wir sind nämlich nicht abgeschnitten und nicht separat von ihm (auch wenn die körperliche Natur dazwischen geraten ist und uns mit Gewalt zu sich gezogen hat), sondern atmen und werden erhalten, nicht weil er gegeben und sich danach zurückgezogen hat, sondern weil er uns ewig versorgt … Aber wir sind in höherem Maße, wenn wir uns in seine Richtung neigen; hier liegt unser Gutsein, während Fernsein von ihm bloßes Sein und geringes Sein bedeutet. Hier ist es auch, wo die Seele Ruhe findet und dem Bösen entkommen ist, weil sie zu dem Ort geeilt ist, der vom Bösen rein ist; hier hat sie geistiges Erkennen und ist frei von Leiden. Und das wahre Leben ist dort; denn das jetzige Leben, das Leben ohne Gott, ist nur eine Spur des Lebens, eine Imitation des dortigen, aber das Leben dort ist die Aktivität des Geistes.«

»Enneaden«, VI 9,9,20:

»Denn damit ist die Seele schwanger, wenn sie vom Gott erfüllt ist, und das ist ihr Ursprung und ihr Ziel: Ursprung, weil sie von dorther ist, Ziel, weil dort das Gute für sie ist. Da sie nämlich von Gott verschieden ist, aber aus ihm stammt, ist es unvermeidlich, dass sie ihn liebt.«

Die Fessel der Seele, der Körper, muss als das verstanden werden, was er ist: der Aufenthaltsort der Seele in ihrem aktuellen Bewusstseinszustand. Die Seele darf sich nicht gewaltsam von ihrem Träger trennen, denn sie würde so die Möglichkeit zur Selbstentfaltung verlieren, da sie ja noch nicht am Zielort angekommen ist. Der Loslösungsprozess ist ein rein geistiger und muss mit Umsicht vollzogen werden. Wenn sie sich vom irdischen Seelenkleid befreien kann, kommt die reine Seele zum Vorschein, und diese wird dann ihre Aufnahmefähigkeit für den Geist beweisen und in dieser Erfahrung ein neues Leben führen, eines im Sein.

Ein solches Leben bedeutet, die höchsten Prinzipien und die Ordnung erkannt zu haben: das Sein, das Eine, das Gute. Sein bedeutet, Bewusstsein zu haben von etwas, das ewig ist, und in diesem auch zu leben. Es ist das höchste Bewusstsein, das eine Seele vom Geist aufnehmen kann, es stammt vom Guten.

Plotin deutet die Bewusstseinspyramide wie folgt an: Das Eine ist das Höchste und identisch mit dem Guten. Der Geist des Guten durchstrahlt das Universum und schafft die Seele, welche diesen Geist aufnimmt und abstrahlt und aus ihm lebt. Ein Leben der Seele unter der Einflussnahme des Geistes bedeutet, zu geben von dem, was in einem nicht endenden Strom in sie fließt. Das Geben ist die einzige Möglichkeit, etwas zu tun, denn wer alles hat, hat keine Bedürfnisse. Das ist der Zustand der geisterfüllten Seele, die so in Seligkeit lebt. Eine Seele dagegen, die sich an die Materie klammert, verhindert den Empfang des Geistes und lässt sich leiten von einem Bewusstsein, das nicht aus dem Guten stammt. Sie ist an die unbeständige Materie gebunden und muss die körperliche Hülle immer wieder wechseln.

»Enneaden«, VI 9,8,1:

»Wenn also eine Seele während der restlichen Zeit sich selbst kennt, das heißt, wenn sie weiß, dass ihre Bewegung nicht geradlinig ist, dass ihre naturgemäße Bewegung aber der kreisförmigen entspricht, die nicht um etwas Äußeres, sondern um einen Mittelpunkt verläuft, und dass es der Mittelpunkt ist, von dem der Kreis stammt: dann wird sie sich um dasjenige bewegen, von dem sie stammt, und von ihm abhängig sein, indem sie sich selbst mit demselben (Mittelpunkt) zusammenzubringen versucht, auf den eigentlich alle Seelen zulaufen müssten, aber nur die der Götter laufen immer darauf zu; und weil sie darauf zulaufen, sind sie Götter. Gott nämlich ist, was mit diesem Mittelpunkt direkt in Berührung ist; was dagegen in weitem Abstand von ihm ist, das ist der durchschnittliche Mensch und das wilde Tier. Ist demnach das, was wir suchen, quasi der Mittelpunkt der Seele? … Die Seele ist ja nicht im selben Sinne Kreis wie die geometrische Form, sondern weil sie in sich und bei sich noch ihre frühere Natur hat. … Jetzt dagegen, wo ein Teil von uns vom Körper eingenommen

wird, wie wenn man die Beine im Wasser hätte, aber mit dem Rest des Körpers darüber wäre – also, mit dem Teil, der nicht in den Körper eingetaucht ist, ragen wir heraus und sind mit jenem direkt in Berührung und ruhen mit unserem eigenen Mittelpunkt in dem, was quasi der Mittelpunkt von allem ist.«

Das Erkennen der ganzen Seele bereitet große Schwierigkeiten; Platon hat die menschliche Urteilsfähigkeit im Dialog *»Theaitetos«* dargelegt. Seeleneinsicht in ihrem vollen Umfang übersteigt die menschliche Auffassungsgabe. Wenn die Seele als Ganzes erfahren wird, also auch deren Unsterblichkeit, kann von wahrer Selbsterkenntnis gesprochen werden.

Der Mensch ist ein Leib-Seelen-Wesen (Platon), und daher ist die Verbundenheit von Seele und Körper intensiv. Die Seele als selbständiges Lebewesen ohne Körperbezug zu erfahren, scheint daher jenseits der menschlichen Vorstellungskraft zu sein. Das Bewusstsein wird als »Ich-Bewusstsein« wahrgenommen, als eines, das alle Eigenschaften der Persönlichkeit in sich schließt. Dabei stehen der Körper und auch das irdische Persönlichkeitswesen mit seinen Begabungen oder Fähigkeiten, die für die Erfüllung der biologischen und gesellschaftlichen Notwendigkeiten erforderlich sind, im Blickfeld. In der Persönlichkeit vereinigen sich alle irdischen Gedanken und bilden die zentrale Bewusstseinseinheit.

Schließlich ist auch eine vorwiegend geistige Tätigkeit, zum Beispiel wissenschaftliches Arbeiten, das Ergebnis individueller Fähigkeiten, wobei der Körper da eine untergeordnete Rolle spielt. Um die persönlichkeitsbezogenen Bewusstseinsinhalte kümmert sich der Mensch. Als erster und letzter Bewusstseinsträger darf die Seele verstanden werden, sie ist damit Richter über den von ihr aufgenommenen Bewusstseinsinhalt. Das auf diese Weise in der Seele vorhandene Denkvermögen bewirkt nun wiederum den Umfang und die Art der zugelassenen neuen äußeren und inneren Impulse, welche das Seelenleben bestimmen. Sind die Impulse aus der sichtbaren Natur dominierend und im gefüllten Terminkalender des modernen Menschen fest verankert, so können die des Geistes, welche nur den innersten Seelenteil betreffen, in der Seele keinen Nährboden finden.

4.6. Die Seele als Lebensprinzip

Auf die Frage, was das Leben ist, werden die meisten Menschen doch wohl eine klare Antwort haben. Leben zeigt sich in einem Menschen, der sich bewegt oder noch Zeichen der Bewegung aufweist. Naturwissenschaft und Medizin haben die dafür geltenden Kriterien festgelegt. Dieselben Gründe gelten auch für andere Lebewesen wie Pflanzen und Tiere. Fehlt die Bewegung im sichtbaren Raum, so wird das betreffende Lebewesen für tot erklärt.

Was aber ist diese Bewegung und was bewirkt sie? Auf diese Frage werden die Antworten schon umfangreicher. Und bezieht die Frage auch unsichtbare Bewegungen mit ein, Gedanken zum Beispiel, so werden die Antworten millionenfach gegeben, aber eine einheitliche Erklärung für das Prinzip Leben kann nicht gefunden werden und wird auch von den Philosophen in uneinheitlicher, vielfältiger Weise dargestellt. Geht die Fragestellung noch einen Schritt weiter und zielt auf Lebensprinzipien mit ewiger Gültigkeit ab, darauf, ob nur das wirklich Leben ist, was ewig lebt, so ist die Schlussfolgerung naheliegend, dass der Mensch und alle anderen zusammengesetzten Lebewesen nicht leben, sondern höchstens für eine begrenzte Zeit am Lebensprinzip Anteil haben. Das Prinzip Leben entzieht sich der Anteilhabe, wenn gewisse in der Natur erkennbare Prozesse abgelaufen sind.

Leben und individuelle Anteilhabe daran erfolgt für den Menschen mit seiner Seele, mit ihr kann er Lebensprozesse bewusst wahrnehmen. Die Seele ist das sich im Menschen befindliche Organ, welches am Leben teilnimmt. Leben ist in und durch die Seele. Das Individuum lebt durch seine Seele und deren Kraft. Der Mensch lebt also nur, wenn seine Seele lebt – und die muss umsorgt werden. Sie ist an einen menschlichen Körper gebunden, und lässt der Mensch es bei der leiblichen Bindung bewenden und ist sein Seelenzustand allein abhängig von der körperlichen Befindlichkeit und derjenigen seiner Persönlichkeit, so wird sein Seelenzustand bestimmt von Einflüssen der Außenwelt und seinen Fähigkeiten, mit den äußeren Umständen umzugehen. Wenn die äußere Gestalt und die irdische Persönlichkeit aufhören zu leben, wird auch die auf diese Weise am Körper haftende Seele nicht mehr weiterleben können, ihr unsterblicher Teil wurde nicht aktiviert. Eine Seele, welche bewusst Anteil an der Unsterblichkeit hat, müsste wiederum Elemente des Unsterblichen aktiviert haben, und solche Elemente tragen die Kennzeichen des Geistes oder, in der Sprache Platons, der Ideen. Eine Seele, die Ideenkenntnis erworben hat, kann als körperunabhängiges Wesen existieren, sie lebt in einer Struktur des Geistes.

Weltseele und Einzelseele sind Erscheinungsformen des Prinzips Seele. Seele ist immer Seele, ganz gleichgültig, wo sie in Erscheinung tritt. Dies gilt auch für den Geist, er ist der Inbegriff aller Weisheit sowie des Seins, und die Seele des Menschen kann, da sie aus ihm stammt und mit ihm verwandt ist, wiederum von ihm Bewusstsein erlangen. Nach Platon ist dieser Geist in der Seele immer anwesend, aber nicht immer aktiviert. Das heißt, die Möglichkeit des körperunabhängigen Seelenbewusstseins ist in jedem Menschen vorhanden. Ob aber dieses Potential genutzt wird, bestimmt der Seelenträger selbst. Hat eine Seele wahre Erkenntnis und damit Selbsterkenntnis, spiegelt sich in ihr der Geist, dann ist sie im Zustand des Seienden. Die höchste Form von Leben ist das geistige Gewahr werden, von dem alle Lebensformen abgeleitet sind. Geistiges Erkennen ist ein zeitenthobenes, alles auf einmal erfassendes, intuitives Erkennen. Das Schauen erfolgt unmittelbar in der Seele und ohne weitergehende Begründungen. Dieses geistige Erkennen ist Realität, stellt die höchste Realität dar. Gewöhnliches, rationales Denken ist nach Plotin ein sprachlich strukturierter, zeitlicher Prozess, der in der Seele abläuft. Damit können die sichtbare Welt und auch unsichtbare, aber messbare Prozesse in der Natur erklärt werden.

Für das Erkennen des Gerechten und Schönen (der Wahrheit) jedoch muss der Geist in der Seele präsent sein. Für die Aufnahme geistiger Impulse und Wirklichkeiten wurde nach Platon im Menschen der oberste Seelenteil in sein Wesen eingebunden: die Denkseele, stammend aus der denkbaren Welt. Der vernunftbegabte Mensch würde nach dieser Erkenntnis nur diesen obersten Seelenteil pflegen, was bedeutet, im

Gesichtskreis der Vernunft zu denken und zu handeln. Die Seele, das ruhelose Bewegungsorgan, kann nicht zum Stillstand gebracht werden, das Bestreben nach Erfüllung irdischer Bedürfnisse ist ebenso gegeben wie der Wunsch nach Erkenntnis der Wahrheit des Menschseins. Es liegt am Menschen selbst, die Freiheit zu erkennen, die er besitzt, um das Faustsche Dilemma zu lösen und sich für das Nachhaltige zu entscheiden, den Bewusstseinszustand der unsterblichen Seele.

Platon, »*Nomoi*« (Gesetze), 10. Buch, 904c:

»Alles, was einer Seele teilhaftig ist, ist der Veränderung unterworfen, und die Ursache der Veränderung liegt in ihm selbst.«

Platon, »*Nomoi*«, 10. Buch, 904d:

»Ist eine Seele durch ihre Befreundung mit der göttlichen Tugend selbst solcher Tugend teilhaftig geworden, so wird sie auch in einen besseren, ganz von göttlicher Weihe erfüllten Bezirk überführt.«

Es ist für die Seele, will sie einen solchen Prozess durchlaufen, Einsicht erforderlich, um den Geist aufnehmen zu können. Platon bezeichnet es als eine notwendige, unumstößliche Einsicht, diesen Sachverhalt zu erkennen. Ideenkenntnis als höchstes Ziel und Verheißung eines immerwährenden Glückszustandes ist nur möglich, wenn sich eine Seele in die richtige Richtung bewegt: in die des Geistes und nicht der Materie.

Platon, »*Nomoi*«, 10. Buch, 905a:

»Diese göttliche Rechtsordnung muss mit ehrfurchtsvoller Scheu beachtet werden.«

Platon, »*Nomoi*«, 10. Buch, 905c:

»Ohne diese Einsicht kann man sich auch nicht die notdürftigste Vorstellung machen von dem, worauf es für das Glück und Unglück des Lebens ankommt.«

Selbsterkenntnis bedeutet also auch, diese göttliche Rechtsordnung zu kennen und sich um eine Lebenshaltung und Lebensführung zu bemühen, welche dieser Ordnung entspricht.

4.7. Erkenntnis vom Weg sowie vom Sinn und Ziel

»Enneaden«, VI 9,4,12:

»Darum kann es wie Platon sagt nicht ausgesprochen und nicht niedergeschrieben werden, sondern wenn wir sprechen und schreiben, dann versuchen wir, zu ihm hinzulenken und aus dem Sprachlich-Rationalen heraus zum Schauen zu erwecken, wie wenn wir jemandem, der etwas anschauen möchte, den Weg zeigen würden. Denn die Belehrung beschränkt sich auf den Weg und die Reise; das Schauen ist dann die Aufgabe desjenigen selbst, der sich zu sehen entschlossen hat.«

Wenn eine Seele nicht nur ihren Zustand, ohne Ideenkenntnis zu sein, erkennt, sondern auch das erhabene Ziel, nach welchem sie streben kann, nämlich Bewusstsein von der Idee des Guten zu erlangen, dann kann sie sich auf den Weg begeben. Diesen Bewusstseinspfad in Angriff zu nehmen, bedeutet, das Wesen der Ideen wiederum zu assimilieren, um aus deren Kraft (aus dem Guten) zu leben. Das heißt auch, dass diese Erkenntnis nicht mehr in Vergessenheit geraten soll. Als Folge dieser Einsicht geht das Bemühen des Menschen dahin, sich Kenntnisse – die in der philosophischen Weisheit geborgen sind – von der Art und Weise anzueignen, wie dieser Weg beschritten werden soll.

Die Schau des Zieles kann nicht ausgesprochen und beschrieben werden, es kann nur die Richtung angegeben werden, die zum Zielraum führt. Das Auffinden in der eigenen Seele ist eine individuelle Angelegenheit, die von den Hindernissen abhängt, die dem Sucher im Weg stehen. Solche, die allgemeiner und kollektiver Art sind, können erklärt werden. Anders verhält es sich mit den individuellen Schwierigkeiten, diese sind allein in der Person des Suchers zu finden. Mittels ungeschminkter Selbsterkenntnis muss ein Schüler der Philosophie diese Hindernisse als solche begreifen und schrittweise überwinden. Wenn nun eine Gruppe von Suchern auf dem Weg ist, kann es sein, dass durch gemeinsames Philosophieren auch die individuellen Wege klarer werden. Fehlt aber ein Lehrer (zum Beispiel Platon oder Plotin), also jemand, der den Weg schon zurückgelegt hat, so besteht die Gefahr, dass der Zielkorridor verlassen und der Zielort nicht erreicht wird. Ein Lehrer muss also über einen Kompass verfügen – und auch ein solcher sein –, will er anderen Hilfestellung bieten und Plotin hat davon umfangreich Zeugnis abgelegt.

»Enneaden«, VI 9,3,15:

»Was wir suchen, ist eins; und wir betrachten den Ursprung von allem, das Gute und das Erste. Folglich darf man sich nicht aus dem Bereich um die ersten Wesen entfernen und zu den Letzten von allen zurückfallen, sondern muss umgekehrt zu den Ersten hinstreben und sich selbst von dem sinnlich Wahrnehmbaren aus (das das Letzte ist) nach dorthin empor und zurück führen; man muss von jeder Schlechtigkeit frei geworden sein, da es ja das Gute ist, zu dem zu gelangen man sich bemüht; und man muss zu dem Ursprung emporgestiegen sein, den man in sich selbst hat, und eins aus vielen geworden sein, um den Ursprung und das Eine zu Gesicht zu bekommen. Kurz, man muss Geist werden, das heißt seine eigene Seele dem Geist anvertrauen und unterstellen, damit sie alles, was jener sieht, wachend aufnimmt; und das eine darf man dann nur durch den Geist anschauen, ohne irgendeine sinnliche Wahrnehmung hinzuzusetzen, ohne irgendetwas aus ihr in den Geist aufzunehmen, sondern man muss das Reinste, was es gibt, mit dem reinen Geist anschauen, mit dem, was im Geist das Erste ist.«

Für Plotin ist es klar, wo das Gute gefunden werden kann: in der eigenen Seele, welche die Intentionen des Geistes aufzunehmen und wiederzugeben in der Lage ist. Die Seele zu reinigen von den Täuschungen und Prägungen, welche die sichtbare Welt darin hinterlassen hat, ist ein Schritt auf dem richtigen Weg. Dass dieser Prozess einer des Denkens ist, ist für den Philosophen nicht zu begründen. Das Wahre ist daher in der Idee und der von ihr ausgehenden Kraft zu finden. Diese ist als Wesensmerkmal der Idee zu ihrem eigenen Beleben erforderlich. In diesem Prozess ist darauf zu achten, dass nicht mit dem Ich-Wesen, das vollkommen aus der irdischen Natur stammt, versucht wird, ein Gebäude zu errichten und dieses an die Spitze des Werkes zu setzen. Das Denkwerkzeug der Seele ist vielmehr dazu zu verwenden, alles vom Ursprungswesen zu entfernen, was durch die Natur hinzugefügt wurde, bis das reine Bild des Ursprünglichen wieder zum Vorschein kommt.

»Enneaden«, I 6,9,13:

»Höre nicht auf, an deiner eigenen Statue zu wirken, bis vor dir das gottgleiche Strahlen der Tugend aufleuchtet und bis du Selbstbeherrschung, stehend auf ihrem heiligen Sockel, erblickst.«

»Enneaden«, I 1,7,7:

»Aber wie kommt es, dass wir sinnlich wahrnehmen? Nun, weil wir von dem so verstandenen Lebewesen (Seele = wir) nicht abgelöst sind, auch wenn bei uns noch anderes Wertvolleres vorhanden ist und in das Sein des Menschen insgesamt eingeht, das aus vielem ist. Was aber das Wahrnehmungsvermögen der Seele betrifft, so darf es sich nicht auf die sinnlich wahrnehmbaren Gegenstände beziehen, sondern muss eher die Fähigkeit sein, die von der Sinneswahrnehmung aus im Lebewesen entstehenden Eindrücke zu erfassen; denn diese sind bereits geistig erkennbar, sodass die äußere sinnliche Wahrnehmung das Scheinbild der andern ist, während diese in ihrem Sein wahrhaftiger und in empfindungsfreier Weise ausschließlich Schau von Formen (Ideen) ist. Und von diesen Formen aus, von denen ausgehend dann die Seele allein die Führung des Lebewesens übernimmt, entstehen Denkvorgänge, Meinungen und geistige Erkenntnisse, und hier sind wir mehr als irgendwo sonst. Was hingegen vor diesen kommt, ist unser wir, das sind die Oberen und stehen an der Spitze des Lebewesens. Es würde aber auch nichts dagegen sprechen, das Ganze als Lebewesen zu bezeichnen, das in den unteren Bereichen gemischt ist, während das von da aus gesehene Obere der wahre Mensch ist.«

Da ein Mensch von frühester Kindheit an mit den Sinnesorganen wahrnimmt und das Denken erst im Laufe des Wachstums einen gewissen Stellenwert bekommt, ist es nicht verwunderlich, dass das reine Denken nicht entwickelt ist und das Denken immer einen persönlichen Bezug aufweist und im Dienste der irdischen Person steht. Obwohl in der Seele die Möglichkeit zum reinen Denken gegeben ist, wird diese nicht wahrgenommen, da sie in der Sinnenwelt keinen Nutzen verspricht und von den meisten Menschen auch kaum verstanden würde.

Ein Anstoß für den Seelennutzen muss also vorhanden sein, damit der Mensch beginnen kann, seine Denkvorgänge zu analysieren. In diesem Prozess wird er Unterscheidungsvermögen beweisen müssen, um erkennen zu können, ob seine Gedanken vom Geist inspiriert sind oder dem Nutzen der niederen Seelenteile, den sterblichen, dienen. In diesem Schritt wird er dem Gedankenleben höchste Aufmerksamkeit schenken müssen. Sind auch seine Handlungen von geisterfüllten Inspirationen geleitet, so wird er auf diesem Weg Fortschritte feststellen können. Die Persönlichkeitsmerkmale, die im gewöhnlichen Leben von großem Nutzen sein mögen, dürfen nur noch dazu dienen, das Tor offen zu halten, um das Eindringen des Geistes in die Seele nicht zu verhindern. Allein im höchsten Seelenteil, welcher aus der denkbaren Welt des Geistes stammt, ist Bewusstsein vom Geist möglich, und in diesem Teil wird sich der Geist reflektieren können. Plotin beschreibt diese Erfahrung folgendermaßen.

> *»Enneaden«*, VI 9,4,1:
>
> *»Die Schwierigkeit besteht hauptsächlich darum, weil man ein Bewusstsein von ihm nicht durch Wissen haben kann, auch nicht durch geistiges Erkennen … sondern nur durch ein Gegenwärtigsein, das stärker als Wissen ist. Sobald die Seele von etwas Wissen erlangt, bedeutet das für sie, dass sie vom Einssein getrennt wird … denn Wissen ist rationales Erkennen, und was rational erkennbar ist, ist vieles. Sie verfehlt also das Eine und stürzt ab zur Zahl und zur Vielheit.«*

Das Wahre und das Gute können sich also nur in unserem Inneren zeigen, und wenn wir sie ergreifen, um sie im Äußeren anzuwenden, so entschwinden sie. (Es ist das sokratische Wissen, nichts zu wissen; denn alles, das ich weiß, ist irdisches Wissen, aber keine Erfahrung vom Geist. Dieses Wissen wird daher auch als höchstes Wissen bezeichnet.) Dies ist auch der Grund, warum in der Akademie Platons nichts über das Eine und Gute gelehrt wurde, denn sie können nicht vermittelt werden. Die Bildung bestand darin, die Seele zu führen. Den Weg, um der inneren Schau teilhaftig zu werden, den muss jeder Mensch in sich selbst zurücklegen.

4.8. Das Sein und das Werden

»Enneaden«, VI 4,14,14:

»Was dort ist, ist das Althergebrachte, Ursprüngliche; ihm nähert sich das Werdende an, scheint in Berührung mit ihm zu sein und hängt von ihm ab. Und wir – was sind wir? Das Dortige oder das, was sich annähert, das Werdende in der Zeit? Nun, bevor es zu unserem hiesigen Werden kam, waren wir schon dort, und dort waren wir andere Menschen und einige sogar Götter: reine Seelen und Geist in Berührung mit dem gesamten Sein. Wir waren Teile des geistig Erkennbaren, nicht abgegrenzt und nicht abgeschnitten von ihm, sondern zum Ganzen gehörend. Sogar jetzt sind wir noch nicht abgeschnitten. Aber jetzt ist zu dem dortigen Menschen ein anderer Mensch hinzugetreten, der sein wollte; er fand uns auf – wir waren ja nicht außerhalb des Alls –, legte sich um uns und fügte zu jenem Menschen, der ein jeder von uns damals war, sich selbst hinzu. Es ist so, wie wenn eine Stimme und ein Wort da ist und der eine hier, der andere dort sein Ohr bereitstellt und es hört und aufnimmt; dann kommt es zu einem aktuellen Hörvorgang, weil dem Gehör etwas gegenwärtig ist, das aktiv auf es einwirkt. Wir sind demnach das aus beidem Zusammengesetzte, das heißt nicht das eine, was wir früher waren; und manchmal sind wir nur das andere, das wir uns später hinzugefügt haben, nämlich dann, wenn das dortige Frühere inaktiv und in einem anderen Sinne nicht gegenwärtig ist.«

Der Mensch ist nach Plotin ein zweifaches Wesen, einerseits ein rein geistiges, unmittelbar aus dem Ursprung stammendes, mit dem Geist verbundenes und nach seinen Gesetzen lebendes, anderseits das in der Natur dazugekommene, dem eigenen natürlichen Willen gehorchende, vom Geist getrennte Wesen. Ein Blick auf die moderne Menschheit zeigt, dass wir nur das später Hinzugefügte sind und das Ursprüngliche in uns inaktiv und nicht gegenwärtig ist. Das erste und unsterbliche Wesen ist wie in einem Schlafzustand, und das zweite, das sichtbare, das andere umschließende und auch abschließende, ist sterblich. Solches Seelenbewusstsein ist vergänglich, einem Eingenerationen-Menschen vergleichbar.

Mit Verstand und Vernunft betrachtet, ist für jeden Menschen deutlich und klar erkennbar: der Körper zerfällt im Laufe der Zeit und die Zellen erstarren, können keine Nahrung, das heißt Energie mehr zu sich nehmen; das körperliche Leben hört auf. Wie aber verhält es sich mit dem Seelenleben? Eine Seele, welche nur Bewusstsein vom Körper und von der an diesen gebundenen Persönlichkeit hat, wird ebenfalls den Weg des Körpers beschreiten. Diese Seele konnte kein Ursprungsbewusstsein des Seienden erlangen. Ewigkeitsbewusstsein kann für eine Seele mit ausschließlich irdischer Zuwendung nicht reaktiviert werden.

Als nächstes stellt sich die Frage, ob das dem Körpermenschen anhaftende Bewusstsein Vernunft besitzt? Eher nicht, denn er hofft auf Wunder, die ohne sein Dazutun nach seinem Ableben geschehen sollen. Aber diese Wunder finden nicht statt, sie können erst geschehen, wenn der ursprüngliche gottgeborene Mensch wieder erwacht. Dieses Erwachen muss in einem Zustand erfolgen, in dem der Mensch noch die Kontrolle über sein Bewusstsein hat. Dieses Erwachen kann als ein Wunder bezeichnet werden. Das Erlangen dieses Bewusstseins, Platon nennt die erste Stufe hierzu den Funkensprung in der Seele, kann erfolgen, wenn ein suchender Mensch beginnt, sich mit philosophischen Fragen zu beschäftigen.

»*Enneaden*«, VI 4,15,1:

»Also nehmen wir an, ein Lebewesen entsteht, das einerseits aus dem Sein eine Seele bei sich gegenwärtig hat, durch die es sich in Abhängigkeit von dem Sein insgesamt befindet; und anderseits ist ihm auch ein Körper gegenwärtig, der nicht leer und ohne Teil an der Seele ist, sodass er nicht mehr nur Körper, sondern darüber hinaus lebender Körper ist, das heißt, er hat quasi durch seine Nachbarschaft zur Seele eine Spur von ihr für sich gewonnen, keinen Teil von ihr, sondern so wie wenn eine Art Erwärmung oder Beleuchtung über ihn gekommen wäre. Hierdurch kommt es in ihm zu der Entstehung von Begierden, Lustempfindungen und Schmerzen; der Körper war nichts, was dem so entstandenen Lebewesen fremd wäre.

Was die aus dem Göttlichen stammende Seele betrifft, so war sie natürlich in Ruhe, da sie gemäß der ihr eigenen Gewohnheit nur auf sich selbst gestellt war; der Körper dagegen, der wegen seiner Schwäche in Aufruhr war – er befand sich schon von sich aus im Fluss und wurde außerdem durch Stöße von außen erschüttert –, machte sich in der Gemeinschaft des Lebewesens als Erster laut bemerkbar und gab sein eigenes Durcheinander an das Ganze weiter.«

Der Körper ist also das Übel an dieser ganzen Zweckgemeinschaft, denn er hat keine klare Vorstellung von dem, was für ihn gut ist, und auch nicht von der Aufgabe, die ihm zukommt. Sein Wesen ist von Unordnung geprägt, da er nicht über Vernunft verfügt, sondern von Begierden und Schmerzen geplagt wird, deren Ursachen er nicht kennt; ihm ist es daher nicht möglich, diese dauerhaft zu besänftigen oder zu unterdrücken. Seine Natur zwingt ihn zur Nahrungsaufnahme, und wie Platon schon im *»Phaidon«* erklärt hat, kann die Beschaffung der Güter für die naturnotwendigen Bedürfnisse auch zu Streit und Krieg führen. Der Körper stellt also ein entscheidendes Hindernis dar, das die Seele von der Erlangung von Selbsterkenntnis ablenkt. Eine Seele wiederum, die Erkenntnis von ihrem Ursprung, in welchem die Vernunft regiert, erworben hat, wird dem Körper das zuführen, was für ihn notwendig ist, ohne sich von seinen unstillbaren Bedürfnissen überwältigen zu lassen.

»Enneaden«, VI 4,15,36:

»Wem es dagegen gelingt, diesen Pöbel zu unterjochen und zu jenem Menschen emporzusteigen, der er einmal war, der lebt jenem Menschen entsprechend und ist jener Mensch; was er dem Körper gibt, das gibt er ihm so, als handle es sich um jemand anderen als ihn selbst.«

Für den mit beiden Füssen fest auf dem Boden stehenden Menschen ist eine solche von der antiken Philosophie geprägte Auffassung unverständlich. Das Wohlergehen seiner Person und seines Seelenlebens, das von Denkmustern geprägt ist, welche vom sozialen Umfeld akzeptiert sind, werden angestrebt. In dieser Lebensart werden die begierdenhaften Seelenregungen gefördert und toleriert und sind zusammen mit der Persönlichkeitsförderung das anzustrebende Ziel. Das Streben nach Höherem dagegen wird nicht verstanden, denn es ist nicht Bestandteil dieser Welt. Da die nach Höherem wollende Seele im eigenen Wesen nicht erkennbar ist, bleibt das Verständnis für philosophische Arbeit aus. Das

Glück, das am Ende dieser Arbeit winkt, gehört, so sagt der Nichtphilosoph, dem Reich der Spekulation an.

»Enneaden«, I 1,3,1:

»Aber nun ist die Seele ja im Körper anzusetzen. Unabhängig davon, ob sie vor ihm da ist oder in ihm ist; denn aus ihm und mit ihr zusammen besteht, was als Ganzes den Namen ›Lebewesen‹ trägt. Nehmen wir an, dass sie sich des Körpers nach Art eines Werkzeugs bedient. Dann ist sie nicht gezwungen, solche Empfindungen in sich aufzunehmen, die durch den Körper kommen, ebenso wenig wie die Handwerker die Zustände ihrer Werkzeuge übernehmen.«

»Enneaden«, I 1,3,23:

»Das Ziel der Philosophie wäre es dann, den Körper zur Hinwendung zur Seele zu bringen und die Seele, soweit es nicht ganz unvermeidlich ist, vom Körper wegzuführen, damit sie sich dessen nicht ewig, nicht einmal mehr bedient.«

Der hier von Plotin aufgezeigte Weg wird solange nicht begehbar sein, wie die erste Einsicht nicht vorhanden ist. Ist dies aber das Fall, so bedarf es einer großen Kraft, um den erforderlichen Prozess in Angriff zu nehmen. Die Körperwelt verlangt unaufhörlich Tribut, und die Gefahr ist groß, dass die Seele, von diesen Forderungen ergriffen, ihre wahre Aufgabe, das Erkennen des Guten, aus den Augen verliert.

»Enneaden«, I 1,5,1:

»Als das Lebewesen muss man aber den in einer bestimmten Weise beschaffenen Körper ansprechen oder das Gemeinschaftswesen oder etwas von beiden entstandenes Drittes. Aber wie dem auch sei, man muss entweder die Seele von Empfindungen frei halten, auch wenn sie selbst bei etwas anderem Ursache von dergleichen wird, oder annehmen, dass sie auch selbst mitempfindet.«

Dieses Mitempfinden mit dem Körper birgt nun die Gefahr, dass die Seele sich nur noch um diese Empfindungen kümmert. Darum empfiehlt die Philosophie, dass die Seele sich mit sich selbst beschäftigen soll und nicht mit den Bedürfnissen des Körpers. Das Kümmern um sich selbst darf aber nicht mit Egoismus verwechselt werden. Es bedeutet vielmehr, den Raum in der Seele freizuhalten für die Aufnahme des Geistes. Wer diesen Prozess in seiner Seele durchführen kann, ist dann auch in der Lage, anderen Menschen, die auf der Suche nach der wahren Seele sind, als Wegweiser zu dienen.

> *»Enneaden«*, I 1,5,27:
>
> *»Zugegeben, das Verlangen nach dem Guten ist keine gemeinsame Empfindung, sondern nur eine der Seele, so wie manches andere auch – bei einigem Überlegen räumt man ein, dass nicht alles zum Gemeinschaftswesen gehören kann.«*

Der Philosoph wird, mit seinem Wissen von der unsterblichen Seele, also nur nach dem Guten streben. Je nachdem, wie groß das Ausmaß ist, in welchem er dieses Gute erkannt hat, wird die Basis sein, auf der er sein Gedanken- und Handlungsleben führt. Es versteht sich, dass dieses auf reiner Nächstenliebe basierende Handlungsleben von Nichtphilosophen nicht verstanden werden kann. Das Gute wird vom äußeren Menschen, welcher sich allein der sichtbaren Natur zugehörig weiß, der die eigene Seelengestalt noch nicht wahrnehmen kann, als etwas verstanden, was zum Irdisch-Vergänglichen gehört. Dieses Gute bezieht sich also auf die materielle Ebene, es findet sich beispielsweise in humanitären und sozialen Bereichen und wird von allen auf dieser Ebene denkenden Menschen verstanden.

Ein Philosoph wird selbstverständlich keine Vorbehalte anbringen bei Nahrungsmittelhilfsprogrammen, bei der Entwicklungshilfe, bei der Hilfe für sozial Benachteiligte in der reichen Welt oder bei der Flüchtlingshilfe. Seine eigenen Bestrebungen gelten jedoch einer anderen Welt, einer nur mit Gedanken erfassbaren, welche er in seiner Seele findet (Johannes 18.36: *»Mein Reich ist nicht von dieser Welt«*). Von dieser Welt sucht er, Bewusstsein zu erhalten und seine Seele darin einzubringen. Diese immerwährende Welt des Guten ist sein Ziel, seine Reise führt zu dieser. Und auf seinem Weg versucht er, seine Mitmenschen über diese Möglichkeit zu informieren. Der Entscheid, sich nach diesem Gebiet zu begeben, setzt die vollständige Einsicht in den Nutzen, den das Beschreiten dieses Pfades für die Seele darstellt, voraus. Denn ohne Einsicht ist der Weg nicht zu gehen. Zu diesem Zweck muss der innere Mensch geboren werden. Das neugeborene Wesen bedarf dann des Schutzes des alten vergänglichen Menschen bis es in der Lage sein wird, diesen Weg in Selbstverantwortung zu beschreiten. Dieser Weg ist einer des Denkens, und Denken ist eine Aktivität der Seele. Dieses Denken bleibt aber ohne irdischen Bezug, es ist auf dieser Stufe eine Folge des in der Seele erfahrenen Geistes. Auf das in der Seele Offenbarte erfolgt dann die Tat, die Umsetzung des Erkannten in der täglichen Lebenspraxis.

»*Enneaden*«, I 1,9,23:

»Wahres Denken besteht ja aus Aktivitäten geistigen Erkennens, und nicht selten gibt es Ähnlichkeit zwischen dem Äußeren und dem Inneren.«

»*Enneaden*«, I 1,10,7:

»Und das Tier ist der mit Leben versehene Körper; der wahre Mensch ist dagegen etwas anderes, er ist von all dem rein und besitzt die im geistigen Erkennen liegenden Tugenden, diejenigen also, die ihren Standort in der sich vom Körper trennenden Seele selbst haben, einer Seele, die sich vom Körper bereits trennt und separat ist, wenn sie noch hier ist.«

Der Mensch, von dem hier die Rede ist, ist der Geist-Seelen-Mensch entsprechend der ursprünglichen Idee, er ist einer, der seine Seele wiederum geöffnet hat für die Intentionen des Geistes. Seine Seele ist nicht mehr dem Wechselspiel der Leiden und Freuden ausgeliefert, die mit der körperlichen Existenz verbunden sind. Diese Seele hat den Status der immerwährenden Freude, des Glücks und der Seligkeit.

»*Enneaden*«, VI 4,16,40:

»Wenn das Scheinbild der Seele nicht von ihr abgelöst worden ist, wo soll sie dann sein, außer da, wo das Scheinbild ist? Wenn dagegen die Philosophie sie vollkommen befreit hat, kann das Scheinbild gern allein nach dem schlechteren Ort verschwinden, während sie selber rein im geistig Erkennbaren ist, ohne dass ihr etwas fehlt.«

Das Scheinbild der Seele haftet am Körperlichen. Es ist die sich in der Natur manifestierende Seele, welche ihr Ziel, das Gute im Sichtbaren, demonstrieren möchte; sie verfolgt also ein materielles, vergängliches Ziel. Die wahre Seele ist im Körper, solange dieser existiert, sie lässt sich aber nicht vom Körperlichen beeinflussen, lebt unabhängig vom Körper und wird im reinen, vom Geist erfüllten Gedanken erkennbar.

> *»Enneaden«*, I 1,12,6:
>
> *»Unsere Argumentation, die der Seele Fehlerlosigkeit zuschreibt, setzt sie als Eines, in jeder Hinsicht Einfaches an, indem sie die Seele und das Sein der Seele als identisch bezeichnet, während das Gegenargument, das ihr Fehler zuschreibt, die andere Form von Seele, die die ungeheuren Empfindungen hat, mit ihr verknüpft und zu ihr hinzusetzt; und damit wird die Seele selbst zu etwas Zusammengesetztem, das heißt zu dem, was aus allen (Seelen-Formen) zusammen besteht, und ist demnach als Ganzes Empfindungen unterworfen. Dieses Zusammengesetzte macht die Fehler, und dieses ist es, was nach Platon Strafe verbüßen muss, nicht das andere. Wir bekommen sie nur so zu sehen, wie die, die des Meeresgottes Glaukos ansichtig werden. Wenn man aber ihre eigentliche Natur erblicken will, muss man – sagt er – abschlagen, was hinzugesetzt worden ist, und auf ihre Weisheitsliebe blicken, auf das, woran sie rührt, und das, womit sie verwandt ist, und dadurch ist, was sie ist. Das sind also ein ganz anderes Leben und andere Aktivitäten, und das, was bestraft wird, ist davon verschieden. Und was den Rückzug und die Separation betrifft, so handelt es sich nicht nur um die Trennung von diesem Körper, sondern von dem Hinzugesetzten insgesamt. Denn der Zusatz kommt beim Werden dazu, das Werden gehört überhaupt der anderen Form von Seele an. Und die Frage, wie es zum Eintritt ins Werden kommt, ist schon beantwortet: Dadurch, dass die Seele hinabsteigt, und zwar so, dass etwas anderes – das, was hinabsteigt – von ihr her entsteht, wenn sie sich neigt.«*

Über das, was Seele ist, gibt es unzählige Vorstellungen, angefangen bei Platon mit der Seelenaufteilung, der Denkseele, dem göttlichen Seelenteil und der Begierdenseele, dem irdischen Seelenteil bis zur modernen Psychologie, mit bewusstem und unbewusstem Seelenteil, und beim Unbewusstem oder Unterbewusstem wird auch noch nach individuellem und kollektivem Un- beziehungsweise Unterbewusstsein unterschieden. In welche Worte das nicht vollständig Beschreibbare gekleidet wird, ist letztlich nicht relevant. Unterscheidungsvermögen ist aber nötig, um zu erkennen, welches Seelenleben dem Seienden (ewig) und welches dem Werdenden (vergänglich) zugeschrieben wird.

Plotin beschreibt die wahre und damit die fehlerlose Seele als diejenige, die dem Ursprung, dem Einen entstammt; in ihr ist das Gute die einzige Eigenschaft. Es ist die körperlose Geistseele; ist sie aber im körperlichen Menschen, dann ist sie nicht mehr allein, sondern mit einer Seele mit ungeheuren Empfindungen verknüpft, die sterblich ist. Dieses Zusammengesetzte ist dasjenige, welches wir zuerst wahrnehmen. Die wahre Seele hingegen können wir nicht erkennen, solange wir allein mit den Sinnesorganen wahrnehmen. Plotin empfiehlt, wie Platon auch, die im Symbol des Meeresgottes Glaukos erkennbaren äußeren mit Tang und Kalk belegten Schichten zu entfernen, um wiederum die reine Seele von »Angesicht zu Angesicht« betrachten zu können. Er verwendet sogar das Wort »abschlagen«, denn dieser Prozess muss mit Kraft vollbracht werden, sonst lassen sich die mit der wahren Seele verbundenen Teile der Scheinseele nicht entfernen. Das Hinzugesetzte muss insgesamt beseitigt werden, nicht nur das Körperhafte, sondern alles mit der irdischen Persönlichkeit Verbundene, das nur auf die sichtbare Welt gerichtet ist. Das also im Laufe eines Seelenlebens Hinzugefügte, das den Abstieg der Seele vom Reich des Seienden in die werdende Welt bewirkte, muss wieder entfernt werden, will eine Seele wieder in das ursprüngliche Reich zurückkehren.

> *»Enneaden«*, I 1,13,5:
>
> *»Und was ist nun dasjenige, welches die Untersuchung über all das durchgeführt hat, wir oder die Seele? Nun: wir, aber mit der Seele. Und in welchem Sinne ›mit der Seele‹? Hat es die Untersuchung durchführen können, weil es Seele hat? Nein, sondern insofern es Seele ist. Also würde die Seele in Bewegung sein? Nun, man muss ihr die Art von Bewegung zuschreiben, die nicht die Bewegung von Körpern, sondern das Leben der Seele selber ist. Und das geistige Erkennen ist unser in dem Sinne, dass die Seele geistig erkennend ist und das*

geistige Erkennen ein stärkeres Leben ist, sowohl wenn die Seele geistig erkennt als auch wenn der Geist seine Aktivität auf uns richtet. Denn auch er ist ein Teil von uns, und wir werden zu ihm aufsteigen.«

Die mit einem Denkvermögen ausgerüstete irdische Persönlichkeit kann die Untersuchung, mit der Selbsterkenntnis erlangt werden kann, durchführen, aber nur mit der Seele, die im Menschen verborgen ist. Die geistig verständige Seele kann sich wiedererkennen, kann den Geist erkennen, aus dem sie ursprünglich stammt, und wieder nach seinen Gesetzen leben, so nach dem des Guten, was auch die Liebe ist, wenn sie alles, was nicht dazugehört aus ihrem Bewusstsein entfernt hat.

4.9. Zeit und Ewigkeit in der Seele

Das, was wir Bewusstsein nennen, ist Seelenbewusstsein. Alles, was gedacht und getan wird, hat seinen Ursprung in der Seele. Das Seelenbewusstsein ist das, was ist. Wenn der Mensch etwas denkt, fühlt oder tut, so entstammt es der Seele. Und wenn er von einem äußeren Ereignis ergriffen wird, so betrifft dies auch die Seele als Lebenselement. Dieses Sein ist ein Sein der Seele und drückt sich durch den Körper aus, und dies ist auf zweifache Weise möglich. In der Seele sind zwei Kräfte des Begehrens: eine rührt vom Körper her und eine von der Vernunft.

Indem die Seele den Bedürfnissen des Körpers dient, darunter sind alle Aktivitäten zu verstehen, die in irgendeiner Weise einen Bezug zum Körper haben, bleibt sie dem Vergänglichen verhaftet. Falls jedoch der Körper als Diener der Seele eingesetzt wird, indem die im Kopf, den am meisten vom übrigen Körper getrennten Körperteil, verfügbaren Denktätigkeiten ausgeübt werden, wird die Seele zum Führer des Menschen. Dieses Denken ermöglicht ein von der Vernunft geleitetes Sein. Dieses mittels der Vernunft erkannte Sein wird dann zum Vorbild für die Lebenshaltung im Denken und Tun. Die im Körper gebundene Seele wird mit aller Anstrengung ein Leben im Sein, im wahren Leben anstreben. Die Behinderungen, die sie durch den Körper, dem an die Zeit gebundenen Gefäß, erfährt, erschweren jedoch die Lebensart im Sein. Die vom Körper ausgelösten Bewegungen im Denken und Tun entspringen seinen notwendigen Bedürfnissen, sie sind endlich, der Zeitlichkeit unterworfen. Die Vernunft jedoch stammt aus einer anderen Welt, denn sie bedarf des Körpers nicht, sie ist ein ewiges, im tiefsten Wesen der Seele erkennbares Prinzip.

In *»Timaios«* bezeichnet Platon die Zeit als bewegliches Abbild der Unvergänglichkeit.

> *»Timaios«*, 37d:
>
> *»Da nun die Natur des Lebenden eine unvergängliche ist, diese Eigenschaft jedoch dem Erzeugten vollkommen zu verleihen unmöglich war: So sann er darauf, ein bewegliches Bild der Unvergänglichkeit zu gestalten, und machte, dabei zugleich den Himmel ordnend, dasjenige, dem wir den Namen Zeit beigelegt haben, zu einem in Zahlen fortschreitenden unvergänglichen Bilde der in dem Einen verharrenden Unendlichkeit.«*

Die Natur des Lebenden ist offenbart in der unsterblichen Seele. In der werdenden Welt kann das Ewige aber nicht dargestellt werden, sondern nur ein bewegliches Abbild davon, von Platon als Zeit bezeichnet. Die Ewigkeit wird quasi zerstückelt ausgedrückt mittels der Zeit, sie vermittelt daher ein Bild der Ewigkeit, aber eben nur ein solches. Das Bild hat aber die Eigenschaft, zu täuschen, denn es ist nicht das wahre, sondern eben nur ein Abbild davon. Mittels denkender Weisheit können aus den Zeichen der Zeit Rückschlüsse auf das Wesen der Ewigkeit gezogen werden. Das Lesen der Zeitzeichen, der in der Zeit übermittelten Zeichen der Ewigkeit, kann in einer Schule der Weisheit angeleitet werden.

Der diese Weisheit Erkennende, sie Liebende und für diese höchste Begeisterung Aufbringende ist der Philosoph. Denn die Weisheit entschleiert in ihm die unsterbliche Seele und seinen Anteil an der seienden Welt, an der Ewigkeit. Somit bemüht sich der Philosoph um Weisheit, denn diese ist der Schlüssel zur Vernunfterkenntnis, und diese erlaubt Zugang zum Bewusstsein von der Ewigkeit. Die von der Zeit bewirkten guten und hinderlichen Kräfte in der Seele zu kontrollieren, ist die Aufgabe, die es zu bewältigen gilt. Zu diesem Zweck wurde der Seele die Freiheit geschenkt, selbst zu entscheiden, welchen Kräften sie Einlass gewähren will. Dem Ewigkeitsbewusstsein Gegenwärtigkeit zu ermöglichen, wird dann Wirklichkeit, wenn der Bedeutung des Zeitlichen der ihm zukommende Platz im Seeleninnenraum zugewiesen wird.

4.9.1. Das Wesen der Ewigkeit

Plotin[4] umschreibt die Ewigkeit auf vielfältige Weise:

»Die Enneaden«, III 7,3:

»… alles in allem betrachtet den Anblick der Ewigkeit als eines Lebens, das identisch bleibt, welches das Ganze stets gegenwärtig hat und nicht jetzt dies, dann wieder etwas anderes, sondern alles zusammen ist, auch nicht jetzt diese, dann wieder jene Vielheit, sondern ungeteilte Vollendung … Es bleibt also nur übrig, dass es in seinem Sein ist, was es ist. Was nun weder war noch sein wird, sondern nur ist, was also das Sein in völliger Ruhe ohne bevorstehenden oder dagewesenen Übergang in das Zukünftige hat, das ist die Ewigkeit.«

»Die Enneaden«, III 7,5:

»Daher ist die Ewigkeit etwas Ehrwürdiges und identisch mit Gott.
Und mit Recht kann man die Ewigkeit als den seinem Wesen nach als ruhiges identisches Sein, als permanentes Sein sich kundgebenden und offenbarenden Gott bezeichnen. Wenn demgemäß jemand die Ewigkeit als unendliches Leben bezeichnet, weil es das Leben in seiner Totalität ist und durch das Ausschließen von Vergangenheit und Zukunft, worauf ja eben die Totalität beruht, nichts

[4] Die nachfolgenden Zitate von Plotin sind entnommen aus: *»Die Enneaden«*, Band 1, Berlin 1878, S. 238-257, Quelle: www.zeno.org/Philosophie/M/Plotin

von sich aufbraucht, so dürfte seine Definition so ziemlich das Richtige treffen.«

Die Eigenschaften und Wesensmerkmale des Göttlichen sind das Gute, Gerechte und Schöne, sie sind das Ewige. Die ewigen Kräfte des Seins wurden von Platon als Ideen oder als gleichbleibende Prinzipien der göttlichen Natur bezeichnet. Diese sind identisch mit dem unteilbaren, alles umfassenden Einen. Das Seelenleben im Sein ist das Leben in der Ganzheit ohne irgendeinen Mangel und im Einklang mit der göttlichen Natur; dieses entspricht dem Wesen der Ewigkeit.

Durch Individuation trennt sich die Seele von der All-Einheit. Sie verliert den Kontakt zum Einssein, zum Sein im Einen, und verfügt nicht mehr über das Bewusstsein vom Guten. Die von der Ganzheit des Seins gelöste Seele verliert das Ewigkeitsbewusstsein, durch die Bindung an einen Körper vergisst sie ihren vormaligen Zustand und führt ein Leben in der Zeit. Das Gute und Gerechte der am Irdischen haftenden Seele ist vollkommen in die Farbe des Zeitgeistes gehüllt. Es kann sich dabei nicht um das Gute und Gerechte handeln, das der Philosoph sucht und welches im Bewusstsein der unsterblichen Seele gefunden werden kann. Dieses Seiende im Einen erklärt auch Plotin.

»Die Enneaden«, III 7,6:

»Denn das wahrhafte Sein ist das niemals nicht sein noch anders sein, das heißt das stets sich gleichbleibende Sein, das Sein ohne Unterschied. Es hat also in keiner Hinsicht ein bald so bald anders sein, man kann es nicht zerteilen, nicht sich entfalten noch entwickeln oder ausdehnen lassen, man kann kein früher oder später an ihm wahrnehmen. Wenn nun kein früher noch später an ihm ist, sondern das Sein der Gegenwart das wahrste ist, was sich von ihm aussagen lässt, und es geradezu selbst ist und zwar so, dass es als Wesenheit oder als das Leben ist, so kommen wir auch hier wieder auf den in Rede stehenden Begriff der Ewigkeit.«

Ewigkeit ist das im Sein erfahrbare Leben der Seele, welche ihrer Bindung an das Zeitliche entsagt hat, aus den Kräften der Ideen wirkt und aus dem Guten, Schönen und Gerechten schöpft.

4.9.2. Das Verhältnis von Zeit und Ewigkeit

»Die Enneaden«, III 7,11:

»Wenn also jemand sagte: Zeit ist Leben der Seele, welche in ihrer Bewegung von einer Manifestation des Lebens zur andern übergeht – scheint er dann etwas Rechtes zu sagen? Denn wenn Ewigkeit Leben ist in der Ruhe, Unveränderlichkeit, Gleichheit und unendliches Leben, und wenn die Zeit ein Bild der Ewigkeit sein muss, ganz so wie dieses All sich zu jenem verhält: so ist zu sagen, dass es anstatt des dortigen Lebens ein anderes Leben, nämlich das dieser Kraft der Seele als homonymes gibt und anstatt der Bewegung der vernünftigen Seele die Bewegung eines Teils derselben; anstatt der Identität, der Gleichmäßigkeit und Stabilität ein nicht Stabiles, bald dies bald jenes Wirkendes; anstatt des Untrennbaren und Einen ein Schattenbild des Einen, das nur in der Kontinuität eins ist; anstatt des Unendlichen und Ganzen das in unendlicher Reihe aufeinander Folgende; anstatt des in sich geschlossenen Ganzen das nur Teil für Teil zum Ganzen Strebende und immer ein Ganzes Werdende, denn so wird es das Ganze, bereits in sich Geschlossene und Unendliche nachahmen, wenn es stets hinzuerwerbend sein will in dem Sein; so wird denn auch das Sein jenes Sein nachahmen. Man darf aber die Zeit nicht außerhalb der Seele und gesondert von ihr auffassen, gleichwie die Ewigkeit nicht außerhalb des Seienden, auch nicht als begleitende Folge noch als ein Posterius, gleichwie die Ewigkeit dort [in der intelligiblen Welt] nicht, sondern als ein darin Geschautes, darin Enthaltenes und damit Zusammengehöriges, gleichwie auch die Ewigkeit ein solches ist.«

»Die Enneaden«, IV 4,15:

»Andererseits muss man in die Ewigkeit die Identität, in die Zeit das Anderssein setzen, oder Ewigkeit und Zeit werden dasselbe sein … Dass unsere Seelen also, die dem Wechsel und besonders dem Mangel unterworfen sind, in der Zeit sind, werden wir zugeben, von der des Alls aber behaupten, dass sie zwar die Zeit erzeuge, nicht aber in der Zeit sei? Doch sei sie immerhin nicht in der Zeit: Was ist es hier, dass sie die Zeit, aber nicht die Ewigkeit erzeugen lässt? Nun, der Umstand, dass nicht ewig ist, was sie erzeugt, sondern um-

schlossen von der Zeit. Denn auch die Seelen sind nicht in der Zeit, sondern die Affektionen derselben, welcherlei Art sie immer seien, und die Produkte. Denn ewig sind die Seelen und die Zeit ist später und das Zeitliche geringer als die Zeit; denn die Zeit muss das Zeitliche umfassen, wie auch, nach Plato, das Örtliche und Numerische.«

Zeit und Ewigkeit sind Lebensbereiche, die sich in der Seele abbilden und mit denen sie verbunden ist. Auch ist sie in ihnen tätig; jede Tat hat, bewusst oder unbewusst, den Ursprung in einer von der Seele ausgehenden Bewegung.

Plotin unterscheidet zwischen der Weltseele und der individuellen Seele. Während Letztere offensichtlich in der Zeit wirkt, erkennt er die Weltseele als außerhalb der Zeit stehend, aber als deren Erzeugerin. Ewigkeit ist das Seiende und das unveränderlich vom Geist Erfüllte. In der Weltseele spiegeln sich nur die Ideen des Guten, das mit der Ewigkeit identisch ist. Die Zeit aber ist etwas anderes, sie ist das Anderssein. Die menschlichen Seelen sind also zumindest teilweise anders, denn in ihnen bildet sich das Zeitliche, das noch geringere als die Zeit ab. Zeit und Ewigkeit sind also grundverschieden, sie haben nichts Gemeinsames, sie entstammen zwei Ordnungen: die eine von der vergänglichen Natur und die andere vom unvergänglichen Geist. Es besteht kein Verwandtschaftsgrad zwischen diesen beiden Ordnungen. Mit dem Verstandesvermögen der an die sichtbare Welt gebundenen Seele kann die göttliche Ordnung nicht erklärt werden. Der Zugang der Seele zu ihrer Identität mit der Ewigkeit muss daher auf eine andere Weise gesucht werden.

Die menschliche Seele, hervorkommend aus dem Stammland der Ewigkeit, kann Bewusstsein von beiden Ordnungen erlangen. Sie existiert in Ewigkeit, lässt aber die Zeit in sich wirken. Im Raum-Zeit-Feld, dem gegenwärtigen Aufenthaltsort der Seele, wird das Seelenbewusstsein fast vollkommen vom Zeitlichen vereinnahmt. Die Bedürfnisse des Körpers erfordern die volle Zuwendung der Lebenskraft der Seele. In diesem Umfeld verliert sie die Erinnerung an ihre ursprüngliche Existenz, die im Seienden.

Philosophisches Erkennen bedeutet, Einsicht zu erlangen vom Zustand der menschlichen Seele, und philosophische Tätigkeit besteht darin, die Erinnerung an ihr ursprüngliches Wesen wachzurufen, um das Ewigkeitsbewusstsein der Seele wiederum zu aktivieren.

Wie aber wurde die Zeit ins Leben gerufen? Gemäß Plotin ruhte die Zeit im Seienden als nicht seiend. Es bedurfte ihrer nicht, denn alle Seelen waren in der Einheit. Als sich aber Seelen individualisierten, das heißt ihre Bindung zur Einheit aufgaben, wurden das Wesen der Zeit aktiviert und eine Raum-Zeit-Welt geschaffen, in welcher Spuren der Welt der göttlichen Einheit erkennbar sind. Das Grundmuster der vergänglichen Natur ist aber in keiner Art und Weise mit der Ordnung in der Einheit zu vergleichen. Die Erkennbarkeit der Welt der göttlichen Einheit ist aber für ein Wesen möglich, das Verwandtschaft zur göttlichen Welt hat, die erkennbar ist in der unsterblichen Seele des Menschen.

4.9.3. Die Seele im Wirkungsfeld der Materie

»Die Enneaden«, V 1,1,1:

»Was ist es eigentlich, das dazu geführt hat, dass die Seelen Gott, ihren Vater, vergessen haben und, obwohl sie Teile von dorther sind und überhaupt zu ihm dort gehören, sich selbst und ihn nicht mehr kennen? Nun: Ihr Übel beginnt mit ihrem Übermut, ihrem Eintritt ins Werden, ihrer ersten Verschiedenheit und der Tatsache, dass sie sich selbst gehören wollen. Ihre Fähigkeit zur freien Entscheidung bereitete ihnen offensichtlich Genuss, und darum haben sie ihre Fähigkeit zur Selbstbewegung reichlich eingesetzt und sind in die Gegenrichtung gelaufen und haben den größtmöglichen Abstand hergestellt.«

»Die Enneaden«, IV 8,4,10:

»Da widerfährt es ihr denn auch, dass sie, wie es heißt, die Schwingen verliert und in die Fesseln des Körpers gerät, nachdem sie sich verirrt hat aus dem Stande der Unversehrtheit, in welchem sie während der Beherrschung des höhe-

ren Gebietes sich hielt und der ihr eigen war als der Gesamtseele. So ist sie denn gefangen, gefallen und in Banden, und da sie nur vermittelst der Wahrnehmung ihre Wirksamkeit äußert, weil sie an einer unmittelbaren Wirksamkeit durch die Vernunft verhindert wird, so heißt es, sie sei begraben und weile in einer Höhle. Wendet sie sich dagegen zum Denken, so heißt es, sie löse sich aus den Fesseln und steige empor, sobald sie in Folge der Wiedererinnerung einen Ausgangspunkt für das Schauen des Seienden gewonnen hat.«

»Die Enneaden«, IV 8,4,1:

»Die Einzelseelen nun, denen einerseits ein intellektuelles Streben in der Hinwendung zu dem Prinzip ihres Ausgangs zukommt, die andererseits aber auch ein auf die diesseitige Welt sich erstreckendes Vermögen besitzen, ebenso wie ja das Licht nach oben hin an die Sonne gebunden ist und doch der unter ihm befindlichen Welt seine Dienstleistung nicht versagt – diese Einzelseelen nun müssen einerseits, solange sie vereint mit der Gesamtseele im Intelligiblen verharren, frei von jedem Leid sein und im Himmel vereint mit der Gesamtseele eine mit ihr gemeinsame Herrschaft ausüben.«

Der den Seelen zukommende Autonomiestatus zeigt sich in einem Leben in der göttlichen Einheit, in Übereinstimmung mit der göttlichen Absicht. Dieses Leben wurde offensichtlich in einer Experimentierphase missbraucht und endete, so erklärte schon Platon, in einer Höhle. Die Federn der Schwingen der Seelenvögel gingen verloren und der Absturz in die Raum-Zeit-Welt war die Folge. Diese Raum-Zeit-Welt kann jedoch als Rettungsinsel verstanden werden, auf welcher die Zeichen des unversehrten Ursprungs wieder erkannt werden können. In dieser Zeitwelt haben diese Seelen nun die Möglichkeit, das auseinandergefallene, zerstückelte Leben, das nicht mehr in der Ganzheit des Seins existiert, wieder zusammenzusetzen. Das Zusammenfügen ist mit vernünftiger Denktätigkeit möglich; Vernunft ist ein Wesensmerkmal der Ewigkeit, während die Denktätigkeit als solche zum Zeitlichen gehört. Die vernünftige Denktätigkeit kann daher nicht als Baumeister zur Wiedererlangung des Ewigkeitsbewusstseins verstanden werden. Mit ihr kann aber ein Gerüst errichtet werden, eine Aussichtsplattform in der Zeit, von welcher die Seele sich selbst wiedererkennen kann. Wenn das Bauwerk gelingt, wird im Bruchteil einer Sekunde das zeitliche Bewusstsein in den Hintergrund treten, womit das Wesen der Ganzheit den Seelenraum des Bauenden erfüllen kann. Es ist eine Sicht, ein Schauen, das dem irdischen Menschen eröffnet wird, die Schau des ewigen Lebens, der Ewigkeit. Dieses ewige Leben zeigt sich in einem Menschentypus anderer Art, dem inneren Menschen. Dieser wiedererkannte innere Mensch hat mit dem äußeren keine Gemeinsamkeit, es ist die vollkommen neue, aber alte geistige Gestalt. Der äußere Mensch, ein evolutives Wesen der Raum-Zeit-Welt, erkennt seinen Status, den der Vergänglichkeit. Aber in ihm zeigt sich der neue, der aus dem Ursprung stammende Mensch. Paulus erlebte diese Schau auf dem Weg von Jerusalem nach Damaskus.

Es ist die unsterbliche Seele, die das Seil als Verbindung mit der reinen Weltseele »in Händen« hält.

5. Jamblich und die Schule des Pythagoras

5.1. Selbsterkenntnis und Seelenbewusstsein

Die von Jamblich anfangs des 4. Jahrhunderts verfasste *»Vita Pythagorica«*[5] ist eine Seelenlehre, mit welcher dem interessierten Schüler seiner Schule ein Bewusstseinsweg aufgezeigt wird, wie ein Mensch zum Erkennen des inneren Menschen gelangen kann und auf welche Weise dieser Zustand im eigenen Wesen erkennbar wird. Die Seelenlehre handelt vom Erkennen des ursprünglichen Seelenzustandes im Menschen. Der innere Mensch ist ein rein geistiger Typus, der von der unsterblichen Seele beseelte Mensch des Ursprungs. Seine Seele erkennt das Gesetz des

[5] Jamblich: *»Pythagoras. Legende – Lehre – Lebensgestaltung«*, WBG, Darmstadt 2002.

Ursprungs, das göttlich Gute, Schöne und Gerechte und lebt aus dieser Erkenntnis.

»Vita Pythagorica«, 70:

»... Pythagoras war für seine Umgebung der bedeutendste Anreger zum möglichst nahen Umgang mit den Göttern im Wachen und im Schlafe: Solches kommt freilich nur über die Seele, wenn weder Zorn sie trübt noch Schmerz noch Lust noch sonst eine böse Begierde noch (das aller Unheiligste und Gefährlichste) die Unwissenheit sie in die Irre leitet. Von alledem heilte und reinigte er die Seele wie ein guter Daimon, entfachte aufs Neue den göttlichen Funken in ihr, erhielt ihn am Leben und lenkte das Geistesauge auf das Intelligible. Die Erhaltung dieses Auges ist nach Platon wichtiger als diejenige von 10.000 fleischlichen Augen. Es allein erschaut ja die Wahrheit über alles, was ist, mit durchdringendem Blick, wenn es mit den richtigen Hilfsmitteln gekräftigt und durchgebildet wurde. Auf dieses Ziel hin läuterte er das Denken; so war die Grundform seiner Erziehung, und das war deren Leitstern.«

Jamblich stellt mit Pythagoras einen Menschen vor, der über unmittelbare göttliche Intuition verfügte. Er lebte nicht den äußeren bürgerlichen Menschen, sondern den wahren inneren Menschen. Sein Weg war gezeichnet von einem Erkennen der Fußspuren Gottes im Universum. Sein Erziehungsideal bestand in der Bewusstwerdung des auf das Geistige gerichteten Seelenauges. Seine Bildungsgrundsätze bewirkten beim Erkennenden das Entfachen des göttlichen Funkens in der Seele. – Ist dieser Funke in einem Kandidaten entzündet, so kann dieser den Prozess der Seelenreinigung beginnen, um in der Folge eine klare Vorstellung von der eigenen unsterblichen Seele zu erlangen. Es folgt die Schau vom inneren Menschen. Ein von dieser Schau ergriffener Mensch richtet sein Handlungsleben an diesem »Bild« aus. Diese Lebensführung kann von den Mitmenschen, welche ihre Lebensgestaltung dem äußeren Menschenbild entlehnen, kaum als ein Leben der Vernunft gedeutet werden. Dieser Umstand erschwert die Arbeit, welche ein Schüler der Philosophie im gesellschaftlichen Umfeld verrichten muss. Ein solches Leben kann trotz aller Widerstände als eines der Freude bezeichnet werden. Freude ist besonders spürbar, wenn festgestellt werden kann, dass dieses philosophische Leben auch von anderen Menschen als das wertvollste, als der Sinn des Lebens ohne Einschränkung angesehen wird. Ein Freund der Weisheit ist daher nicht enttäuscht, wenn die Vermittlung philosophischer Erkenntnisse beim Interessenten keine Früchte trägt. Er wird aber Mitleid und Bedauern mit einem Unverständigen nicht verbergen können, da seine Bemühungen auf den Erfolg jedes Menschen gerichtet sind, der sich auf den Weg begibt, um das Innerste zu erkennen. Denn wer sein Innerstes erschaut, hat Anteil am Seienden, am Ewigen.

Erfährt ein Mensch bewusst von der Existenz seines inneren Wesens, so ist dies ein erster Schritt im mentalen Loslösungsprozess von der Bindung an die äußere Welt, den ein Kandidat anstreben muss, um den Geist-Seelen-Menschen ins Bewusstsein zu rufen. Als Gerüst dient ihm ein Denkprozess, mit dem er sich von den irdischen Bindungen befreien kann.

Die Verborgenheit des inneren Menschen ist in zweifacher Hinsicht erwähnenswert. Er kann sich in der sichtbaren Welt nicht manifestieren, da sein Wesen unkörperlich und rein geistig ist, er kann also nur in der Seele eines Menschen erfahren werden. Die zweite Hürde besteht darin, dass die ursprüngliche Seele vom natürlichen Menschen nicht erkannt werden kann. Sie gehört einer anderen Ordnung an und kann mit den dem natürlichen Menschen zur Verfügung stehenden Instrumenten, den Sinnesorganen und dem Verstandesdenken, nicht festgestellt werden. Platon schreibt dazu, dass über dieses Seelenwesen nichts geschrieben und nichts ausgesagt werden kann (*»7. Brief«*). Mittels des Denkens kann aber erfasst werden, dass dieser innere Mensch als Seelenwesen existieren müsste, denn von der Existenz der Gesetze der denkbaren Ideenwelt des Guten können Splitter aufgenommen werden.

Für den Philosophen ist klar, dass diese Gutwelt sich nur in einer individuellen Seele infolge eines einsichtsvollen Prozesses offenbaren kann, den der Kandidat durchzuführen bereit ist. Der Prozess kann seinen Anfang nehmen, nachdem in einem bestimmten Lebensabschnitt ein Licht in der Seele zum Vorschein gekommen ist. Unter welchen Gegebenheiten ein solches Licht auftreten kann, ist jedoch nicht bestimmbar; es ist ein individuelles Vorkommnis. Auslöser kann eine erklärte Weisheit sein, welche ein suchender Mensch vorgefunden hat. Diese kann ihm seinen aktuellen Bewusstseinsstandort erkennen lassen. Wenn eine Seele sich dann ihres Ursprungs bewusst wird, erfolgt Einsicht und ein neues Bemühen kann einsetzen.

Das aufgrund der Einsicht erneuerte Begehren zum Erkennen des Seelenmenschen führt auf eine Spur, die darauf hindeutet, dass nun Bildung erforderlich ist, Seelenbildung. In diesem Prozess wird deutlich, dass nur ein tugendhaftes Leben der Bewusstseinsentwicklung förderlich ist und ein Abschied vom alten Leben unausweichlich sein wird. Zeigen sich in einer Seele die Umrisse des Geistmenschen, so wird sich der Kandidat darum bemühen nur in dem Ausmaß nach den Gesetzen der Natur zu leben, soweit dies naturnotwendig ist. Er wird sich am Guten und am Gesetz des Geistes orientieren, wie es im Neuen Testament angedeutet ist *(»Man kann nicht zwei Herren dienen.«*, Matthäus 6.24). Die Erkenntnis, dass der sichtbare Mensch unter keinen Umständen der von Gott geschaffene sein kann, hat sich in seinem Bewusstsein gefestigt. Denn die Unvollkommenheit des physischen Menschen ist im ganzen Wesen, in Körper und Seele, zu erkennen. Allein ein Geistmensch vom Typus Jesus Christus ist der wahre Sohn.

Die Tugenden des Pythagoras sind eine Folge der Einsicht, dass nur der Seelenmensch, der verborgen ist im ungöttlichen Körpermenschen, aufgrund der göttlichen Gnade (von Platon im Dialog *»Menon«* erläutert) über die Kenntnis von der Tugend verfügen kann. Tugendhafte Lebensführung aufgrund normativer Vorgaben, jedoch ohne Einsicht von der Abstammung der Seele, ist allein nicht befreiend, sondern kann unter guten Umständen nur zur richtigen Einsicht führen. Nicht das Befolgen der Tugenden des Pythagoras ist maßgebend, denn dies wäre ein dogmatisches Nachahmen, allein die Erkenntnis von Tugend, entsprungen aus der eigenen unsterblichen Seele, kann zu einer vollständigen Bemühung um tugendhafte Lebenspraxis führen. Ein solcher Mensch ist einer mit umgewendeter Seele (Platon: *»Phaidon«*). Er hat Selbsterkenntnis erlangt, er weiß um seine Mischung aus Natur und Übernatur, welche das Merkmal des gegenwärtigen Zustandes seiner Seele ist. Das Lösen der Seele von der Bindung an die vergängliche materielle Welt und ihr Hinwenden zu den unvergänglichen Werten des Universellen bewirkt die Schau und das Bewusstsein von der Welt des Guten und Gerechten. Die tugendhafte Lebensweise ist dann eine Folge der Einsicht, dass mit dieser Lebenshaltung ein zunehmendes Bewusstsein vom Wesen des Guten vom Kandidaten erfahren wird. Die der körperlichen Natur anhaftenden Begierden nach materiellen Gütern und die Triebe sowie die nicht lebensnotwendigen Bedürfnisse des Körpers werden in ihrer Wirkung abnehmen. Wenn diese Naturkräfte ihre Macht über die Seele des Menschen verloren haben, ist ein Zustand der Seligkeit erreicht.

Wer lebt tugendhaft? Wie erwähnt können zwei Bewegungsebenen unterschieden werden: die theoretische, die Frage nach dem Wesen der Tugend und ihrer Elemente in den verschiedenen Bereichen des Lebens im rein gedanklichen Verstehen, und die praktische Umsetzung der Tugenden im täglichen Leben. Eine Begründung wird möglich, wenn Erkenntnis von ihrem Ursprung erlangt wird. Woher kommt die Tugend und wie kann sie erkannt werden? Einerseits kann eine dogmatische Tugend beschrieben werden, wie sie in vielen Schulen verkündet wurde. Dann gibt es andererseits auch die Tugend der inneren Erkenntnis; nur diese kann schließlich zum Ziel führen, denn nur die aus innerer Gewissheit erkannte Tugend erlaubt eine tugendhafte Lebensführung im Wissen um das Gute.

Das Merkmal einer schriftlich dokumentierten Tugend, von Kirchen oder anderen Institutionen verkündet, ist für den Menschen eine äußere Tugend, welche von ihm nicht selbst erkannt wurde. Deren Befolgung kann daher auch in unterschiedlichster Weise geschehen. Was tugendhaft ist, wird vom Zeitgeist bestimmt, untersteht einem fortlaufenden Wandel und ändert sich von Gesellschaftsmodell zu Gesellschaftsmodell. Es kann sich daher nicht um *die* Tugend handeln. Die in den Philosophenschulen gelehrte Tugend, die befreit ist von jeglichem Dogma, kann dagegen einen Einstieg in ein Leben bedeuten, das schließlich zur inneren Erkenntnis führt. Denn ein Mensch, der sich von der äußeren Tugend angezogen fühlt, besitzt bereits etwas von dieser, denn sonst würde er sie nicht als solche erkennen können. Die äußere Tugend muss aber schrittweise durch die innere abgelöst werden. Wie dies vonstattengehen kann, wird in den Weisheitslehren in vielfältiger Weise dargestellt.

Pythagoreische Philosophie handelt wie jede wahre Philosophie von der Selbsterkenntnis, vom entschlüsseln, was der Mensch ist und auf welche Weise er sein eigenes Wesen erkennen kann. Eine solche Urteilsfindung ist auch deckungsgleich mit der Vorstellung späterer Philosophen und Denker (zum Beispiel Thomas von Aquin), welche dem wahren Menschen nur diejenigen Fähigkeiten und Wesenszüge zuschreiben, die ihn von allen anderen Lebewesen unterscheiden. Nahrungsbeschaffung, Nahrungsaufnahme und Fortpflanzung gehören daher nicht zu den spezifisch menschlichen Eigenheiten, und selbst die Errichtung von Behausungen (Höhlen und Nester) geschieht mittels Fertigkeiten, die auch bei Tieren beobachtet werden. Der wesentliche Unterschied zu den Tieren – und damit das entscheidende Wesensmerkmal des Menschen – ist die Fähigkeit, zu denken. Mit Verstand und Vernunft, das heißt mit dem Denken, ist es möglich, die naturnotwendigen Lebensverrichtungen nachhaltiger zu gestalten und Selbst- und Welterkenntnis zu erlangen. Als Folge dieser Erkenntnis können eine Lebenskultur und Lebensweise angenommen werden, die außerhalb der naturnotwendigen Verrichtungen angesiedelt sind. Selbsterkenntnis, die zum Erkennen des autonomen inneren Menschen führt, erlaubt dann wahre Selbstverwirklichung. Unter dieser kann eine Lebenshaltung und Lebensführung verstanden werden, die nicht mehr den Zielen des individuellen, vergänglichen, irdischen Menschen dient, sondern der Ausbreitung eines generellen, höheren, unvergänglichen Zieles dient. Dieses Ziel besteht in der Erkenntnis vom wahren Menschen, dem Sohn aus der Welt des Geistes.

Jamblich hat in seinem Werk *»Über das pythagoreische Leben«* eine Lebensweise dargestellt, die nicht nur die pythagoreische Philosophie einleuchtend vorstellte, sondern auch in seiner eigenen Philosophie ihre Entsprechung fand.

5.2. Theurgie und Logos, Glauben und Wissenschaft, Platonismus als Religion

Warum braucht es überhaupt eine Theurgie oder eine Religion, wenn mittels der Wissenschaft alles erklärt werden kann, insbesondere die Wahrheit? Diese Frage wird den wissenschaftsgläubigen, modernen Menschen kaum interessieren. Es sei denn, er ist auch bereit, Antworten zu prüfen, welche nicht aus der beweisbaren Welt stammen.

Die Wissenschaft erklärt einen Sachverhalt immer logisch oder anhand von Beobachtungen, das heißt, er wird begründet mit einem Argument, das entweder bereits an anderer Stelle fundiert wurde oder keiner weiteren Begründung bedarf, da das Argument als solches einleuchtend und unmittelbar klar ist. Diese unmittelbare Klarheit ist aber nur für Sachverhalte gegeben, die bewiesen werden können, wie beispielsweise Gleichungen in der Mathematik, oder für Dinge, die mit den Sinnesorganen wahrgenommen werden können, wie beispielsweise der Lebenszyklus einer Blume. Aber die Frage, was nach dem Tod des Körpers mit der Seele geschieht, kann nicht beantwortet werden, da dies nicht unmittelbar wahrgenommen werden kann. Eine zu diesem Vorgang, also dem Fortbestand der Seele nach dem körperlichen Tode, abgegebene Erklärung bedarf daher des Glaubens. Und dieser wiederum erfordert die Vorstellung von einer über dem gewöhnlichen menschlichen Bewusstsein seienden Instanz, welche die Ordnung der Abläufe in der sichtbaren und der unsichtbaren Natur und des dazugehörenden Menschen ins Dasein gebracht hat. Jede wahre Philosophie muss daher ihre Vorstellung in ein Gedankengebäude betten, in welchem der Ursprung des Ganzen eine zentrale oder gar die höchste Stelle einnimmt.

»*Vita Pythagorica*«, 1:

»*Am Anfang jedes Philosophierens pflegen doch wohl zumindest alle Besonnenen einen Gott anzurufen; ganz besonders ist dies bei derjenigen Philosophie angebracht, die, wie man glaubt, mit Recht den Namen des göttlichen Pythagoras trägt. Denn da sie anfangs aus Götterhand empfangen wurde, lässt sie sich nur mithilfe der Götter erfassen. Zudem übersteigt ihre Schönheit und ihre Größe ja das menschliche Vermögen zu sehr, als dass man sie auf einmal erschauen könnte: Nur wenn ein Gott gnädig die Anleitung gibt, kann man wohl in schrittweiser Annäherung sich langsam ein Stücklein von ihr aneignen.«*

»Vita Pythagorica«, 2:

»Aus allen diesen Gründen wollen wir die Götter als Führer herbeirufen, ihnen uns selbst und unsere Rede anbefehlen und ihnen auf allen Wegen folgen, in die sie uns führen. Dabei soll uns nicht im geringsten kümmern, dass diese Lehre schon lange vernachlässigt und in fremdartigen Wissenschaften und geheimen symbolischen Sprüchen verborgen ist, dass viele lügenhafte und unterschobene Schriften sie verdunkeln und dass sonst noch viele solche Schwierigkeiten den Zugang zu ihr erschweren. Genügt uns doch der Götter Wille: Im Einklang mit ihm lässt sich auch noch Schwereres ertragen.«

Ohne Gnade, sagt Jamblich, kann die Weisheit nicht verstanden werden. Die Gnade bildet also, neben einem gebildeten Denkvermögen, eine Voraussetzung für Erkenntnis. Daher muss vorrangig begriffen werden, dass es für den natürlichen Menschen keine Gnade gibt, sondern nur für die unsterbliche Seele. Gnade ist das Licht, das für die unsterbliche Seele scheint, um diese wiederum zu beleben. Der natürliche Mensch, der dies verstehen kann, ist dann der Wegbereiter für das Licht, das in der Seele scheinen kann.

Was ist die Wahrheit? Bei dieser Frage geht es nicht um die Antwort auf einen kriminologischen Tatbestand, sondern um die Erkenntnis vom Wesen Mensch und vom Universum und der Begründung, warum Lebewesen aus Fleisch und Blut ein zeitlich begrenztes Dasein haben. Die Antwort auf diese zentrale Frage allen Philosophierens war und ist immer dieselbe. Wahrheit bleibt sich immer gleich, es kann nicht mehrere Wahrheiten geben, denn sonst wäre es nicht die Wahrheit. Bei der Ergründung dieser Frage muss aber unterschieden werden zwischen dem Inhalt der Wahrheit und der Form, in welcher sie dargestellt wird, das heißt die Worte, in welche diese Wahrheit gehüllt ist. Menschen, die diese Wahrheit erkannt haben, werden sich immer an deren Ursprung wenden, und dies kann nur der von allem sein, was ist, also auch der Ursprung der Wahrheit, und der ist bei Gott. Ihn anzurufen, kann also nicht bedeuten, ihn um einen irdischen Wunsch zu bitten, den er ohnehin nicht erfüllen könnte, sondern dient allein dem Zweck, Hilfe zu bekommen für das Erkennen der Wahrheit und um Einsicht zu erhalten in den eigenen Lebenszustand. Diese Hilfe bedeutet einerseits Beistand bei der Anleitung zum Finden der Wahrheit und bei der Bildung des eigenen Verstandes, um diese Wahrheit zu erkennen. Diese Hilfe wird gewährt, denn das Ziel der göttlichen Entfaltung besteht darin, dass möglichst alle Seelen des Ursprungs, und das ist jede im Menschen geborgene unsterbliche Seele, diese Entfaltung mittragen können. Damit in diesem Prozess Fortschritte erzielt werden, sind der Menschheit Gesandte zugewiesen worden, welche die Aufgabe übernahmen, die noch unbewussten Seelen in das Reich der göttlichen Entfaltung zu begleiten. Zu diesen Gesandten dürfen aber nicht nur die großen Religionsbegründer gezählt werden, sondern auch viele Philosophen und Denker, welche der Menschheit Vorstellungen zum Erkennen der einen Wahrheit übertrugen. Zu diesen darf gemäß Jamblich Pythagoras gezählt werden. Es darf aber auch betont werden, dass auch Jamblich ein solcher Gesandter war, denn auch er trug zur Ausbreitung der Wahrheitsidee des Pythagoras bei.

5.3. Pythagoras als Weisheitslehrer

»*Vita Pythagorica*«, 30:

»*Die einen hielten ihn für den pythischen Gott, die anderen für Apollon aus dem Hyperboreerland, manche für Paian, wieder andere für einen Daimonen: Jeder erklärte ihn für einen anderen Olympier, der den damals Lebenden in Menschengestalt erschienen sei, um dem todgeweihten Leben aufzuhelfen, es zurechtzubringen und um der vergänglichen Natur den Heil bringenden Funken der Glückseligkeit und der Philosophie gnadenvoll zu bescheren – nie kam und nie wird ein größeres Gut kommen! –, jenen Funken, der uns von den Göttern durch diesen Pythagoras geschenkt wurde.*«

»*Vita Pythagorica*«, 31:

»*Und ganz mit Recht haben sie ihn* (Pythagoras, Anm. d. Autors) *so hoch eingeschätzt. Ist doch auf Grund seines Wissens über Götter, Heroen, Daimonen und die Welt, ... ja über alle Dinge auf der Welt – Himmel, Erde und die dazwischenliegenden offenbaren und verborgenen Naturbereiche – eine richtige und wirklichkeitsgemäße Vorstellung aufgekommen, die durchaus keinem Ding der Erscheinungswelt und auch keinem Intelligiblen widerspricht. Aufgrund seines Wirkens sind auch alle Wissenschaften, geistige Anschauung und alles, was mit Erkenntnis zusammenhängt, was die Seele sehend macht, was den Geist reinigt von der Verblendung durch die anderen Bestrebungen, sodass dieser die wirklichen Prinzipien und Urgründe des Alls zu erkennen vermag, unter den Griechen heimisch geworden.*«

»*Vita Pythagorica*«, 32:

»*Die Bewunderung war ungewöhnlich tief, weil er den Menschen nicht nur die beste Staatsverfassung und Gesetzgebung, sondern auch alle Tugenden und Lebensgrundsätze wie Verehrung der Götter, Geistesbildung, die Kunst des Schweigens, die Schonung der anderen Lebewesen, Besonnenheit und Selbstbeherrschung brachte.*«

Wie Amerika schon seit Millionen Jahren existierte, bevor Kolumbus diesen Kontinent entdeckte, so existierte auch der pythagoreische Lehrsatz schon immer. Pythagoras hat in diesem mathematischen Gesetz etwas Ewiges erkannt und dies der Menschheit kundgetan – auch wenn es einige gibt, die behaupten, dass diese Gesetze nur in der menschlichen Vorstellung existieren und es sie gar nicht geben würde, gäbe es den Menschen nicht. Die Entdeckung des pythagoreischen Lehrsatzes bedeutet das Ergründen von etwas Immateriellem und eines Teils einer nur mittels des Denkens erkennbaren Welt.

Die höchste Idee in der denkbaren Welt ist gemäß Platon die des Guten, sie stellt eine Ansicht der Ewigkeit dar. Die Entdeckung Amerikas, um bei dem Beispiel zu bleiben, bedeutet hingegen das Erforschen von etwas Entstandenem und Vergänglichem. Damit wird auch der Unterschied zwischen Wissen und Weisheit deutlich: Weisheit ist Erkenntnis von den Gesetzen der Ewigkeit, und Wissen ist Kenntnis von den in der sichtbaren Welt geltenden Gesetzen. Pythagoras war ein Weiser, der beide Gebiete kannte. Er konnte von beiden Gebieten und den in diesen geltenden Prinzipien zeugen und daher auch Wege aufzeigen, wie der Mensch Klarheit über das Wesen dieser Welten erlangen konnte. Er wusste daher auch, was die Seele sehend macht und auf welchem Grund das menschliche Denken verankert war, ob auf dem morschen Grund der Erscheinungswelt oder auf dem Fels der reinen Ideen und unveränderlichen Gesetze. Denkschulung und Geistesbildung standen in seinem Bildungsplan vor jeder praktischen Ausbildung. Seine Vorstellungen über die Ordnung des menschlichen Zusammenlebens und der Lebensregeln, die der Einzelne darin befolgen sollte, waren geprägt von seinem Menschenbild. Die Verwirklichung dieses Bildes in jedem Menschen selbst war das Ziel, dem alle Bedürfnisse des physischen Menschen unterzuordnen waren. Bei ihm hätte daher in einer staatlichen Gemeinschaft die Bildung der Seele und somit deren Vorbereitung zum Erkennen der Impulse des Geistes Vorrang vor aller anderen Wissensvermittlung.

5.4. Philosophie als Erlösungslehre

»Vita Pythagorica«, 34:

»Häufig wiederholte er … den Ausspruch, der dem Rat des göttlichen Orakelspruchs ähnelte, gleichsam eine knappe Zusammenfassung seiner Lehre: ›Mit allen Mitteln verjagen und mit Feuer und Schwert und mancherlei Vorkehrungen ringsum abschneiden muss man vom Leibe die Krankheit, von der Seele die Unwissenheit, vom Bauche die Verschwendungssucht, vom Gemeinwesen die Zwietracht, vom Hause die Uneinigkeit und zugleich von allen die Maßlosigkeit.‹«

»Vita Pythagorica«, 44:

»Ähnlich steht es bei manchen Dingen nicht in der Macht des Menschen, sie zu erwerben; sich zu bilden aber, ist nach eigenem Vorsatz möglich. Wenn man dann an die Staatsgeschäfte seiner Vaterstadt herantritt, tut man es offensichtlich nicht aus Unverschämtheit, sondern aufgrund seiner Geistesbildung. Denn durch seine Bildungsstufe unterscheidet sich letztlich der Mensch vom Tier, der Grieche von Barbaren, der Freie vom Sklaven, der Philosoph vom Durchschnittsmenschen. Diese Überlegenheit ist sehr groß: Man hat aus einer Stadt sieben Männer gefunden, die in Olympia schneller liefen als die übrigen, aber Männer, die sich durch Weisheit auszeichneten, hat man auf der ganzen Welt insgesamt nur sieben gezählt. In den darauf folgenden Zeiten, in denen er selbst lebe, zeichne sich nur ein Einziger in der Philosophie vor allen aus. Denn als ›Freund der Weisheit‹ bezeichnete er sich selbst, statt sich einen Weisen zu nennen.«

»Vita Pythagorica«, 59:

»Schön sei es, das Weltall im Ganzen zu betrachten und die Ordnung, nach der sich darin die Gestirne bewegen, zu erkennen. Diese Schönheit rühre daher, dass die Welt an dem ersten Wesen, das nur im Denken erreichbar ist, Anteil habe. Das ›Erste‹ war für ihn Zahl und Proportion, deren Natur sich durch alle Dinge hindurchzieht. Nach Zahl und Proportion ist ja dieses All harmonisch zusammengefügt und in rechter Art geordnet. ›Weisheit‹ ist ein wirkliches Wissen um das Schöne, Erste, Göttliche, Unvermischte und stets im gleichen

Zustand Befindliche (durch Teilhabe daran können auch die anderen Dinge schön heißen); ›Philosophie‹ dagegen ist das Streben nach solcher Schau. Schön war daher auch dieses sorgfältige Bemühen um Geistesbildung, das im Sinne des Pythagoras mitwirkte, die Menschen zurechtzubringen.«

»*Vita Pythagorica*«, 246:

»Die Pythagoreer sagen auch, man müsse sich mehr um Philosophie kümmern als um die Eltern und die Landwirtschaft. Den Eltern und den Landleuten sei zwar zu verdanken, dass wir leben, den Philosophen aber und den Erziehern, dass wir recht leben und vernünftig denken, nachdem wir die rechte innere Ordnung gefunden.«

Philosophie als das Wissen vom Weg zum Erkennen des Schönsten hat das Sein im Zustand der Glückseligkeit als Ziel. Glückseligkeit ist die Schau des wahrhaft Seienden, eines immerwährenden Zustandes. Dieses Ziel kann mittels Bildung der Seele erreicht werden, und Bildung im pythagoreischen Sinn bedeutet das Wegwenden der Seele von ihrer materiellen Gebundenheit hin zu einer geistigen Schau. Aber damit ein Mensch überhaupt die Bereitschaft zeigt, sich in einen solchen Bildungsprozess zu begeben, sind elementare Kenntnisse von der kosmischen Ordnung und ihrer Wirkungen erforderlich.

Die Erkenntnis, dass die sichtbare Welt von Prinzipien und Ideen erst aus der gedachten Welt ihr Wesen und ihre Entwicklungsperspektive erhalten hat und damit in der vom Menschen sichtbaren Erscheinungsform offenbart wird, ist die eine Seite der erkennbaren Wahrheit. Die andere ist, dass diese Ordnungsprinzipien nur mittels des Denkens erfahrbar werden. Das logische Denken als Prozess des Erkennens der Wahrheit ist ein entscheidendes Element sowohl der pythagoreischen als auch jeder anderen Philosophie, denn nur mit Verstand und Vernunft kann diese Welt, die im Geist existiert, erkannt werden.

Als Drittes kann nun festgestellt werden, dass nur der Mensch mit seiner Denkseele Erkenntnis von diesen Dingen erlangen kann. Sie ist das Organ, das notwendigerweise aus der denkbaren Welt stammt und daher mit dieser verwandt ist. Denn ohne dieses innewohnende Verstehen wäre eine solche Erkenntnis nicht möglich. Platon bezeichnete dieses eingeborene Begreifen der Denkseele als Wiedererinnerung an einen vormaligen Zustand, in welchem die Seele, bevor sie in die Gebundenheit der Körperwelt gelangte, gelebt hat.

Mit den Sinnesorganen können die Gesetze der Kosmologie nicht aufgespürt werden, sie sind reine Beobachtungsorgane. Mit den aus Beobachtungen stammenden Informationen können nun mittels des Denkens die Gesetzmäßigkeiten begriffen werden, welche die beobachtbaren Phänomene bewirken. Das Organ im Menschen, das sein Wesen ausmacht und ihn von den anderen Lebewesen unterscheidet, ist die vernunftbegabte Denkseele. Diese zum Leben zu erwecken, ist eine Aufgabe jeder Philosophie – und seit Pythagoras mit immerwährender Gültigkeit.

Der Mensch als zusammengesetztes Naturwesen, zum Teil mit den Tieren verwandt, aber mit Denkvermögen ausgestattet, ist von allerlei Willenswirksamkeiten und Begierden betroffen. Diese Begierden sind es oft, die letztlich für sein Handlungsleben den Ausschlag geben. Sein Denken steht im Dienste seiner Begierden, und damit ist es nicht diese Art des Denkens, welche sein Wesen erklärt, sondern es ist die tierische Komponente, die den Ausschlag gibt.

Für jede Philosophie geht es zunächst darum, im Menschen ein notwendiges Maß an Selbsterkenntnis zu vermitteln; und erst wenn die Einsicht über seinen aktuellen Zustand fest im Bewusstsein verankert ist, kann mit der Seelenbildung begonnen werden, welche in einem Prozess von jedem Kandidaten selbst durchzuführen ist. Er wird sich auf einen Weg begeben müssen, der ihn vom Bewusstsein des Tiermenschen befreit und der es ihm ermöglicht, sein Potential als Geist-Seelen-Wesen göttlicher Abstammung zu verwirklichen.

5.5. Philosophie als Fundament der Erziehung

»Vita Pythagorica«, 63:

»Bei der Betreuung der Menschen begann er – und er tat sehr gut daran – mit demjenigen, was man unbedingt erfasst haben musste, wenn man auch über das weitere die Wahrheit erfahren wollte: er erinnerte viele, die mit ihm zusammenkamen, auf das Deutlichste und in aller Klarheit an das frühere Leben, das ihre Seele einst geführt hatte, lange Zeit, ehe sie in dem gegenwärtigen gefesselt worden war. … Er kannte seine früheren Existenzen und begann die Betreuung anderer Menschen damit, sie an das Leben zu erinnern, das sie vormals geführt hatten.«

Für Jamblich und Pythagoras war klar, dass eine Seele in ihrer aktuellen physischen Behausung nicht das erste Mal das irdische Gebiet erlebt, sondern bereits vielmals in einen Körper gelangte und in einer Persönlichkeit auf der Welt wohnte. In einem Reifeprozess sollte eine Basis geschaffen werden, von welcher die Rückkehr der Seele zu ihrem ursprünglichen Lebensfeld möglich sein sollte. Reinkarnation und Seelenwanderung bedeutet nicht Wiedergeburt des alten Menschen, sondern erneute Verbindung der noch unbewussten unsterblichen Seele mit einem neuen sterblichen Trägermenschen.

Der Mensch, von einigen als Mikrokosmos bezeichnet, besteht aus insgesamt drei Komponenten: Sein äußerster Teil ist die bekannte Persönlichkeit irdischer Abstammung, die ausgestattet ist mit Fähigkeiten und Bewusstsein; beides dient dem vergänglichen Leben. Seine innere Struktur besteht aus zwei Komponenten, einerseits aus der unbewussten unsterblichen Seele und andererseits aus einem Erfahrungskörper irdischer Herkunft, in welchem die Erfahrungen aller vorangegangenen Inkarnationen gespeichert sind. Erfahrungen im irdischen Lebensfeld haben also die Bedeutung, Selbsterkenntnis vermitteln zu können mit dem Ziel, die Seele des Ursprungs wiederzubeleben. Diese Selbsterkenntnis wird von Platon und Pythagoras auf höchster Stufe als Wiedererinnerung der unsterblichen Seele an ihren ursprünglichen Zustand verstanden.

Die irdisch geprägte Seele auf ihrem Erfahrungsweg nähert sich der Vernunft, erkennt neben sich die Seele der reinen Vernunft als ein ihr verbundener Anderer – dieser ist der aus dem Reich des Ursprungs Stammende, im Neuen Testament angedeutet als Christus. Die höchste Vernunft ist nun identisch mit dem absoluten reinen Guten. Dieses Gute wird in der antiken Philosophie oft mit dem Einen und Ursprung gleichgesetzt. Damit wird angedeutet, dass die mit Denken erkennbare Welt, nur die des Guten und der Liebe sein kann, nach der alles strebt.

Der Prozess der Vernunfterkenntnis ist einer, in dem sich der um Selbsterkenntnis bemühende Mensch seine inneren, ihn bewegenden Seelenkräfte erfährt. Es sind dies einerseits die unvernünftigen Trieb- und Begierdenkräfte der biologischen Natur und andererseits die im Denken erfassbare Vernunft. Dieses Erkenntnisvermögen ist zweifachen Ursprungs: die praktische Vernunft entstand mit der biologischen Evolution sowie der vermittelten Kultur, und die reine Vernunft spiegelt die göttlichen Impulse in der eigenen Seele, sie rührt also vom Göttlichen.

Die Bildung in der pythagoreischen Schule hatte zum Ziel, den göttlichen Vernunftkräften in der menschlichen Seele zum Durchbruch zu verhelfen. Da diese Vernunftkräfte von den biologischen Notwendigkeiten in erheblichem Maß gestört werden, muss für die Seelenbildung eine Umgebung geschaffen werden, um die Stärke dieser Kräfte, welche nur biologischer Natur sind, auf ein Maß zu reduzieren, das die Seelenbildung nicht behindert. Der Seelenbildung dienten daher Regeln der Lebenshaltung, die den Einfluss der göttlichen, das heißt der reinen Vernunftkräfte stärkten. Mit der Bildung sollte das Ziel verfolgt werden, Bewusstsein von der ursprünglichen reinen Seele zu erlangen. Dies setzte die Bereitschaft der Persönlichkeit voraus, sich in einen Prozess zu begeben, welcher zu diesem Ziel führen kann. – Die Bildung in der Schule des Pythagoras gliederte sich folgendermaßen:

1. Der Erwerb von Selbsterkenntnis, damit die Schüler die Kontrolle über den Prozess behielten, in welchen sie sich zu begeben hatten.
2. Die Schaffung einer Atmosphäre und eines Umfeldes, welche diesem Prozess förderlich wäre.

3. Die Vermittlung einer dem Menschen vorbildhaften Handlungsstruktur, welche hilfreich ist, bevor ein Kandidat sein Leben vollständig aus innerer Erkenntnis bestimmen kann.

Bildung diente also zunächst der Erkenntnis von der Welt und vom eigenen Selbst.

»*Vita Pythagorica*«, 87:

»*Denn etwas Lächerliches tun die Menschen, wenn sie von irgendwo anders her das Heil erwarten als von den Göttern …* «

Gotteserkenntnis, von anderen Philosophen als die Erkenntnis vom Einen und Guten bezeichnet, war die erste Erkenntnis, die angestrebt werden musste. Als ersten Bildungsschritt musste das Ziel vorgestellt werden, und um zu Einsicht zu gelangen, war das Bemühen um Vernunfterkenntnis erforderlich, das der Kandidat selbst aufzubringen hatte. Fehlte diese Bereitschaft, so durfte davon ausgegangen werden, dass die Erfahrungen des Kandidaten im irdischen Lebensfeld noch ungenügend waren und daher auch ein Fortschreiten nicht möglich war. Einsicht in die Gesetze der sichtbaren Welt und Gotteserkenntnis als eine der menschlichen Vernunft entsprechende Idee des reinen Guten bildeten eine Grundlage, auf welcher gearbeitet werden konnte.

Der Einsichtige wurde in der Bildungsstätte von Musik begleitet, sein Betätigungsfeld war so gehüllt in Rhythmen und Harmonie, um der göttlichen Eintracht nahe zu kommen. Erkenntnis von den Gesetzen der Musik bildete, neben ihrer besänftigenden Wirkung auf die menschliche Psyche, auch die logisch-mathematische Grundlage für die Erfassung der Wesensverwandtschaft der vom Menschen geschaffenen Musik mit der absoluten Harmonie.

»*Vita Pythagorica*«, 64:

»*… so wies er der Erziehung durch die Musik die erste Stelle zu, der Erziehung durch bestimmte Weisen und Rhythmen, die auf die Wesensart und die Affekte des Menschen heilend wirkten. Die Seelenkräfte wurden dabei wieder in ihr ursprüngliches harmonisches Gleichgewicht gebracht.*«

»Vita Pythagorica«, 65:

»Dabei hörte und verstand er ganz die gesamte Harmonie und den Weltgesang der Sphären und der Gestirne, die sich darin bewegten. Diese Harmonie ergab eine vollkommenere und erfülltere Musik als die irdische …«

»Vita Pythagorica«, 66:

»Von dieser Musik ließ er sich gleichsam durchtränken, ordnete seinen Geist in diesen reinen Verhältnissen und übte ihn darin, wie ein Athlet seinen Körper trainiert.«

Die Erfordernisse der Natur wie Nahrungsbeschaffung und Sicherstellung von Behausung und auch die Zusammenarbeit mit Mitmenschen im werktätigen Umfeld verlangten (und verlangen) vom Menschen in höchstem Masse Aufmerksamkeit. Es blieb wenig Zeit und Muße, um ein Gleichgewicht der Seelenkräfte, gesteuert von der Vernunft, sicherzustellen (was heutigentags noch viel schwieriger ist). Daher galt es, einem Prozess Aufmerksamkeit zu schenken, der der Überwindung des durch Selbstbehauptung verursachten Chaos in der eigenen Seele diente. – In einem solchen Prozess müssen alle menschlichen Tätigkeiten im Hinblick auf ihre Bedeutung und ihre Notwendigkeit durchleuchtet werden. Mit anderen Worten, der Mensch muss erkennen, was er tut und warum er etwas tut. Diesbezüglich Einsicht zu erlangen, ist Seelenerkenntnis, er realisiert, was ihn bewegt und wohin diese Bewegung führt. Eine in solcher Weise vollkommen selbstbewusste Handlungsweise ist natürlich ein hohes Ziel. Die gute Lebensgestaltung sollte letztlich ganz autonom, das heißt aus innerer Erkenntnis erfolgen können. Eine in dieser Weise gebildete Seele kann wiederum ins Gebiet des Guten eintreten. – Bis ein Schüler seiner Schule aber zu einer solchen Handlungsweise imstande war, konnte er sich an den Hinweisen des Pythagoras orientieren.

»Vita Pythagorica«, 68:

»So arbeitete er durch die Musik an der ›Zurüstung der Seelen‹. … Außerdem lehrte er seine Gefährten, sich alles Beseelten und überdies noch bestimmter Speisen zu enthalten, die der Wachsamkeit und Reinheit des Denkens im Wege stehen. Weiter das Beherrschen der Lippen und das vollkommene Schweigen,

das auch zur Herrschaft über die Zunge auf viele Jahre hin erzieht, das angespannte, unablässige Prüfen und Wiederholen der am schwersten zu fassenden geistigen Inhalte.«

»Vita Pythagorica«, 86:

»Alles, was sie über Tun und Lassen bestimmen, zielt auf das Göttliche. Dies ist der Ursprung, die ganze Lebensgestaltung ist darauf ausgerichtet, dass man Gott folge, und dies ist der eigentliche Sinn der pythagoreischen Philosophie.«

Es galt, das Leben richtig zu gestalten. Je nach dem Bildungsstand und der Opferbereitschaft, die ein Mensch aufbringen konnte, um sich mit Philosophie zu beschäftigen, erfolgten die Erklärungen mit geringer oder eben mit umfassender Begründung für diejenigen, welche eine entsprechende Denkschulung absolviert hatten. So konnte Pythagoras sehr Fortgeschrittene unmittelbar über den Inhalt seiner Schriften *»Über die Natur«* und *»Über die Götter«* informieren.

»Vita Pythagorica«, 95:

»Prüfte er doch, ob ihre Natur sich sänftigen ließ. Dies nannte er ›Zurüstung‹, Wildheit war für ihn solcher Lebensführung feindlich. Wildheit habe nämlich Erfurchtslosigkeit im Gefolge, Zuchtlosigkeit, mangelnden Lernwillen, Verachtung von Ordnung und Ehre und dergleichen; die entgegengesetzten Eigenschaften folgten aber der Sanftmut und der Milde.«

5.6. Das pythagoreische Leben

Neben den zuvor genannten Rahmenbedingungen, die durch ein harmonisches Umfeld in der Schule des Pythagoras geschaffen wurden, erfolgte das Bildungsprogramm auf zwei Ebenen. Erstens musste das Ziel der Bildung erklärt und beschrieben werden, sodass ein Schüler wusste, in welche Richtung er sich begeben musste, um zu diesem zu gelangen. Um ein hohes Maß an Sicherheit auf diesem Pfad der Seelenbildung zu gewährleisten, war es zweitens notwendig, insbesondere für beginnende

Schüler, Richtungshinweise zu geben, um die Abweichungen vom sicheren Pfad so gering wie möglich zu halten.

»*Vita Pythagorica*«, 134:

»*Beginnen wollen wir mit den Göttern und versuchen, die Frömmigkeit des Pythagoras aufzuzeigen und die aus ihr entspringenden Wundertaten uns vor Augen führen und darstellen. Als eine Probe dieser Eigenschaften diene, was wir schon früher erwähnt haben: Er erkannte seine Seele, wusste, wer sie war, woher sie in den Leib gekommen war, und kannte ihre früheren Existenzen.*«

»*Vita Pythagorica*«, 137:

»*Alles, was sie über Tun oder Lassen bestimmten, hat sein Ziel in der Übereinstimmung mit dem Göttlichen. Dies ist der Ursprung, und jedes Leben ist darauf hin angelegt, Gott zu folgen, und dies ist der Sinn dieser Philosophie: Die Menschen tun etwas Lächerliches, wenn sie sich das Heil von anderswoher erwarten als von den Göttern …*«

Pythagoras konnte die Zeichen des Göttlichen in der sichtbaren Natur lesen, die sich im Seienden als Gesetze zeigen, die unter allen Bedingungen gelten. Diese Gesetze entstammen der höchsten Vernunft, ihre Gültigkeit kann mittels des reinen Denkens erkannt werden. Pythagoras wusste, dass diese Gesetze, es sind die der Mathematik, auch außerhalb der sichtbaren Natur Gültigkeit haben, ebenso wie deren Symbolwerte als Erklärung für das Universum und das Wesen des Menschen verwendet werden konnten. Und wo Gesetze sind, die der Logik und der Vernunft nicht entbehren, mussten auch ein Gesetzgeber und eine Quelle der Vernunft sein, und diese waren Gott und die göttliche Welt. Er kannte aber auch seine eigene Herkunft und die Abstammung seines innersten Wesens aus der göttlichen Welt. Damit war das Lebensziel für den Menschen aus seiner weisen Sicht vorgegeben: die Rückkehr der Seele in die göttliche Welt. Alles war eine Frage des Bewusstseins von den Welten und der Selbsterkenntnis des Menschen.

Göttliches Wirken in den göttlichen Gesetzen, welches auch in der sichtbaren Welt erkannt werden kann, erfahren nicht alle Menschen mit gleicher Deutlichkeit. Klare Sicht darf aber Pythagoras unterstellt werden, der mit seinem Lebenswerk eine Basis legte für philosophische Weisheit im Dienste aller Menschen. Weisheit besteht darin, Kenntnis vom Wesen des beständigen, des ewigen Lebens zu erhalten, um nach deren Gesetzen zu leben. Da die Seele die treibende Kraft hinter allen Lebensäußerungen ist, gilt es, die Seele in der Weise zu bilden, dass sie selbst Ziel und Aufgaben erkennen kann.

»Vita Pythagorica«, 159:

»Weisheit ist das Wissen um die Wahrheit im Seienden. Unter Seiendem verstand er das Immaterielle, Ewige, allein Bewirkende, das heißt das Körperlose. Nur durch Namensgleichheit heißen weiterhin ›seiend‹ (aber einzig, weil sie am wahrhaft Seienden teilhaben): Körperliches, Materielles, das entsteht und vergeht und in Wirklichkeit keineswegs ›ist‹. Weisheit aber sei Wissen des im strengen Sinne und nicht nur der Namensgleichheit nach ›Seienden‹.«

Erkennen, was seiend ist, ist eine zentrale Bildungsaufgabe. Seiendes ist ewig und kann sich nur im Immateriellen zeigen, in den Kräften, welche im irdischen Bereich das Materielle bewegen, ohne selbst physische Energie zu sein. Es sind die ordnenden Kräfte, die alle sichtbaren und unsichtbaren Lebensprozesse leiten. Es ist die Kraft des Guten, welche alles zum Guten lenkt, und das Gute ist in der Ordnung und in der Vernunft zu finden. Diese Eigenschaften und Seinszustände können in der denkenden eigenen Seele erkannt werden; in demjenigen Seelenteil, der nicht mit dem irdischen chaotischen Regelwerk verwandt ist, sondern mit dem Göttlichen. Ohne die Gesetze der Teilchenphysik des 20. Jahrhunderts zu kennen, war für Pythagoras klar, dass die Materie nicht ist, sondern sich in einem permanenten Wandel und vergänglichen Zustand befindet.

»Vita Pythagorica«, 164:

»Sie glaubten, man müsse alles, was man lerne und was einem erklärt werde, im Gedächtnis festhalten und bewahren und sich im Lernen und Hören danach richten, wie viel die lernende und sich erinnernde Instanz aufnehmen kann, denn sie ist es, mit der man erkennen und in der man das Erkannte bewahren muss.«

Diese Instanz oder der Urzustand der Seele sollte wiederum ins aktuelle Bewusstsein erhoben werden. Lernen bedeutet, sich wiedererinnern an den Zustand, der ehemals war. Im Urzustand lebte die Seele in der göttlichen Welt und nach deren Gesetzen. Sie stand in unmittelbarer Verbindung mit der reinen Weltseele, ihr Wirken erfolgte in vollkommener Übereinstimmung mit den Gesetzen dieser geistigen Welt. Im aktuellen Zustand, gebunden an einen vergänglichen Körper und losgelöst von der Bindung an ihren Ursprung, hat die Seele, so könnte gesagt werden, ihr Bewusstsein verloren. Sie ist gebunden an einen irdischen Menschen mit irdischem Bewusstsein, das gefesselt ist an biologisch-physikalische Gegebenheiten, die sie vollkommen in Beschlag nehmen. Ihr Aufenthalt ist nicht mehr in der Welt des Alleinguten, sondern in einer Welt der Selbstbehauptung und der Anpassung an die Gesetze der Natur. Das Bewusstsein des Ursprungs ging ihr verloren. Im physischen Körper entwickelte sich ein Naturbewusstsein, das vollkommen ausgerichtet ist auf einen vergänglichen Zustand.

Ohne Hilfe von oben wäre es einer Seele nicht möglich den Rückweg in das Gebiet des Ursprungs zu finden. Denn ohne um dieses Gebiet zu wissen, ohne ein Bewusstsein davon zu haben, bestünde gar kein Verlangen, in diesen Bereich zurückkehren zu wollen. Der Beistand von oben erfolgt nun in zweifacher Hinsicht, einerseits durch die Entsendung von Abgesandten aus der ersten Welt und andererseits durch Zeichensetzung in der Natur. Ein solcher Abgesandter war Pythagoras, er hatte Bewusstsein von beiden Welten, kannte den Entwicklungsgang seiner Seele und konnte daher auch ein Bildungsprogramm erstellen, welches es seinen Schülern erlaubte, den Rückweg ihrer Seelen vorzubereiten, um ihn schließlich zu gehen.

In die vergängliche Welt wurden unvergängliche Zeichen gesetzt, die als Wesenszüge der ursprünglichen Welt von Seelen, die eben aus dieser stammen, erkannt werden können. Ein Mensch nun, mit Vernunft und Denkvermögen ausgestattet, kann sich einen Überblick verschaffen über seinen Zustand und was getan werden muss, um sein Bewusstsein an der Welt des Ursprungs zu orientieren. Die Vernunft und das Gute in ihrer ursprünglichen Reinheit zu erkennen, ist jedoch für Seelen, die vollständig in einen Körper eingeschlossen sind, nicht ohne weiteres möglich. Aus diesem Grunde wurden in der pythagoreischen Schule Lebensgrundsätze aufgestellt, an denen sich die Schüler orientieren konnten.

»*Vita Pythagorica*«, 175:

»*Sie glaubten also, es müsse jeder im Bewusstsein der Vielschichtigkeit seiner Natur niemals die Ehrerbietung dem Göttlichen gegenüber vergessen, sondern sich stets in Gedanken das Göttliche vorstellen, wie es die menschliche Lebensführung beobachtete und beaufsichtigt. Nach dem Göttlichen und Daimonischen sollte man am höchsten die Eltern und das Gesetz achten, sich diesem unterordnen, und das nicht heuchlerisch, sondern aus Überzeugung.*«

Jedes Bemühen um Seelenbewusstsein muss nach Jamblich mit Ehrerbietung dem Ursprung gegenüber verbunden sein, denn ohne die Kräfte aus dem Reich des Ursprungs ist diese Bewusstseinsebene nicht zu erreichen. Dankbarkeit dem natürlichen Umfeld, den Eltern und dem Staat gegenüber wird als selbstverständliche Haltung vorausgesetzt. Die Dankbarkeit dem Ursprung der Seele gegenüber müsste aber deutlich größer sein, denn aus diesem entstammt das Ewige im Menschen, aus der sichtbaren Natur lediglich das Vergängliche. Der Ewige hat diese Seelen nicht vergessen, sondern bietet ihnen in stetem Bemühen Möglichkeiten der Rückkehr an, die es für den Einsichtigen zu nutzen gilt.

»*Vita Pythagorica*«, 188:

»*Hinzu kommt das Beherrschen der Lippen, das vollkommene Schweigen, das auch zur Herrschaft über die Zunge erzieht, und das angespannte, unablässige Wiederholen und Prüfen der am schwersten zu fassenden geistigen Inhalte. Demselben Zweck diente auch der Verzicht auf Wein, die Beschränkung von Nahrungsaufnahme und Schlaf, die selbstverständliche Verachtung von Ruhm, Reichtum und dergleichen, ungekünstelte Ehrerbietung im Verkehr mit Älteren, aufrichtige Kameradschaftlichkeit und freundschaftliche Gesinnung im Verkehr mit Gleichaltrigen, vereinte Anstrengung und neidloser Ansporn im Verkehr mit Jüngeren …*«

»Vita Pythagorica«, 205:

»Die Begierde als solche ist ein Trachten der Seele, ein Drängen und Streben nach Sättigung oder danach, dass die Wahrnehmung gewisser Dinge oder der wahrnehmungsfähige Zustand gegenwärtig sei. Es gibt auch die Begierde nach dem Gegenteil: nach Entleerung, Abwesenheit. Mannigfaltig ist dieser Affekt und vielleicht die Vielgestaltigste der menschlichen Regungen. Die Mehrzahl der menschlichen Begierden ist hinzuerworben und der Menschen eigenes Werk.«

»Vita Pythagorica«, 206:

»Die Begierden nach körperlichen Bedürfnissen machen ungern halt, sondern drängen weiter ins Grenzenlose. Darum muss man dafür sorgen, dass die Heranwachsenden begehren, was Not tut, sich aber von unnötigen und überflüssigen Begierden in Acht nehmen.«

»Vita Pythagorica«, 207:

»Daher ist es kein Wunder, dass das Menschengeschlecht in seinen Seelenregungen zur Raserei in den verschiedensten Formen neigt.«

Um das Unterscheidungsvermögen zwischen den Dingen der sichtbaren Natur und dem Wesen des nur mittels des Denkens erkennbaren Ursprungs zu stärken, stellte Pythagoras einen Orientierungsgrundsatz auf, der es dem Schüler ermöglichte, die Intentionen der Seele zu prüfen: Stammen die Absichten und Begierden der Seele aus der biologischen Natur oder richtet sich das Begehren auf das Erreichen eines anhaltenden Glückszustandes, welcher nur in der Welt des Ursprungs gefunden werden kann.

Das Erfassen der geistigen Inhalte aus der Welt des Guten, Gerechten und Schönen ist ein Prozess, der in der denkenden Seele ohne Unterlass im Bewusstsein erhalten werden sollte, um den sich ungeordnet verbreitenden Naturkräften in der eigenen Seele Einhalt zu gebieten. Pythagoras war klar, dass die Mehrzahl der menschlichen Begierden nicht aus dem göttlichen Reich stammt, sondern sich als Folge der biologischen Evolution bildeten, das heißt, dass sich mit dem Auftreten des irdischen Menschen ein Wesen mit der Fähigkeit zeigte, dass diese Begierden einzuordnen und deren Folgen für die eigene Entwicklung abzuschätzen wusste.

Bezüglich der Nahrungsaufnahme wurden von Pythagoras nur diejenigen Nahrungs- und Genussmittel empfohlen, welche dem Seelenwachstum dienlich waren.

»*Vita Pythagorica*«, 208:

»Denn alles, was man zu sich genommen hat, verursacht eine bestimmte Seelenverfassung. Die Menschen sehen aber nur, was im Augenblick eine starke Veränderung hervorruft: so beim Wein, der in größeren Menge genossen bis zu einem gewissen Punkt heiterer macht, danach aber anfällig für Raserei und unordentliche Weisen. Was aber keine so offenkundige Wirkung hat, von dem wissen die Menschen nichts. Doch verursacht alles, was man zu sich nimmt, eine ganz bestimmte Seelenverfassung. Darum gehört tiefe Weisheit dazu, zu erkennen und einzusehen, was und wieviel man zur Ernährung verwenden soll.«

»*Vita Pythagorica*«, 218:

»Dann setzte er, sodass es alle verstehen konnten, auseinander, wie alles der Himmelsordnung folge, zeigte dann unbestreitbar, dass in der Seele das Vermögen zur Selbstbestimmung liege, ja er ging weiter und sprach zur Genüge von der vollkommenen Tätigkeit des Denkens und des Geistes: … Mit Sachkenntnis sprach er von der innen im Menschen veranlagten Vernunft und von derjenigen, die (im Wort) nach außen dringt, auch vom Geist und von der Erkenntnis, die aus diesem kommt, redete er in vollkommener Weise.«

Die Einsicht in die richtige Ernährungsweise diente in erster Linie nicht dem körperlichen Wohlbefinden, sondern dem Seelenwachstum. Eine ausgewogene Ernährung bewirkt einen gesunden Körper, und dieser wiederum begünstigt eine Bewusstseinsentwicklung der Seele, die nicht durch die Leiden des Körpers beeinträchtigt wird. Auch war sich Pythagoras bewusst, welche Stoffe im Körper Begierden sowie Wünsche auslösen konnten und dem Seelenwachstum nicht förderlich waren. – Die Reinigung des Seelenspiegels und das Erkennen der im Menschen angelegten Vernunft, damit mit dieser Erkenntnis vom Geist erworben werden konnte, waren erklärte Ziele seiner Philosophie. Erkannte ein Schüler das wahre Wesen der Vernunft, so waren die Lebensregeln keine äußeren mehr, sondern innere Erkenntnis für ein sinnvolles Fortschreiten auf dem Seelenpfad.

»*Vita Pythagorica*«, 240:

»*... noch wunderbarer aber war, was sie über die Gemeinschaft der göttlichen Güter, über die Einmütigkeit im Geiste und über die göttliche Seele festgelegt hatten. Geboten sie doch häufig einander, den Gott, der in ihnen wohnte, nicht auseinanderzureißen. So war eine Vermischung mit Gott, das Einswerden mit ihm, die Gemeinschaft mit dem Geiste und mit der göttlichen Seele der Leitstern ihres gesamten Bemühens um Freundschaft in Werken und Worten. Etwas Besseres kann niemand finden, weder Worte, die man spricht, noch Lebensformen, in denen man sich übt. Ich glaube, dass auch alle Güter der Freundschaft darin enthalten sind.*

Die pythagoreische Gemeinschaft war eine Verbindung von Menschen, von Freunden, die das gleiche Lebensziel verfolgten: den Geist-Seelen-Menschen des Ursprungs, versunken im körperlichen Menschen, aus seiner Lage zu befreien und wiederum zum Leben zu führen, zu einem ewigen Leben. Dieses gemeinsame Ziel war aus ihrer Sicht eine gottgegebene Aufgabe des Menschen. Eine befreite Seele hatte nach ihrer Umwendung das Wesen des göttlichen Menschen erfüllt. Sie hatte das Gebiet der Ewigkeit erreicht und sich in die göttliche Entfaltung eingegliedert. Die Durchführung dieses Prozesses stand im Zentrum des Lebens des zweifachen Menschen, seine im Irdischen notwendigerweise zu erfüllenden Aufgaben waren dem Seelenwandlungsprozess untergeordnet. Die Befreiung des göttlichen Menschen aus seiner irdischen Gebundenheit war für die Erkennenden ein überaus beglückendes Ziel. Kein Schüler der pythagoreischen Schule wollte daher einen anderen bei dieser Aufgabe behindern. Diese Aufgabe, die jeder in sich zu erfüllen hatte, konnte nur durch Hilfestellung eines Freundes unterstützt werden, wenn dieser Freundschaftsdienst erwartet oder aus offensichtlichen Gründen notwendig wurde. Dadurch, dass die Bewältigung der irdischen Lebensumstände, die jeder nach seinen Möglichkeiten zu erfüllen hatte, nur geringe Bedeutung hatte, konnten unterschiedliche äußere Lebenswege zwischen den Freunden keine Gräben aufreißen. Was zählte, war die innere Verbundenheit, welche im Wissen um die gleiche seelische Abstammung und die fundamental identische Lebenszielsetzung fest und unzerstörbar war.

Das sich die Wirkung des Pythagoras im Freundeskreis nicht problemlos entfalten konnte, wurde durch innere und äußere Einflüsse ersichtlich. Probleme ergaben sich insbesondere mit Kandidaten, die im äußeren Leben eine gewichtige Position einnahmen und gerne zum Schülerkreis des Pythagoras hinzugestoßen wären, aber aus einem Mangel an Einsicht in die philosophische Lebensweise nicht aufgenommen werden konnten. Aus diesem Grunde musste Pythagoras in seinen letzten Lebensjahren seine Wirkstätte von Kroton nach Metapont verlegen.

Die Wirkung des Pythagoras hielt weit über seinen Tod hinaus an, ja man könnte sagen, für Einsichtige dauert sie bis zum heutigen Tag, wenn auch die Lehre in einem anderen äußeren Wortkleid weitergereicht wurde. Auch wenn seine Schule infolge von Unverständnis im äußeren Umfeld später von der Bildfläche verschwand, so war es doch Platon, der die essentiellen Erkenntnisse in seine eigene Philosophie einfügte und in seiner Akademie bewahrte. Dass Jamblich der pythagoreischen Lebensgestaltung eine universelle Bedeutung zumaß, kann dadurch erkannt werden, dass seine Lehre auch in ihrer ursprünglichen Gestaltung in den neuplatonischen Schulen bis weit in das erste Jahrtausend hinein wirksam war.

6. Das Eine und das Seiende bei Cusanus

In seinem Werk *»De visione Dei«*[6] betont Cusanus (Nikolaus von Kues) einleitend, dass seine Sicht nicht für jedermann gedacht ist, sondern seine erkannte Weisheit nur für diejenigen von Nutzen sein kann, welche sich mit Eifer um die Sache bemühen, und diese Sache ist Gotteserkenntnis. Denn seine Darlegungen betreffen ein *»Wunderbares, das sich über jedes sinnliche, verstandesmäßige und einsichthafte Sehen hinaus offenbart«*. Es geht um eine Offenbarung in der Seele, um ein *»Vorauszuverkosten der ewigen Glückseligkeit, zu dem wir berufen sind im ›Wort des Lebens‹ (1. Johannes 1.1) durch das Evangelium Christi, der allezeit gepriesen sei«*.

Das Wesen Gottes muss nach Cusanus jenseits jeder menschlichen Auffassungsgabe gesucht werden. Diese Suche selbst bildet den Ausgangspunkt und den eigentlichen Lebenssinn für den Menschen, was Cusanus in *»De visione Dei«*, Kap. 3 n. 8, andeutet:

> *»Gott aber faltet in sich alle Sinn-Gründe ein, da er der absolute Sinn-Grund aller nur denkbaren Sinn-Gründe ist. … denn er ist der absolute Sinngrund, in dem jede Andersheit Einheit und jede Verschiedenheit Selbigkeit ist.«*

Damit wird offensichtlich, dass auch der Lebenssinn des Menschen als Ultima Ratio nur im Erkennen Gottes gefunden werden kann. Dieses Erkennen ist eine Erkenntnis in der Seele, die eine Gleichrichtung des Lebenssinns des Menschen auf den göttlichen Lebenssinn bewirkt. Diesen zu finden, ist die Aufgabe jeder philosophischen Untersuchung. Dieses Ziel hat Platon in der Idee der Ideen erkannt, in der des Guten; zuerst als schattenhafte Erinnerung in der Seele erfahren, dann mit Vernunft gesucht. Dieses Gute oder in christlicher Terminologie auch als Liebe bezeichnet zu finden, ist das Ziel jedes wahrhaften Suchers.

[6] Nikolaus von Kues: *»De visione Dei«*, Trier 2007.

»De visione Dei«, Kap. 5 n. 14:

»Jeder Suchende sucht nichts als das Gute; doch jeder, der das Gute sucht und von Dir zurückweicht, weicht zurück vor dem, was er sucht.«

»De visione Dei«, Kap. 6 n. 19:

»So ist Dein Angesicht auf alle Angesichte gerichtet, die Dich anschauen.«

»De visione Dei«, Kap. 6 n. 20:

»Dein Angesicht aber, Herr, hat Schönheit, und dieses Haben ist Sein. Es ist die absolute Schönheit selbst, die jeder schönen Form das Sein verleihende Form.«

6.1. Vom Sein und vom Wesen des Einen und seine Beziehung zum Menschen

Das Wesen des Menschen kann in unzählbar vielen Gedankengebäuden beschrieben werden. Gewisse Leute sprechen von der Idee »Mensch« und seiner Ausformung als Generikum und als Individuum. Aus philosophischer Sicht muss ein Gedankenbild seines Wesens dort gesucht werden, wo alles Unwesentliche von ihm abgetrennt wird, um seinen Kern bloß zu legen, an dem kein individuelles Merkmal mehr festgestellt werden kann und der sich als allgemeines Wesen manifestiert.

Wie dieser Wesenskern zu finden ist, hat Platon mit dem Bienengleichnis im Dialog *»Menon«* demonstriert. Der Wesenskern des Menschen muss dort gesucht werden, wo alle Menschen gleich sind, sich also weder durch äußere Konstitution noch durch individuelle Fähigkeiten unterscheiden. Damit ist ein erster Hinweis gegeben, dass es die zentrale Aufgabe der Philosophie ist, diesen Menschen in seinem Wesenskern zu finden und darzustellen. Sein Wesen muss daher der Idee gleich sein, seiend und unvergänglich, denn sonst wäre es keine Idee. Diese Feststellung lässt eine erste Konklusion zu: der äußere Mensch, sein Sichtbares, sein den Tieren verwandter Körper und auch die teilweise diesen verwandten Verhaltensweisen gehören nicht zu seinem Wesen. Der sichtbare Teil ist etwas Gewordenes; er ist vergänglich, was ein Wesensmerkmal der gesamten sichtbaren Natur ist. Eine Vorstellung vom Wesen muss als eine Vorstellung im Geist, in einer gedachten Einheit als Ewiges und Seiendes geschaut werden. Das Wesen des Menschen muss im Innern gesucht werden, in der Seele. Diese essentielle Weisheit wurde bereits von Sokrates der Menschheit übertragen. Gesucht ist also eine Erklärung für das Wesen der Seele.

Der Ursprung von allem, was ist, ist der Eine. Und der Ort, an welchem der Eine erkannt werden kann, ist die menschliche Seele. Gesucht sind nicht die Merkmale des werdenden und vergänglichen Menschen, sondern diejenigen des ursprünglichen unvergänglichen Menschen. Der Zustand des wahren Seins kann verstanden werden als die Entfaltung des Einen. Entfaltet werden kann nur etwas, das bereits existiert, wie der Samen einer Pflanze, zum Beispiel einer Eiche. Der Ausführungsplan mit allen Informationen zur Entwicklung und Bildung eines mächtigen Baumes ist im Samen enthalten. Er muss lediglich in einen geeigneten Untergrund gepflanzt werden, die Natur tut dann ihr Übriges. Die Entfaltung eines göttlichen Samens, das Aufblühen der unsterblichen Seele, ist eine Bewegung, die zur Vollendung führt. Sie wird getragen vom Willen des Einen und vom Geist, dem sich offenbarenden Wegweiser dieser Entwicklung. Sie findet in der menschlichen Seele statt, dem Offenbarungsorgan des aus dem Einen stammenden Sohnes. Diesen Prozess in der Seele durchzuführen und zu erfahren, ermöglicht die Entdeckung des unsterblichen Teils der eigenen Seele und damit das Wesen des Guten. Ein auf diese Weise Erkennender ist Teilhaber an der Entfaltung des Guten und damit des Einen.

Philosophieren bedeutet denken, und ein gelungener Denkprozess führt zum Handeln. Folglich ist das Philosophieren eine Tätigkeit: Es ist ein Ordnen der Gedanken im Hinblick auf ein gelingendes Leben. Gedanken sind Dinge, die wie ein Fluss über den Menschen herfallen, sie können kaum aufgehalten werden. Der Ordnungsprozess der Philosophie kann den Gedankenfluss dem guten Ziele zuführen. Gedankenimpulse, die herrühren aus der Außenwelt, werden abgelöst von Gedanken aus dem Innern. Der von der Vernunft Beseelte wird sich daher darum bemühen, seine Gedanken nach deren Quelle zu ordnen, das heißt, er wird ihren Ursprung suchen.

Platon hat mit seinem Dialog *»Parmenides«* eine solche Gedankenarbeit dokumentiert und der Welt ein Schriftstück hinterlassen, das von Marsiliso Ficino als ein himmlisches Werk bezeichnet wurde, *»welches Platon aus der Verborgenheit des göttlichen Geistes und aus dem innersten Heiligtum der Philosophie durch göttliche Eingebung herausgenommen hat«*. Dieser zu vielerlei Interpretationen Anlass gebende Dialog bildete denn auch die Grundlage für das Denkgebäude des Nikolaus von Kues, das er in seinem Werk in überzeugender Weise darlegte. Aufbauend auf dem Kommentar des Proklos zu Platons Dialog *»Parmenides«* ist in seinem Werk *»Über den Ursprung«* auch die Welt des Wortes des Neuen Testaments in einsichtiger Weise berücksichtigt.

Das in der platonischen Philosophie zentrale Thema – das Wesen des Einen und Guten –bildete den Grundstein und Kern der von Cusanus vorgelegten Überlegungen. Beim Lesen dieser Betrachtungen darf das Ziel der Erklärungen nicht aus den Augen verloren werden: Erkenntnis vom Einen zu vermitteln und damit die zentrale Fragestellung der Philosophie zu durchleuchten. Erkenntnis vom Einen ist Kenntnis vom Ursprung, und der Ursprung ist der Grund für alles, was ist. Das Bewusstsein davon spiegelt sich im Innern des Menschen.

An dieser Stelle muss in aller Deutlichkeit festgehalten werden, dass im Seelenbewusstsein eines Menschen, das bedeutet in dem, was ihn bewegt, zu was er strebt, die Fragen nach seiner Herkunft und Bestimmung den wichtigsten Platz einnehmen müssen. Fehlt dieses Begehren, sei es weil einem Menschen das Ziel seines Lebens ausreichend klar ist oder weil er diese Frage lieber erst später beantwortet haben möchte, so wird die Beschäftigung mit Philosophie keine Früchte bringen.

Erkenntnis vom Ursprung und Einen bildet eine erste unabdingbare Voraussetzung, um auf dem Lebenspfad – aus philosophischer Sicht –

Fortschritte erzielen zu können. Aufbauend auf Erkenntnis vom Wesen des Einen kann nach Festigung dieser in der Seele die Wirkung dieser Erkenntnis erfahren werden. Das eigene Leben des Philosophen wird sich fortan an der gewonnenen Erkenntnis orientieren, ja sie wird seinen Lebensinhalt weitgehend ausfüllen. Ein Prozess, welcher Bewusstsein und Einsicht vom wahren Sinn des Lebens bringen soll, kann lange dauern und setzt Geduld und Durchhaltewillen voraus, welche nicht schwer zu erlangen sind, wenn das notwendige Seelenfeuer brennt. Die Beschreibung vom Wesen des Einen und das Wissen (die Weisheit), wie eine Vorstellung davon erlangt wird, sowie eine Erklärung der Lebensnorm, welche als Folge von Einsicht und Erkenntnis in stetigem Bemühen angewandt werden kann, bilden das Grundgerüst philosophischer Tätigkeit.

Zuerst richtet sich solches Bestreben nach dem Vorbild der Weisen, danach aber, in der eigenen Überzeugung gewachsen, kann die Lebensgestaltung ohne äußeres Vorbild verwirklicht werden; das Ziel ist erkannt. In der antiken Philosophie war dieses Ziel nicht Wissen, sondern Tun. An der Tat wird erkannt, ob Weisheit erlangt und verstanden wurde. (*»Daran merken wir, dass wir Gott kennen, wenn wir seine Gebote halten«*, 1. Johannes 2.3)

Mit den im Dialog *»Phaidon«* genannten Gedanken des Sokrates darf festgestellt werden, dass jeder Mensch seine Erkenntnisse aus eigener Perspektive vorstellt. Im Gespräch werden die Gedanken in Worte gekleidet. Solche Wortkleider sind keine Uniformen, sondern individuelle Gewänder, die einen gleichen Grundgedanken, das Wesen einer Idee, beschreiben. Es wird dem Leser oder Hörer überlassen, was von dem er für seine eigene Vorstellung und Lebensgestaltung verwendet. Bei der Erarbeitung einer eigenen Vorstellung, und nur diese ist für den einzelnen Menschen wichtig, kann er dabei Gedankengänge und Begründungen, die von anderen entwickelt wurden, nachvollziehen und verstehen.

Der Ansatz der Philosophie besteht darin, mittels logischer Begründungen ein Welt- und Menschenbild zu vermitteln, das in der Seele eines suchenden Menschen ein Echo auslöst und es ihm dadurch ermöglicht wird, auf dem Pfad der Selbsterkenntnis Fortschritte zu erzielen. In diesem innerseelischen Prozess ist das Zusammenwirken von Verstand und Herz, von Vernunft und Intuition notwendig, um die Seelenbildung auf dem gewünschten Weg zu leiten. Wahrheitsbewusstsein ist Seelenbewusstsein geboren aus göttlicher Vernunft und reinem Herzen. Logische Begründungen allein sind daher nicht ausreichend, denn solchen sind Grenzen gesetzt. Einsicht, auch aus dem »Herzen« stammend, ist notwendig, damit ein Leser für eine dargelegte Sichtweise Verständnis aufbringt und diese durch eigene Erfahrung und Gedanken bestätigt findet. Die Sichtweise des Cusanus ist in *»De beryllo«*, Kap. 3 n. 4, wie folgt beschrieben:

> *»Du musst zuerst beachten, dass eines der erste Ursprung ist, und er wird gemäß Anaxagoras Vernunft genannt; von ihr aus geht alles ins Sein hervor, damit sie sich selbst offenbare. Die Vernunft nämlich findet ihre Freude daran, das Licht ihrer Einsicht zu zeigen und mitzuteilen. Die Schöpfervernunft also macht sich zum Ziel ihrer Werke, nämlich damit ihre Herrlichkeit offenbar werde, und deshalb erschafft sie Substanzen, die mit Erkenntniskraft begabt sind, damit sie ihre Wahrheit sehen können, und ihnen zeigt sich der Schöpfer in der Weise, in der sie ihn erfassen können, als sichtbaren. Dieses zu wissen, ist das erste; in ihm ist eingefaltet alles enthalten, was zu sagen ist.«*

Die Vernunft und der denkende Verstand der irdischen Person, als wichtigste Merkmale ihrer Seele, können als das Gottähnlichste im Menschen verstanden werden. Gepaart mit einem heiteren Gemüt und ausgestattet mit Sanftmut und Frohmut schaffen sie in der Seele Zugang zum Bewusstsein vom Anteil des Einen im Menschen.

Der nach Selbsterkenntnis Suchende kann also neben seiner eigenen Person, die der irdischen Natur entstammt, auch noch einen Anderen wahrnehmen, einen, der aus dem Urgrund und Ursprung stammt. Die Vernunft als Ursprung von allem ist rein geistiger Natur und könnte vom Menschen gar nicht als solche erkannt werden, wenn diese nicht auch in ihm eingeschlossen wäre. Der Mensch als Mischwesen stammt aber zum überwiegenden Teil aus der irdischen Natur. Das Attribut Vernunft kommt ihm nicht zu. Die irdische Persönlichkeit ist ein Produkt der werdenden Welt, die unter anderem dem Prinzip der Veränderung und der permanenten Umstrukturierung der Atome und dadurch der Vergänglichkeit der zusammengesetzten Wesen unterliegt. Der sichtbare Mensch ist den Gesetzen dieser Natur unterstellt, und seinem physischen Teil ist nicht die Freiheit gegeben, aus dieser Welt auszubrechen. Der Ort, an dem die Freiheit gesucht werden muss, liegt daher nicht außerhalb des Menschen im Weltraum oder in einem irdischen Paradies, sondern in seinem Innern. Allein in seiner Seele kann Freiheit erfahren und gelebt werden. In diesem Innern befindet sich die unsterbliche Seele oder ein unsterblicher Seelenteil, der nicht aus der vergänglichen Welt stammt und nicht aus ihr erklärt werden kann. Bewusstsein von der Existenz dieses Seelenteils zu erlangen, bedeutet daher, einen ersten Schritt auf einen Pfad zu setzen, welcher in eine innere Welt führt.

Zu dieser ewigen Welt, von Platon als denkbare Welt der Ideen bezeichnet, gehört auch die im Menschen verborgene unsterbliche Seele. Diese von einigen auch als »der Andere« (der innere Mensch) bezeichnet, da er sich deutlich vom Ich-Menschen abgrenzt, stammt unmittelbar aus dem Ursprung, sie ist seiend, das heißt aus der Ewigkeit und daher unvergänglich. Von diesem Anderen, diesem unsterblichen Seelenteil Bewusstsein zu erlangen, ist das Ziel der Philosophie. Dieses aus einem ursprünglichen Reich stammende Wesen darf wiederum volles Bewusstsein erlangen, wenn die Persönlichkeit (der Ich-Mensch) ihm dafür den erforderlichen Raum lässt. Cusanus beschreibt diesen Prozess, den der Mensch in sich durchführen muss, aus der Sicht des Neuen Testaments in *»De visione Dei«* (21 n. 92):

> *»Du, Jesus, bist die Speise, die allen Kindern Adams verwehrt ist, die, aus dem Paradiese vertrieben, auf der Erde, auf der sie sich abmühen, nach dem, wovon sie leben können, suchen. Also muss jeder Mensch den ›alten Menschen‹ der Anmaßung ausziehen und den ›neuen Menschen‹ der Demut, der nach Dir gestaltet ist, anziehen (Eph. 4, 22.24), wenn er innerhalb des Paradieses der Wonne die Speise des Lebens zu verkosten hofft.«*

Philosophie, auch die auf dem Christlichen basierende, vermittelt Erkenntnis vom Ursprung, das heißt Gotteserkenntnis und Klarheit darüber, wie diese erlangt werden kann. Die erste Klärung ist eine Vermittlung vom Wesen des Unbeschreibbaren, von Cusanus als der »Nicht-Andere« bezeichnet, da er mit nichts in der sichtbaren Welt verglichen werden kann. Danach ist eine Anleitung zu vermitteln für einen Denkprozess, den ein Interessierter in seiner Seele vollziehen kann, um Bewusstsein von diesem Nicht-Beschreibbaren zu erlangen. Dieser Prozess des Erwerbs von Selbsterkenntnis, von Platon in seinem Dialog *»Alkibiades I«* (132e ff) in Kurzform erklärt, ist einer, in dem das Innerste der Seele ausgeleuchtet wird. Es geht um den Wesenskern des Menschen und wo dieser gefunden werden kann. Platon beginnt mit der Wahrnehmung des äußeren Menschen, um zur Erkenntnis vom inneren Menschen vorzudringen.

»Alkibiades I«, 132c:

»Haben wir die Seele erkannt, so werden wir allem Anschein nach uns selbst erkennen.«

»Alkibiades I«, 132d:

»Unser Auge ist eine Art Spiegel, in dem wir nicht nur Gegenstände, sondern auch uns selbst erblicken können.«

»Alkibiades I«, 133a:

»Das Auge braucht also nur in ein anderes Auge und zwar in den edelsten und eigentlich wirksamsten Teil zu schauen, um sich selbst zu sehen (die Pupille) … Will das Auge sich selbst sehen, so muss es in ein anderes Auge schauen, und zwar in die Stelle desselben, in dem die eigentliche Kraft desselben ihren Sitz hat. Das aber ist die Pupille.

»Alkibiades I«, 133bc:

»Muss also nicht auch die Seele, wenn sie sich selbst erkennen will, in die Seele blicken, und vor allem in den Teil derselben, dem ihre beste Kraft, die Weisheit,

angehört? Und dazu auch in ein anderes, nämlich in das, mit dem dieses gleichartig ist? Können wir nur einen göttlicheren Teil der Seele nennen als den, in welchem das Wissen und die vernünftige Einsicht ihren Sitz haben?
Dem Göttlichen also gleicht dieses in ihr, und wer auf dieses schaute und alles Göttliche erkennte, Gott und die Vernunft, der würde so auch sich selbst am besten erkennen.«

Selbsterkenntnis ist also Gotteserkenntnis, ohne Letztere gelangt man nicht zu Ersterer. Dieser Bewusstseinsprozess, in der eigenen Seele vollzogen, führt ins innerste Heiligtum, zum Anteil des Menschen am Einen selbst, als Spiegel des Göttlichen in ihm. Dieses Heiligtum kann auf keinen Fall Verwandtschaft mit dem Persönlichkeitsmenschen, einem Wesen der sichtbaren Natur, haben, sondern es stammt aus einer anderen Welt. Es ist des Menschen Anteil am Unsterblichen, der mittels philosophischer Weisheit und göttlicher Gnade (vergleiche Platons Dialog *»Menon«*) aus der Umklammerung des Zeitlichen gelöst werden kann.

Erkenntnis vom Einen zu erlangen, ist also das erhabene Ziel. Cusanus zeigt einen Weg auf durch reines Denken, das heißt ein Denken, das Abstand nimmt von jeglicher sinnlicher Wahrnehmung. – Dies ist möglich, wenn die irdischen Zugkräfte im eigenen Wesen überwunden und kontrolliert werden durch die geistigen Zugkräfte, welchen Raum gelassen wird für die Erkenntnis ihrer Abstammung und ihres Wesens. Cusanus beschreibt diesen Denkprozess wie folgt.

»De beryllo«, Kap. 5 n. 6:

»Du wirst dir den Satz des Protagoras merken, dass der Mensch das Maß aller Dinge ist. Denn mit dem Sinn misst er das Sinnenfällige, mit der Vernunft das durch die Vernunft Erkennbare, und was über dem durch die Vernunft Erkennbaren ist, berührt er im Überschreiten. … Denn indem er weiß, dass die erkenntnisfähige Seele Ziel des Erkennbaren ist, weiß er aufgrund der sinnlichen Wahrnehmungsfähigkeit, dass das Sinnfällige so sein muss, wie es sinnlich wahrgenommen werden kann. So von dem durch die Vernunft Erkennbaren, wie es durch die Vernunft erkannt werden kann; das darüber Hinausgehende

aber so, dass es darüber hinausgeht. Daher findet der Mensch in sich gleichwie in einem messenden Wesensgrund alles Geschaffene.«

»De beryllo«, Kap. 6 n. 7:

»Viertens beachte, dass Hermes Trismegistus sagt, der Mensch sei ein zweiter Gott. Denn wie Gott Schöpfer der realen Seienden und der natürlichen Formen ist, so ist der Mensch Schöpfer des Verstandesseienden und der künstlichen Formen, die lediglich Ähnlichkeiten seiner Vernunft sind ... Also hat der Mensch die Vernunft, die im Erschaffen Ähnlichkeit der göttlichen Vernunft ist.«

Der Mensch ist das Maß aller Dinge – damit ist offensichtlich nicht der vergängliche Naturmensch, der Bruder der unvernünftigen Tiere gemeint, sondern ein geistiger Mensch, der im Besitz ursprünglicher Vernunft und Verstandeskraft ist. Die Idee dieses Typus kann in einer Persönlichkeit in der sinnlichen Welt nicht gefunden werden. Eine Person ist immer ein zusammengesetztes Wesen, bestehend aus einem geistigen Kern, der geborgen ist in einem natürlichen vergänglichen Menschen. Vom geistigen Kern ist wenig spürbar, da die Gesetze der Vernunft in der Menschheit auch nach Tausenden von Jahren der Bildung und Ausbildung und deren Ausdruck im kulturellen und sozialen Umfeld immer noch nicht erkannt und angewandt werden. Dominierend sind die Prinzipien der Selbstsucht und Sippenbildung als Folge von Misstrauen und Schmerzerfahrungen. – Die werdende Welt ist prinzipiell nicht zu verbessern. Krankheit, Alter und Tod sind die nicht abwendbaren Merkmale der Naturwelt, auch wenn es mittels des Verstandesdenkens und der Naturerkenntnis gelang, den Eintritt der genannten Schmerzzustände im Lebenszyklus des Menschen um einige Jahre hinauszuschieben. Es gibt keine Schöpfung von etwas wahrem Seienden; Wahres und Seiendes ist immer ausschließlich Entfaltung des Einen und damit Offenbarung von etwas Ewigem. Die geschaffene sichtbare Natur ist vergänglich und kann daher nicht zum Gebiet des Seienden gezählt werden, obwohl gewisse Leute dies tun. In der gewordenen Natur gelten Prinzipien, die im Kreislauf von Aufgehen, Blühen und Vergehen erfahren werden. »Alles fließt«, sagte Heraklit und hat damit die sichtbare Welt beschrieben, in der kein Stein auf dem anderen bleibt. Darin existiert aber ein Wesen, welches nicht zur vergänglichen Natur gehört, aber in dieser eingeschlossen ist: der innere Mensch oder die unsterbliche Seele. Die Prinzipien der seienden Welt sind für dieses Wesen erkennbar und erlauben diesen, wiederum nach den in der göttlichen Entfaltung geltenden Prinzipien zu leben.

Die seit Homer in der westlichen Welt dokumentierte Kulturentwicklung und die Schaffung einer Begriffswelt mittels Sprache, Musik und Kunst dient dem Ziel der Selbsterkenntnis, das heißt der Erkenntnis von Elementen der Vernunft im Schaffen des Menschen als Zeichen der göttlichen Wirksamkeit in der rauen Natur. Damit konnte ein Prozess der Einsicht von der göttlichen Abstammung der unsterblichen Seele eingeleitet werden, welcher es erkenntnisfähigen Seelen erlauben sollte, wiederum Bewusstsein von Abstammung und Ursprung des Menschen, was seine geistige Natur betrifft, zu erwerben. Cusanus hat seine diesbezügliche Sicht wie folgt festgehalten.

> »*De beryllo*«, Kap. 10 n. 11:
>
> *»Der Urheber von allem ist nämlich Ursprung der Dinge, aus dem das Sein selbst ist und alles, was in irgendeiner Weise ist, jeder Anfang und jedes Ende (Dionysius).«*
>
> »*De beryllo*«, Kap. 11 n. 12:
>
> *»... dass das Erste das Maß von allem ist; es ist nämlich in eingefalteter Weise alles, was sein kann.«*
>
> »*De beryllo*«, Kap. 13 n. 14:
>
> *»Eines noch mögest du beachten, dass alles Erschaffbare nur Ähnlichkeit ist.«*

Auch in diesen Textstellen untermauert Cusanus Platons These von der werdenden und erschaffenen oder gewordenen Welt. Etwas Geschaffenes ist nicht ewig und seiend. In der gewordenen Welt ist Ähnlichkeit mit der seienden Welt erkennbar, und zwar in vergänglichen Dingen oder Zuständen, die als schön, gerecht und gut bezeichnet werden. Gedachte

Zustände im Seienden, verstanden als unvergängliche Ideen, können aber nicht die gewordene Welt betreffen, sondern gelten nur in der gedachten Welt. Diese ist ewig und eingefaltet im Einen. Sie ist alles, was sein kann. Deren Ausfaltung ist rein geistiger Natur und kann sich in der gewordenen Natur nicht offenbaren (da diese Natur das Kriterium der Beständigkeit und Unvergänglichkeit des Seienden nicht erfüllt). Die Offenbarung findet durch den Geist im Innern statt, und der innere Mensch ist das Wesen, in welchem sich die seiende Welt zu erkennen geben kann. Dieses Offenbarwerden im Seelenteil, der aus dem Einen und Ursprung stammt und wiederum Bewusstsein von den ewigen Ideen erlangt hat, kann als die Ausfaltung Gottes verstanden werden. Diese Entfaltung Gottes ist ein ewiges Prinzip, es vollzieht sich im Menschen als Offenbarung für denjenigen, der an diesem Prozess mitwirkt.

»De beryllo«, Kap. 15 n. 16:

»So sagt Plato in den Briefen, bei dem König aller sei alles und seinetwegen sei alles und er sei Ursache alles Guten. Und kurz danach: Der menschliche Geist nämlich strebt zu erkennen, wie beschaffen jene Dinge sind, indem er jene ihm verwandten Gattungen betrachtet, von denen keine vollkommen ist, bei dem König selbst aber gibt es keine solche Unvollkommenheit.«

»De beryllo«, Kap. 20 n. 28:

»Avicenna sagt, dass Gott in einigen sichtbar wird, in Menschen, die eine göttliche Vernunft und göttliches Handeln haben.«

Von der Vollkommenheit kann sich der Mensch kein Bild machen. Aber mit seinem Verstand kann er erkennen, was unvollkommen ist. In seiner Seele aber ist ein vollkommenes Element, das aus dem Ursprung stammt. Dieses kann er wieder aktivieren, indem er sich um Weisheit bemüht. Der andauernde Versuch des Menschen, die sichtbare Welt oder wenigstens Teile davon in einen vollkommenen Zustand zu bringen, hat sich als großer Trugschluss herausgestellt, denn Vollkommenheit lässt sich in der Welt der Materie nicht realisieren. Der Weise bemüht sich daher um sein Inneres, und dieses Innere ist nach Avicenna bei einigen Menschen vollkommen, weshalb sie als Vorbild und Wegweiser für die suchenden Menschen dienen.

»De beryllo«, Kap. 24 n. 35:

»Der Ursprung von allem wurde von Anaxagoras als geistig erkannt. Plato als auch Aristoteles bemühten sich, diesen Ursprung mittels des Verstandes zu finden. Und Plato nannte diesen Ursprung, von dem alles erschaffen ist, die Schöpfervernunft und ihren Vater Gott und Ursache von allem.«

»De beryllo«, Kap. 24 n. 36:

»Bei Gott also sah er alles, erstens in der ersten und einfachsten Seinsweise, wie alles in der bewirkenden und allmächtigen Kraft ist. Zweitens sah er, dass alles ist wie in dem weisesten Vollstrecker des Befehls. Drittens sah er, dass alles ist wie im Werkzeug des Vollstreckers, nämlich in der Bewegung, denn durch die Bewegung wird alles, was geschieht, zur Vollendung geführt.«

»De beryllo«, Kap. 29 n. 49:

»Jedes Seiende in der Möglichkeit nämlich muss durch ein Seiendes in der Wirklichkeit in die Wirklichkeit überführt werden. Wenn nämlich die Wirklichkeit nicht früher wäre als die Möglichkeit, wie könnte die Möglichkeit in die Wirklichkeit kommen?«

Der Ursprung von allem ist rein geistiger Natur. Der immer existierende Geist ist die wahre Wirklichkeit. Die geistige Wirklichkeit ist das Erste. Die Möglichkeit ist daher die nicht mehr vollkommene Wesenheit des Menschen, welcher im Sumpf der Materie gefangen ist. Nimmt er die Möglichkeit war, bedeutet dies, den Menschen der Idee (der in der Einheit seiende Mensch) von der materiellen Umklammerung zu befreien und seine Seele, von Körper und Materie geblendet, wiederum auf die reine Einheit auszurichten.

»De beryllo«, Kap. 31 n. 53:

»Wir aber, die wir mit dem Auge des Geistes hier im Rätselbild durch einen Spiegel die unnennbare Unteilbarkeit erkennen, die durch keinen von uns benennbaren Namen noch durch einen formbaren Begriff erfasst werden kann,

und die wir sie am wahrsten im Überstieg sehen, lassen uns nicht in Verwirrung bringen, dass unser Ursprung jede Klarheit und jedes zugängliche Licht übersteigt, so wie sich mehr freut, wer einen unzählbaren und unausschöpfbaren Schatz seines Lebens findet, als wer einen zählbaren und aufbrauchbaren findet.«

»De beryllo«, Kap. 37 n. 65:

»Und als erstes bedenke ich, dass Aristoteles am Anfang der Metaphysik gesagt hat, dass alle Menschen von Natur nach Wissen verlangen, und er erklärt das am Gesichtssinn, den der Mensch nicht nur wegen des Arbeitens hat, sondern wir lieben ihn wegen des Erkennens, weil er uns viele Unterschiede kundtut. Wenn also der Mensch Sinn und Verstand hat, nicht nur um sie für die Erhaltung dieses Lebens zu gebrauchen, sondern um zu erkennen, dann haben die sinnfälligen Dinge dem Menschen in zweifacher Weise Nahrung zu geben, nämlich damit er lebe und erkenne. Vorrangiger aber und edler ist das Erkennen, weil es ein höheres und unvergänglicheres Ziel hat. … denn die göttliche Vernunft hat alles erschaffen, um sich selbst kundzutun …«

Erkenntnis von der göttlichen Vernunft ist das Ziel, das mit den Sinnen nicht wahrnehmbar ist. Denken ist das Gebot, und wie Descartes sein wahres Wesen im Denken, in einem, das in keiner Weise an die Materie gebunden ist, erkannt hat, so wird diese wahre Natur für jeden Menschen erfahrbar, der sein Denken nicht nur zur Erhaltung des irdischen Daseins einsetzt, sondern zum Erlangen von Erkenntnis über sein wahres Wesen. Er bemüht sich dann um ein unvergängliches Ziel, seine Suche gilt einem unzählbaren und unausschöpfbaren Schatz.

»De beryllo«, Kap. 37 n. 66:

»So schwach ist die Sinneserkenntnis, dass sie ohne Gegensätzlichkeit die Unterschiede nicht erfassen würde. Deshalb will jeder Sinn entgegengesetzte Objekte, um besser unterscheiden zu können.«

»De beryllo«, Kap. 37 n. 67:

»Nachdem Anaxagoras gesehen hatte, dass die Vernunft Ursache und Ursprung aller Dinge ist …«

»De beryllo«, Kap. 37 n. 68:

»Was aber will der Schöpfer, wenn er aus einem Dornbusch durch die Bewegung des Himmels und das Werkzeug der Natur eine so schöne und duftende sinnenfällige Rose hervorbringt? Was anderes kann geantwortet werden, als dass jene bewunderungswürdige Vernunft in diesem ihrem Wort sich kundzutun beabsichtigt, wie groß ihre Weisheit und ihr Verstand ist und was der Schatz ihrer Herrlichkeit ist, wenn sie so leicht eine solche Schönheit, so prächtig im Ebenmaß, vermittels eines sinnenfälligen kleinen Dinges in den erkenntnisfähigen Sinn legt mit der Bewegung der Freude und der süßesten Harmonie, welche die gesamte menschliche Natur aufheitert?«

»De beryllo«, Kap. 38 n. 69:

»Richtig also sagt Protagoras, der Mensch sei das Maß aller Dinge. Der Mensch weiß aufgrund der Natur seiner Sinneserkenntnis, dass das Sinnenfällige um der Sinneserkenntnis willen ist, und misst so das Sinnenfällige, um in sinnenfälliger Weise die Herrlichkeit der göttlichen Vernunft erfassen zu können. So macht er es auch hinsichtlich des Intelligiblen, indem er es nach der Vernunfterkenntnis bemisst, und schließlich betrachtet er von eben diesem her jene unsterbliche Vernunftnatur, damit die göttliche Vernunft sich in ihrer Unsterblichkeit ihm offenbaren kann.«

»De beryllo«, Kap. 38 n. 70:

»So ist die göttliche Vernunft die Kunst des Allmächtigen, durch die er die Zeiten und jedes Leben und jede Intelligenz gemacht hat. Diese Kunst also erfasst zu haben, wenn sie unverhüllt und rein vor ihm erscheinen wird, bedeutet, die Sohnschaft Gottes und das Erbe des unsterblichen Reiches erworben zu haben.«

Was aber ist Vernunft? Ist sie etwas rein Geistiges, kann sie als Ursprung aller Dinge erkannt werden kann? Die Herrlichkeit der göttlichen Vernunft zu erkennen, ist die Möglichkeit, die der menschlichen Vernunft geschenkt wurde. Mit den Sinnen kann das Sinnenfällige wahrgenommen werden, und am Beispiel der Rose zeigt Cusanus die Möglichkeit auf, von der Sinneserkenntnis zur Vernunfterkenntnis fortzuschreiten: Ein Mensch, der eine Rose sieht, bedarf keiner weiteren Beweise, er sieht

Schönheit und Harmonie im Sichtbaren. Wie erst kann Schönheit und Harmonie im Unsichtbaren sein, in der gedachten Welt des Guten? Wem sich diese Welt offenbart, hat sein Erbe, die Bewusstwerdung der unsterblichen Seele, angetreten (vergleiche Offenbarung des Johannes 21.1: *»Und ich sah eine neue Erde und einen neuen Himmel«*).

»De beryllo«, Kap. 39 n. 71:

»Erkennen nämlich ist Messen. Das Maß aber ist einfacher als das Messbare sowie die Einheit als Maß der Zahl. ... Ich beendige aber das Büchlein und sage mit Plato: Wissen bedarf nur sehr weniger Worte; es würde besser ohne jede Schrift mitgeteilt, wenn es Menschen gäbe, die danach verlangen und dafür geeignet sind. Jene aber hält Plato für geeignet, die mit solcher Begierde danach trachten, in das Wissen eingeweiht zu werden, dass sie glauben, lieber sterben als des Wissens entbehren zu sollen, ...«

Cusanus erklärt in diesen Zeilen die Welt im Sinne Platons: Das Wahre ist rein geistig und kann nur im Gedachten erfahren werden. Nur im Geist ist Vollkommenheit möglich. Alles Geschaffene hat nur Ähnlichkeit mit Wahrheit, kann aber nicht mit dem Wahren übereinstimmen. Es gibt also eine sinnlich wahrnehmbare Welt der Ähnlichkeit und eine wahre Welt im Geist. Der menschliche Geist strebt nach Erkenntnis seines Ursprungs, nach dem, was immer schon existierte, bevor der irdische Mensch als Geschaffenes ins Leben gerufen wurde. Der Mensch kann in die Wirklichkeit, in das Gebiet der seienden Ewigkeit gelangen, wenn es ihm gelingt, seine Seele vom zeitlichen Ballast zu befreien. Dieser Prozess ist ein Denkprozess und bewirkt eine Neuausrichtung der Seele weg von der Bindung an die physische Welt der Erscheinungen hin zur denkbaren Welt des Seienden. Aus dieser Erkenntnis erfolgt die damit übereinstimmende Tat, und diese bedarf des Willens, der das Erkannte auch zur Verwirklichung bringt.

Cusanus hat in seinem Werk die Sichtweise Platons bestätigt, dass zwischen der Idee als Urbild und dem Abbild in der Sinnenwelt keine Beziehung besteht. Im zweiten Kapitel seines Werkes *»De non-aliud«* stellt er den Begriff »non-aliud« als eine Umschreibung des unnennbaren Namens Gottes dar; dieser Name ist mit nichts vergleichbar. In Kapitel 6 steht:

> *»Gott ist nichts von den sichtbaren Dingen, weil er deren Grund und Schöpfer ist. Er ist im Himmel nichts anderes als der Himmel … Wenn das Nicht-Andere in ihm etwas anderes wäre als der Himmel? … Gott aber, der Nicht-Andere, ist nicht der Himmel, der ein Anderes ist, obwohl er weder in ihm noch von ihm ein Anderes ist.«*

In der Schrift *»Substanz und Relation bei Nicolaus Cusanus«* von P. Kampits wird die Quintessenz cusanischer Philosophie wie folgt gedeutet:

> *»Christus, der Sohn gegenüber dem Vater ist, ohne damit seine absolute Einheit mit ihm zu verlieren, ist zugleich auch Gott und Mensch in einem. Die Einheit, die sich hier in Differenz ausfaltet, ohne dass dies eine Ausschließung bedeutet, zeigt sich als die Inkarnation, in der Gott Mensch ist. In Christus wiederum erkennt der Mensch seine eigene Wahrheit, er ist das Urbild und Vorbild des Menschseins selber, das in ›contractio‹ in jedem Einzelnen ist. Zugleich aber ist Christus Gott selbst, in gleichsam absoluter Identität, die auch ihre Differenz zugleich ist.«*[7]

In jedem Menschen ist also der noch eingefaltete Christus, der Prototyp des Menschen, enthalten. Angelus Silesius unterstreicht dieses Wesensmerkmal des wahren Menschen mit seiner Aussage: *»Und wäre Christus tausend Mal in Bethlehem geboren und nicht in dir, so wärest du verloren.«* Er, Christus, ist der Andere im Menschen, der in cusanischer Schreibweise der Nicht-Andere ist, und mit nichts in der sichtbaren Welt vergleichbar. (*»Dieser muss wachsen, ich aber abnehmen«*, Johannes 3.30).

[7] *Peter Kampits: »Substanz und Relation bei Cusanus«*, S. 48.

6.2. Von der Wirkung des Einen in der dinglichen Welt

Im Dialog *»Parmenides«* erbringt Platon eine präzise Vorstellung von der Welt der Ideen, von der seienden Welt. Zunächst wird die Einheit des Alls beteuert, das heißt, dass alles, was ist, seinen Ursprung in dieser hat und Teilhaber an dieser ist.

> *»Parmenides«*, 128a:
>
> *»Du* (Sokrates zu Parmenides, Anm. d. Autors) *behauptest, das All sei Eines und bringst dafür treffende Beweise.«*

In der Folge wird aber die Teilhabe auf diejenigen Dinge und Wesen beschränkt, welche eine bewusste Teilhabe erfahren können. Es wird der Nachweis erbracht, dass Ideen nicht an den Sinnendingen teilhaben, denn sie können nicht an dem Ganzen und auch nicht in Teilen davon wirksam sein. Ideen sind in der Einheit – und diese kann nicht an etwas Teilbarem, an der zusammengesetzten sinnlichen Welt partizipieren. Ideen als Begriffe in Platons Philosophie bedeuten also etwas anderes als die an Sinnendinge gebundenen Merkmale (*»Parmenides«*, 131e). Ideen im Sinne Platons sind Offenbarungen des Einen, was bedeutet, dass an den Ideen der Eine erkannt werden kann.

> *»Parmenides«*, 133c:
>
> *»Ihr* (der Ideen, Anm. d. Autors) *eigentliches Wesen beruht in ihrer Beziehung zueinander, nicht aber in Beziehung auf die Sinnendinge. ... Anderseits haben die Nachbilder der Ideen hienieden, die mit jenen Wesenheiten gleichnamig sind, ihre Seinsgeltung lediglich im Verhältnis zu sich selber und nicht zu den Ideen und beziehen sich lediglich aufeinander, nicht aber auf jene Dinge, welche die gleichen Namen führen.«*
>
> *»Parmenides«*, 134c:
>
> *»Unerkennbar also ist uns das Schöne an sich und das Gute an sich sowie alles, was wir als für sich bestehende Idee annehmen.«*

Die denkbare Welt des Guten steht nach dieser Vorstellung vollständig außerhalb der sichtbaren Welt. Das Gute ist nicht sichtbar und mit den

Sinnesorganen nicht erfahrbar. Allein mittels des Denkens kann der Zugang zu den Ideen erschlossen und – falls Seelenbewusstsein erworben wurde – deren Wesen erahnt werden. Ideen sind seiend und damit ewig, es sind Elemente der unvergänglichen und unzerstörbaren Ewigkeit. Sie sind daher nicht in der werdenden und vergänglichen Welt anzutreffen. Ihr Wesen ist in der dinglichen Welt mit den Sinnesorganen des Menschen, das heißt den in der Raum-Zeit-Welt wirksamen Instrumenten, nicht wahrzunehmen. Im Reich des rein Denkbaren dagegen ist alles in der Einheit, in dieser widerspruchsfreien Welt sind nur die Ideen wirksam, in ihr ist alles gut, gerecht und schön.

Diese platonische Sicht macht deutlich, dass es nicht Aufgabe und Bestimmung des Menschen sein kann, die sichtbare Welt gut zu machen; die Erfolglosigkeit dieses Ansinnens ist hinlänglich bekannt. Die Fortschritte, die in der Zivilisation erzielt wurden, sollen in ihrer Gesamtheit zwar nicht verurteilt werden, aber nur allzu oft erweisen sich jene, welche der Mensch zu seinem Nutzen erzielt hat, als Schaden für die Natur. Deren Antwort auf diese Schädigung muss der Mensch dann am eigenen Leibe erfahren. Des Weiteren ist der vom Menschen bewirkte Nutzen meistens nur für den Bewirkenden von Vorteil und für andere oft schädlich.

Was getan werden kann, um des Guten teilhaftig zu werden, ist allein, die Seele vorzubereiten und auszurichten auf denjenigen Teil in ihr, der aus dem Guten stammt. Seelenausrichtung bedeutet, das Bewusstsein auf dasjenige Innere zu richten, welches aus dem ursprünglichen Einen stammt (*»Das Königreich Gottes ist inwendig in Euch«*, Lukas 17.21). Dieser Teil ist bereits vorhanden, er kann nicht geschaffen werden, sondern nur im Menschen selbst erkannt werden. Erfolgt diese Erkenntnis, so ist der Seelenspiegel gereinigt worden, die denkbare Welt des Guten ist im eigenen Wesen entschleiert.

Der platonische Parmenides macht in der Folge auf etwas noch Bedeutsameres aufmerksam.

> *»Parmenides«*, 134c:
>
> *»Wenn nun überhaupt irgendetwas des Wissens an sich teilhaftig ist, so würdest du doch keinem anderen als Gott das genaueste Wissen zuschreiben? Gott*

würde aber nicht imstande sein, mit seinem Wissen an sich auch die Dinge hier bei uns zu erkennen. Weil weder jene Ideen ihre Beziehung auf die Dinge hier bei uns haben noch das bei uns Geltende auf jenes, sondern dass sich jedes von beiden auf sein eigenes Gebiet beschränkt. … Wir herrschen mit unserer Art von Herrschaft nicht über jene und haben mit unserer Erkenntnis durchaus keine Erkenntnis des Göttlichen, und jene sind, als Götter, weder Herren über uns noch erkennen sie die menschlichen Angelegenheiten.
Dies und anderes müssen im Gefolge der Ideen auftreten, wenn es diese Ideen wirklich gibt und wenn man jede einzelne Idee als eine selbständige Wesenheit bestimmt. Diejenigen, die Kunde davon erhalten, erkennen auch, dass diese der menschlichen Erkenntnis nicht zugänglich sind.«

»Parmenides«, 135a:

»Es gehört schon eine besonders gute Begabung dazu, um einsehen zu können, dass es für jedes Gebiet des Seienden eine bestimmte Gattungseinheit und eine für sich bestehende Wesenheit gibt.«

Im Dialog *»Parmenides«* werden die Ideenwelt des Einen und die Sinnenwelt des Vielen beschrieben. Mit dem Verstand allein ist erkennbar, dass diese zwei Welten existieren. Die eine ist nicht materiell und nur mittels des Denkens erkennbar, die andere, die sinnlich wahrnehmbare Welt kann mit den Methoden der Wissenschaft durchleuchtet werden. Die Bedeutung dieser Welten für den Denkenden ist damit aber nicht erklärt. Von der denkbaren Welt kann mit wissenschaftlichen Methoden wenig dargestellt werden, sie ist auf diese Weise, auch mit der Logik des Menschen nicht erfassbar (*»Denn die Weisheit dieser Welt ist Torheit bei Gott«*, 1. Korinther 3.19). Die Ideen sind in der sichtbaren Welt nicht anzutreffen. Ihre Erkenntnis kann nur mit der sich wiedererinnernden unsterblichen Seele erfahren werden, und zu diesem Zweck ist eine vollständig gereinigte Seele vonnöten.

Lebewesen wie Tiere oder Pflanzen haben nur irdisches Bewusstsein, sie sind vollständig in den Naturgesetzen gefangen, Lebensäußerungen außerhalb dieser Gesetze sind für sie nicht möglich. Der Mensch dagegen, als zweifaches Wesen, untersteht zwar auch den Naturgesetzen, er muss sie aber nur als einen Teil beachten und hat durch seine freie Entscheidung die Möglichkeit, auch erkannte Gesetze der Ideenwelt in einem gewissen Rahmen zur Anwendung zu bringen – soweit diese eben nicht in der physischen Natur angewandt werden und sich auf das Seelenleben beschränken.

»Parmenides«, 133c:

»Ideen sind seiend und als solche haben keine von ihnen in der Sinnenwelt ihre Wohnstätte (»Keiner ist gut, auch nicht einer«, Römer 3.10ff, Anm. d. Autors). *Ferner haben alle Ideen, deren Bedeutung auf einem Verhältnis der Gegenseitigkeit beruht, ihr eigentliches Wesen in ihrer Beziehung aufeinander, nicht aber in Beziehung auf die Sinnendinge.«*

Seiend ist die Welt des Einen, und der Ursprung dieser Welt des Geistes ist im Einen. Die Gesetze der sichtbaren Welt als werdende, gewordene und vergängliche Welt stammen auch aus dem Einen. Die gewordene sichtbare Welt an sich ist aber als vergänglich konzipiert und nicht seiend, und auch in allen Teilen und Prinzipien, die in ihr gelten, sind die Vergänglichkeit und Ungöttlichkeit sichtbar.

Die seiende ewige Welt ist Urbild für diejenigen Wesen in der werdenden Welt, welche über ein Instrumentarium verfügen, um die seiende Welt zu erkennen. Die gewordene Welt hat ihren Ursprung in den ordnenden Kräften der seienden Welt, sie wurde aber auch mit anderen Gesetzen ausgestattet, nämlich mit denen der sichtbaren Natur, womit sie der Zerbrechlichkeit verfiel. Die in ihr geltenden Prinzipien ermöglichen dem mit Vernunft und Verstand ausgestatteten Menschen, zu erkennen, dass in der Welt der Sinne nichts Bleibendes geschaffen werden kann. Alle Dinge sind zusammengesetzt und dem Gesetz des Zerfalls unterstellt. Diese Welt kann also nicht als ein Lebensgebiet verstanden werden, das durch den Menschen im Grundsatz verbessert werden soll. Sie dürfte eher als Gebiet erkannt werden, in dem Wesen, die aus dem Reich des Ursprungs stammen, erkennen können, dass sie nicht zu dieser Welt gehören.

»Parmenides«, 166c:

»Wenn das Eine nicht ist, dann ist überhaupt nichts.«

Mit diesen Worten am Schluss des Dialogs *»Parmenides«* wird das Wesen des Einen als Ursprung von allem festgehalten: es ist nichts, wenn das Eine nicht ist. Der erkennende Mensch, der neben seiner Zugehörigkeit zur nicht-seienden Sinnenwelt auch die zur Welt der Ideen erfährt, kann seine Abstammung aus dem Reich des Einen mit Gewissheit feststellen. Er sucht nicht mehr nach Beweisen vom Einen, denn diese können, wie Platon gezeigt hat, mit logischer Begründung nicht erbracht werden. Er glaubt aus innerem Wissen. Damit die Offenbarung des Einen außerhalb seiner selbst möglich ist, bedarf es eines Anderen, in dem er sich zeigen kann. Erkennbar ist der Eine nur in seiner Entfaltung, das heißt in der Offenbarung außerhalb seiner selbst. Die Entfaltung bedeutet, dass ein Anderer aus dem Einen hervorkommt, der von gleicher Art ist, denn sonst könnte er den Einen nicht erkennen.

In der sichtbaren Welt können sich die Wesen einer Art durch Körpergestalt und Verhaltensmuster wahrnehmen und damit bemerken, dass sie zur selben Gattung gehören, dies betrifft die Tiere und den äußeren Menschen. In der denkbaren Welt des Geistes können sich nur Wesen erkennen, die ebenfalls aus dieser Welt der Ideen stammen. Für den Menschen bedeutet dies, dass er sein innerstes Wesen, seine unsterbliche Seele erfassen kann. Dazu muss er sich aber seines Wesens und seiner Abstammung bewusst werden. Der wahre Mensch, der Prototyp des ursprünglichen Menschen, wird daher in der Bibel als seinem Wesenskern nach als ein Sohn des Einen bezeichnet (*»Ich und der Vater sind eins«*, Johannes 10.30). Der Sohn ist die Offenbarung des Vaters, das heißt, der Eine entfaltet sich in seinem Sohn, durch ihn wird er erfahrbar. Der Eine ist immer in einem vollkommenen, ewigen, unveränderlichen Zustand und offenbart sich durch und in seinem Sohn. Diese Offenbarung kann nur in der Seele eines erkennenden Menschen stattfinden. Es ist eine innere geistige Erkenntnis ohne Bezug auf irgendeine Darstellung in der physischen Welt.

Aus dem Dialog *»Parmenides«* lässt sich folgendes Gedankengebäude ablesen: Der Eine ist der Ursprung von allem, und das Seiende, da ebenfalls im Status der Ewigkeit, ist im Ursprung enthalten. Der Unterschied zwischen beiden liegt in der Offenbarung: das aus dem Einen entfaltete Seiende hat sich zu erkennen gegeben, der Ursprung selbst oder das Eine ist nicht offenbar.

Es können drei Wirkungsebenen des Einen ermittelt werden:

1. die Quelle oder der Ursprung von allem, der Eine
2. die Offenbarung des Einen in seiner Entfaltung in der denkbaren Welt des Guten, der Welt, die wahrhaft seiend genannt werden darf; Jesus und andere Weisheitsträger, als Symbol für die Entfaltung dieser in der Seele erfahrbaren Welt, legten Zeugnis von der Welt des Guten ab
3. die sichtbare, werdende und vergängliche Welt ist den Prinzipien der Selbstbehauptung und der Vergänglichkeit unterstellt, es ist das Gebiet der verdichteten Energie, der zusammengesetzten Materie, an welche die sich in diesem Gebiet aufhaltenden Seelen gebunden sind; ihr Bewusstsein ist an die Materie gekettet und daher vergänglich, lediglich der innerste Wesenskern des Menschen stammt aus der unvergänglichen Welt des Guten; davon kann ein Mensch wiederum Bewusstsein erlangen, wenn er sich um die Bildung seiner Seele bemüht.

Die Ideen als Prinzipien des Einen im Gebiet des Seienden haben in der sichtbaren Welt kein Zuhause, das heißt, Gott, der Eine, kümmert sich nicht um das Geschehen in dieser Welt (*»Es gibt kein Ansehen der Person«*, Apostelgeschichte 10.34). Er sorgt sich nur um die dem Urbild entsprechenden Seelenwesen, deren gegenwärtiger Aufenthaltsort die vergängliche Welt ist. Ihnen steht er mit dem Wort bei, das in vielfältiger Weise in dieser Welt zu entdecken ist. Elemente des Seienden können daher erkennbar werden in einem Geschöpf mit höchster intellektueller Entwicklung in der sichtbaren Welt und in dessen Wesenskern, der aus dem Seienden stammt.

Die unsterbliche Seele, ein Wesen aus der Ewigkeit, wäre nicht unsterblich und unvergänglich, wenn sie nicht aus diesem Gebiet stammen würde. Der Wesenskern der Seele ist aber für das Bewusstsein des irdischen Menschen nicht unmittelbar erkennbar. Es ist das ganz andere Element in ihm, das keinerlei Verwandtschaft mit der irdischen Welt aufweist. Die Anwesenheit dieses Wesenskerns im Menschen kann weder bewiesen noch in irgendeiner Form nachgewiesen werden. Er kann nur in der Seele eines Menschen erfahren werden, der sich darum bemüht. Aus diesem Grund wurden die Platonische Akademie und andere Schulen ins Leben gerufen, um im Menschen Einsicht in diese Gedankenwelt zu vermitteln und in ihm einen Prozess auszulösen, damit er diesen »Anderen«, den zur seienden Welt Gehörenden, in sich erkennen kann.

»Tu quis es«[8]: *»Die Ideen sind Inhalte der göttlichen schöpferischen Vernunft, deren Erkennen erschaffen ist, und diese göttliche Vernunft ist Christus als die zweite innertrinitarische Person, das ewige Urbild aller erschaffenen Dinge, in welchem alles das überzeitlich ewige, durch sich eigenständige Urbild selbst ist.*

Christus als schöpferischer Intellekt ist das durch sich eigenständige ›ante‹, bevor die Welt wurde, wird das ›vor‹ geschaut und keinesfalls ein ›vor‹ vor dem ›vor‹.«

Um das Wesen des ewig seienden Guten zu beschreiben, hat Platon den Begriff der Idee verwendet; mit der »Idee des Guten« wurde die Wesensbeschreibung der denkbaren Welt in ein Denkgebäude gestellt. Eine Idee ist etwas Vollkommenes, Reines, in der Einheit Seiendes, das heißt etwas, das vollkommen mit dem Einen als Ursprung übereinstimmt, aus ihm stammt. Vom Unvollkommenen kann es deshalb keine Idee geben, daher gibt es auch keine vom Bösen. Alle Ideen sind von der höchsten Idee abgeleitet, von der des Guten.

Es ist nun so, dass Dinge Anteil an der Idee haben können. Das sichtbare Ding, das Nachbild, strebt nach dem Urbild, der Idee. Im sichtbaren Raum ist das sichtbar Gleiche aber nicht gleich dem denkbar Gleichen, der Idee. Die Vergleichbarkeit ist auf den Vergleich mit anderen Wesen oder Objekten der sichtbaren Welt beschränkt. Zwischen den Welten gibt

[8] de Cusa, Nicolai: *»Tu quis es. Über den Ursprung«*, Übersetzung und Einführung Karl Bormann, Hamburg 2001, S. XXIII (Bezug nehmend auf n. 22-23, n. 24-25).

es keine Relation, diese gibt es nur innerhalb der Welten, in der sichtbaren und in der denkbaren. Es gibt aber eine Relation zwischen den Erkenntnissen in der sichtbaren und der denkbaren Welt. Gott nimmt unsere Welt, die sichtbare, nicht zur Kenntnis, sondern nur die in uns lebende, zur denkbaren Welt gehörende unsterbliche Seele ist das Wesen, für das in der göttlichen Heimstätte viele Wohnungen sind.

Nur in dem Maß, wie sich der Mensch seiner Göttlichkeit bewusst wird, das heißt Bewusstsein seiner unsterblichen Seele entsteht, wird er auch von Gott erkannt (*»Christus: ich und der Vater sind eins«*, Johannes 10.30). Es gibt kein Ansehen der Person (Apostelgeschichte 10.34, 1. Petrus 1.17, Römer 2.11), das heißt, Gott kennt die Persönlichkeit nicht, diese ist ein Produkt der Evolution, der sichtbaren Welt. Nur in dem Maß, wie ein Kandidat der Philosophie feststellt, dass ein Teil in ihm auch der denkbaren (göttlichen) Welt angehört, kann er auch gesichtet werden. Erkannt wird nicht der Persönlichkeitsmensch irdischen Ursprungs, sondern das wiedererwachte Seelenwesen göttlichen Ursprungs.

Die Wirkung des Einen in der sichtbaren Welt ist nur im Wesenskern des Menschen, in seiner unsterblichen Seele erfahrbar. In der sichtbaren Welt ist sein Wirken nur in Spuren zu finden, die er in die Raum-Zeit-Welt des Ungöttlichen einfließen ließ. Diese Spuren, verstärkt durch Menschen mit Erkenntnis aus erster Hand, welche in die Höhle (das ist die sichtbare Welt) zurückgekehrt sind (Sokrates, Jesus, Buddha), dienen als Wegweiser für die ursprüngliche Seele, um dieser einen Weg ins ursprüngliche Reich zu zeigen. Die in der materiellen Welt herrschenden Gesetze sind die der Biologie und der Physik, sie gelten für den Naturmenschen, das heißt, Selbstbehauptung und Anpassungsfähigkeit sind Notwendigkeiten, um in dieser Welt bestehen und überleben zu können. Diese Gesetze, dargestellt in dem der Vergänglichkeit und des Karmas, wurden der materiellen Welt auferlegt, um deren Wirkungskreis zu begrenzen. – Werden und Vergehen sind das eine Kennzeichen der sichtbaren Welt und der Leitsatz »was du säst, das sollst du ernten« das andere. Letzteres ist ein Bildungsprinzip, nach welchem irdische Seelen das Ergebnis ihres eigenen Handelns erkennen können.

6.3. Die Weisheit als geistige Speise der Philosophen

Wer bin ich? Woher komme ich? Wohin gehe ich? Das sind Fragen, die den Philosophen aufs Ernsthafteste beschäftigen. Menschen, die nach Selbsterkenntnis streben und nach Antworten darauf suchen, verstehen diese Fragen aber nicht als auf das Individuum bezogen, sondern als eine generelle Fragestellung, die alle und jeden betreffen. Gefundene Antworten dienen also nicht nur dem Sucher als individuellem Menschen, sondern ebenso allen Menschen, die nach Antworten auf diese zentralen Lebensfragen suchen – und die lassen sich in den Weisheitslehren aller Zeiten finden.

Der Hunger nach Weisheit kann auf mehrfache Weise gestillt werden. Das Finden geistiger Nahrung und deren Verarbeitung bedeuten ein Fortschreiten auf dem Weg der Selbsterkenntnis. Und dieser Weg, im eigenen Seelenbewusstsein beschritten, führt über folgende Stufen:

1. Erkenntnis vom Ursprung
2. Erkenntnis von den Gesetzen des Reiches des entfalteten Ursprungs
3. Erkenntnis von den Prinzipien und Gesetzen, nach welchen die sichtbare Welt und das Wesen Mensch darin geordnet sind
4. Kenntnis vom gelingenden Handeln des Menschen auf seinem Weg vom Bewusstsein in der sichtbaren Welt zu einem höheren Bewusstsein.

»De venatione sapientiae«[9], n. 96:

»Wir streben nach Weisheit, um unsterblich zu sein. Doch da keine Weisheit uns von diesem sichtbaren und schrecklichen Tode befreit, so ist das echte Weisheit, was diese Notwendigkeit des Todes umwandelt in einen Vorzug und was uns auf dem Weg zur Auferstehung des Lebens sicher und zuverlässig geleitet. Nur denen, die den Weg Jesu einhalten, wiederfährt dieses und in seiner Kraft.«

[9] de Cusa, Nicolai: *»Die Jagd nach Weisheit. De venatione sapientiae«*, Hamburg 2003.

Weisheit kann als das Wissen bezeichnet werden, welches Einsicht in die Kreisläufe des Lebens bewirkt und beim Suchenden den von Platon bezeichneten Funkensprung in der Seele (*»7. Brief«*) auslösen kann. Ist ein Licht in der Seele aufgegangen, so wird ein davon getroffener Mensch sich darum bemühen, diesem zum Durchbruch zu verhelfen, um seine Seele ganz auszuleuchten. Darin kann er sein Lebensziel klar erkennen und nach einem Weg suchen, mittels welchem er sich dem Ziel annähern kann. Wirklichkeit ist dann nicht mehr die sichtbare Welt, sondern die der Ideen. Erkenntnis von der seienden Ideenwelt zu erlangen, gilt fortan dem ersten Bemühen.

6.4. Über den Ursprung

Den Ursprung von Universum und Menschheit darzustellen, scheint ein unmögliches Unterfangen zu sein – und doch haben es einige versucht. Vonseiten der Naturwissenschaft liegen trotz der Theorie vom Urknall noch keine beweisbaren Fakten dafür vor, was diesen ausgelöst haben könnte, und vonseiten der Logiker konnten auch mit der Sprache keine abschließenden Urteile über das Wesen des Ursprungs vermittelt werden. Im Sinne der Wissenschaft eine Definition vom Einen und vom Ursprung darzustellen, ist nicht möglich. Es bleiben Philosophen und Theosophen, welche ihre Gedankengebäude der Welt hinterlassen haben und einen möglichen Ansatz versprechen. So stellt Cusanus in einem seiner Werke der Philosophie Platons die Weisheit des Neuen Testaments gegenüber. In diesem Vergleich zeigte er weitestgehende Parallelen, um den Nachweis über den Ursprung von Welt und Menschheit zu erbringen. Seine Schriften können einem Vernunftbegabten ein einsichtiges Verständnis ermöglichen.

Nachfolgend werden einige Gedankenstrukturen vorgestellt, die Cusanus in seinen Schriften insbesondere in *»Die Jagd nach Weisheit. De vena-*

tione sapientiae« und *»Über den Ursprung. Tu quis es«*[10] hinterließ. Oft beruft er sich auch auf das *»Buch von den Ursachen«* (*»Liber de causis«*); dieses wiederum ist von Proclus, einem Neuplatoniker, inspiriert. Von Proclus stammt der Satz: *»Unum causa totorum.«* (Das Eine ist die Ursache von allem). Und es gilt nachzuweisen, dass alles aus diesem Einen entstammt.

> *»De venatione sapientiae«*, n. 7:
>
> *»Was aber Dasein hat, ohne geworden zu sein, das konnte und kann nicht werden noch geschaffen werden. Es geht nämlich dem Werden-Können voraus und ist ewig, ist es doch weder geworden noch kann es ein anderes werden.«*
>
> *»Tu quis es«*, n. 5:
>
> *»Wie also jede Bewegung von einer unbeweglichen Ursache stammt, so stammt auch jedes Teilbare von einer unteilbaren Ursache. … Hieraus ist offenbar, dass nur Unendliches und Ewiges durch sich existierend ist, weil dieses allein unteilbar ist, und ihm nichts hinzugefügt werden kann.*
> *Alles, was das Sein von einem anderen hat, hat letztlich das Sein von dem, welches durch sich selbst, das heißt aufgrund seines eigenen Wesens, besteht.«*
>
> *»Tu quis es«*, n. 7:
>
> *»Im Hinblick also auf die Notwendigkeit des Seins sehen wir, dass Platons ›Parmenides‹ (128a) Wahres sagte, nämlich dass es nur Eines gibt, wie auch Christus sagte, nur Eines sei notwendig (Lc 10,42).*
> *In dem Vielen werden also nur die Verwirrung, formlose Unendlichkeit oder Unbestimmtheit gesehen, wenn nicht das Eine in der Vielheit gesehen wird.«*

Cusanus deutet in diesen Texten auf die Existenz zweier Welten hin: die seiende, welche im Zustand der Ewigkeit ist, und die werdende, das ist die sichtbare. Die seiende Welt geht der werdenden voran, denn sie ist ewig. Die zweite ist geworden und muss dem Vergänglichen zugerechnet

[10] de Cusa. Nicolai: *»Über den Ursprung. Tu quis es«*, Hamburg 2001.

werden. Dem Einen als Ursprung von allem kommen Merkmale zu, welche außerhalb von Raum und Zeit gefunden werden müssen, denn seiend kann nur etwas sein, das immer ist, das weder geworden noch vergänglich ist. Die Ursache der Raum-Zeit-Welt befindet sich außerhalb von Raum und Zeit. Der Raum ist aufgeteilt in Räume, die von verschiedenen Dingen eingenommen werden; er ist ein Ganzes und besteht aus Teilen, er ist zerlegbar. Das Eine jedoch ist unbeschreibbar, seine Ausstrahlung umschließt und durchdringt den Raum.

Im *»Buch von den Ursachen«* wird das Eine auf folgende Weise beschrieben.

> *»Liber de causis«*, V 57:
>
> *»Die Erstursache ist höher als jede Benennung. Und die Worte versagen bei ihrer Benennung nur wegen der Benennung ihres Seins, weil sie über jeder anderen Ursache steht und nicht benannt werden kann außer durch die Zweitursachen, die vom Licht der Erstursache erleuchtet werden. Das ist so, weil die Erstursache nicht aufhört, das durch sie verursachte zu erleuchten … weil sie selbst das reine Licht ist, über dem es kein Licht gibt.«*

Das Eine oder die Erstursache ist vollkommen, das heißt, ihm kann nichts beigefügt und auch nichts weggenommen werden. Es ist das seiende Eine. Für Platon ist das Eine aber noch über dem Seienden. Dieses Eine ist wie erwähnt nicht offenbart, das heißt, es ist außerhalb jeder Beschreibung und Wahrnehmung.

> *»Tu quis es«*, n. 8:
>
> *»… ich glaube aber, dass Christus das Eine selbst als notwendig benannt hat, weil alles durch es Notwendigkeit oder Einheit oder Begründung erlangt, dass es ist, und nichts ins Nichts zerfließt, während es ist. … Daher ist die unendliche und einfachhin größte Einung, die durch die Einheit ist, von unendlicher Kraft. … Und so wird vor dem Seienden in der Möglichkeit und dem Seienden in der Wirklichkeit das Eine gesehen, ohne das keines von beiden sein kann. Dieses notwendige Eine wird Gott genannt.*

»Tu quis es«, n. 9:

»Wie also gemäß der Aussage Christi der Vater in sich das Leben hat, so verlieh er auch dem Sohn, in sich das Leben zu haben (Joh. 5.26).«

Was ist das Eine? Es ist die in sich selbst ruhende Kraft, die alles bewegt, ohne selbst Bewegung zu sein. Sie ist der Ursprung von allem. Die Entfaltung dieser Kraft bewirkt, dass andere, aber von gleichem Wesen seiende, das Wesen dieser Kraft der Einheit erkennen und damit in dieser sein können. In der christlichen Terminologie bedeutet das Sein in dieser Einheit »Leben«.

Nach Platon ist das Gebiet des entfalteten Einen die denkbare Welt des Guten, Schönen und Gerechten, in der gnostischen Philosophie wird dieses Gebiet als Gnosis bezeichnet. Erkenntnis von diesem Lebensfeld zu erlangen, ist wahre Gnosis und Ziel aller philosophischen Bemühungen. Gemäß Platon ist kein Neid in ihm (im Einen), und alles, was er hat, gibt er an andere, an aus ihm seiende (Söhne), sodass diese auch an allem, besonders dem Guten, teilhaben können. Das Offenbarungsorgan des Einen kann als Weltseele bezeichnet werden, und deren Abkömmlinge sind eben in der Einheit seiende Seelen. Für eine ursprüngliche Seele, die wiederum Bewusstsein von der reinen Weltseele erlangen kann, ist es notwendig, dass das Wesen des Einen sich in ihr vollkommen offenbart.

Auch das Geben ist ein Thema der ursprünglichen Seele aus der denkbaren Welt. Wer davon Bewusstsein erlangt hat, kann den Weg zu diesem Bewusstsein weitervermitteln. Dieses Geben ohne Gegenleistung stärkt das Seelenbewusstsein des inneren Menschen und bereitet Freude, wenn es angenommen wird. Beim Menschen, der ein Leben in der irdischen Natur gemäß deren Gesetzen führt, ist unschwer erkennbar, dass er in seinem Handlungsleben zuerst sich und seine biologischen Notwendigkeiten berücksichtigt und die Erfordernisse für ein Seelenleben des Ursprungs nicht kennt. Deshalb bleibt einer solchen irdischen Seele auch der Eintritt ins Reich des Ursprungs verwehrt. Denn in diesem Reich können sich nur diejenigen aufhalten, die ihre Abstammung wiederum vollständig erkennen, das heißt diejenigen, welche aus diesem Reich stammen. Dabei kann es sich nur um unsterbliche Seelen handeln, die Bewusstsein von ihrem Ursprung und damit seiendes Seelenbewusstsein erlangt haben. Die Zugehörigkeit des Entsprungenen zum Ursprung beschreibt Cusanus wie nachfolgend wiedergegeben.

»Tu quis es«, n. 10:

»So ist auch das Entsprungene gleich ewig wie der Ursprung.«

»Tu quis es«, n. 11:

»... der Ursprung, der entsprungene Ursprung und das Entsprungene beider Ursprünge ist eine einzige Wesenheit der Ewigkeit, die Platon das Eine nennt.«

»Tu quis es«[11]:

»Der ewige Seinsgrund, der Logos oder das ›Wort‹, spricht, d.h. offenbart sich in Christus, dem Fleisch gewordenen Wort, in der Reinheit des Ursprungs; in allen vernunftbegabten Geschöpfen manifestiert er sich in abgestufter Weise.«

»Tu quis es«, n. 18:

»Christus als das Wort Gottes, durch das alles erschaffen ist, sagt: ›Dann werdet ihr wissen, dass ich bin.‹ Nur das durch sich Eigenständige kann wahrhaft sagen: Ich bin.«

Der Ursprung ist die höchste Vernunft und Ordnung, diese zeigt sich in gleicher Weise in der Entfaltung, das heißt im Wort und im Menschen, der an dieser Entfaltung mitwirkt.

»Tu quis es«[12]:

»Der nicht benennbare und nicht bestimmbare Ursprung aller wird Eines genannt, weil er Ursache von allem ist; Gutes heißt er deshalb, weil alles auf ihn hin geordnet ist und nach ihm strebt. Hiermit wird nichts Wesenhaftes über das absolute Eine ausgesagt, denn es ist unerkennbar. Weil die Seienden nach

[11] de Cusa, Nicolai: *»Tu quis es. Über den Ursprung«*, Übersetzung und Einführung Karl Bormann, Hamburg 2001, S. XXI (Bezug nehmend auf n. 16).

[12] ebenda, S. XXIII (Bezug nehmend auf n. 27-29).

dem Sein verlangen, da es gut ist, verlangen sie nach dem Einen, ohne das sie nicht sein können; was das aber ist, wonach sie verlangen, können sie nicht fassen.«

»Tu quis es«[13]:

»Für das Verhältnis des erschaffenen Seienden zum Ursprung ergibt sich, dass sie an ihm nicht in Gleichheit, sondern in Andersheit und Ähnlichkeit teilhaben. Der Ursprung als der Logos enthält in sich die unerschaffene Welt und ist die Wahrheit, während die erschaffene Welt nicht die Wahrheit, sondern die Ähnlichkeit ist.«

Wenn vom Ursprung die Rede ist, muss auch von der Ewigkeit, von der Notwendigkeit, vom Einen, vom Guten, vom Unbegrenzten, das ist die Unendlichkeit, und vom Begrenzten gesprochen werden. Die unerschaffene Welt ist die entfaltete, aber nicht physisch dargestellte Welt. Der wahre ursprüngliche Mensch, als Sohn des Einen, repräsentiert alle Qualitäten des Einen, er ist der mit dem Wesen des Einen vergleichbare (*»Ich und der Vater sind eins«*, Johannes 10.30), er ist der ins Sein gekommene. Sein Wesen kann nicht verbessert werden, denn er ist gut. Er kann auch nicht vergehen, denn sein Sein ist ewig und unsterblich.

Dieser aus dem Ursprung entfaltete Mensch hat aber nur wenig mit dem bekannten sichtbaren Menschen zu tun, denn dieser ist ein Wesen der zusammengesetzten Natur. Er ist dem ursprünglichen Menschen nicht einmal ähnlich, allein die im sichtbaren Menschen schlummernde ursprüngliche Seele gehört ins Reich des entfalteten Ursprungs – und dieses Reich bezeichnet Cusanus als das Reich der Wahrheit, die Welt der Ideen.

Der Mensch der Natur hat eine andere Geschichte. Seine Abstammung ist nicht aus dem Ursprung entfaltet, er ist ein Wesen der vergänglichen Natur. Die sein Wesen bestimmende Erbsubstanz ist ein Produkt, das durch einen langen Lernprozess zu dem geworden ist, was es heute ist,

[13] ebenda, S. XXVI (Bezug nehmend auf n. 38,39).

ein durchaus intelligentes Tierwesen, das eine hohe Anpassungsfähigkeit an die raue Natur erreicht hat. Sein aktuelles Bewusstsein wird deutlich, wenn seine Geschichte betrachtet wird, die Geschichte der Natur ohne den Geist, basierend auf Selbstbehauptung und Anpassungsfähigkeit. So kann die Erschaffung der sichtbaren Welt in vier Zeitabschnitte eingeteilt werden:

1. der Urknall (vor ca. 10-14 Milliarden Jahren)
2. die Entstehung unseres Sonnensystems und der Erde (vor ca. 5 Milliarden Jahren)
3. die Geburt des Menschengeschlechts (vor ca. 7 Millionen Jahren)
4. der moderne Mensch (vor ca. 10.000-20.000 Jahren).

Würde man sagen, die Erde wäre einen Tag alt, und setzte man die oben angeführte zeitliche Entwicklung ins Verhältnis, so gäbe es Säugetiere erst seit 60 Minuten, den Menschenaffen seit 10 Minuten und den Homo sapiens seit 2 Sekunden. Vor diesem Hintergrund wird deutlich, dass die Ewigkeit und der in ihr Lebende nichts mit dieser gewordenen Welt und ihren Bewohnern zu tun hat. Sie kann nur von einem Menschen erfahren werden, der erkannt hat, dass auch ein Teil von ihm aus dieser Ewigkeit stammt. Und der Zustand der Ewigkeit ist einer, der vollkommen außerhalb der zeit-räumlichen Ordnung liegt; er wird auch als Paradies bezeichnet, allerdings darf dieses nicht mit bildlichen Darstellungen, die angelehnt sind an »irdische« Paradiesvorstellungen, verwechselt werden. Es ist allein ein mittels des Denkens erkennbares Gebiet.

»Tu quis es«, n. 15:

»Das Wort ist der Ursprung. Ich sage: Wie du gehört hast, ist es wesentlicher und durch sich eigenständiger Ursprung vom Ursprung, und seine Ewigkeit, die auch seine Wesenheit ist, ist Logos oder ewige Vernunft der Ewigkeit und alles dessen, was in der Ewigkeit eingefaltet wird; und nichts kann werden, von dem es nicht ewiger Seinsgrund ist. Weil alles, was nicht durch sich eigenständig ist, nicht Ursache seiner selbst ist und auch nicht durch Zufall oder Glück besteht, die nur beiläufige Ursachen sind und nicht durch sich und wesentlich, muss es von einer Ursache sein, welche der durch sich eigenständige Seinsgrund

der Dinge ist, so wie das uneingeschränkte lebendige Urbild, das auch ewige Vernunft ist, die Ursache aller Ähnlichkeit ist.«

Gemäß Platons *»Parmenides«* (137c 4ff) gibt es keine Mehrheit von durch sich Eigenständige. Daher sind die vielen Erschaffenen vom durch sich Eigenständigen das, was sie sind. Sie haben also am Einen teil, weil das Viele nicht ohne das Eine sein kann.

»Tu quis es«, n. 26:

»Eine Aussage aber bezüglich des Einen gibt es nicht, weil es nicht bestimmbar ist; deshalb sagt Plato, dass Bejahungen und Verneinungen im Einen zugleich unwahr sind. Das Eine ist also für jede Sinneswahrnehmung, für jede Verstandeserkenntnis, Meinung, jedes Wissen und alle Namen nicht fassbar. … Gott aber nennen wir das Eine und Gute, über das hinaus nichts Besseres gedacht werden kann, und es fällt uns nicht ein zu denken, etwas sei besser als das, worauf sich das Verlangen von uns allen richtet.«

»Tu quis es«, n. 29:

»Und die Vernunftnatur, die weiß, dass es ist und dass er der Unerfassbare ist, erfährt sich, als umso vollkommener, je mehr sie weiß, dass er unfassbar ist; der Zugang zum Unerfassbaren nämlich liegt in diesem Wissen des Nichtwissens.«

»Tu quis es«, n. 34:

»Offenkundig ist der Ursprung dreieinig und das Ewige selbst. Ich sage deshalb, dass diese Welt vom dreieinigen Ursprung das ist, was sie ist. Und es gibt nicht viele Ursprünge, wie einsichtig wurde. ›Nicht viele‹ kann nur verstanden werden als Eines: Vor dieser Welt also und dem Vielen ist der Ursprung, der ›nicht Vieles‹ ist.«

»Tu quis es«, n. 37:

»Diese Welt also, die entsprechend der Aussage unseres Meisters erschaffen ist, wenn er sagt ›Vor Erschaffung dieser Welt‹ ist nicht die Wahrheit, sondern ihr Ursprung ist die Wahrheit. Deshalb findet sich in der erschaffenen Welt nichts genau Wahres; es gibt in ihr keine genaue Gleichheit oder Ungleichheit oder

Ähnlichkeit oder Unähnlichkeit; die Welt kann nämlich die Genauigkeit der Wahrheit nicht fassen, wie unser Meister bezüglich des Geistes der Wahrheit lehrt. Im Ursprung also, der die Wahrheit ist, ist alles die ewige Wahrheit selbst. Weil die erschaffene Welt, erschaffen durch die ewige Welt oder den Ursprung, sich nicht in der Wahrheit befindet, sondern dem Trug der Veränderung ausgesetzt ist, so befindet sie sich nicht im Guten, das allein Gott oder der erschaffenden Welt zukommt, sondern im Argen.«

Obwohl der Ursprung, also der Verursacher der Ordnung in dieser Raum-Zeit-Welt, hat er keinerlei Bindung an diese Welt. Ein Dichter hat einmal gesagt, die Welt ist mit einer Uhr vergleichbar. Der Uhrmacher hat sie hergestellt, sie läuft nach seinen Gesetzen, er selbst aber ist nicht in ihr.

Die erschaffene Welt befindet sich nicht im Guten, das allein Gott zukommt. In der wahren Welt, welche nur mittels des Denkens erfahrbar ist (von Platon als die denkbare Welt bezeichnet), ist das aus dem Ursprung entfaltete Seiende offenbart, und dieses Seiende ist gut. Nur die in dieser Welt Lebenden sind gut, denn alles in dieser aus dem Ursprung entfalteten Welt ist in der Einheit des Ursprungs. Und in der Einheit seiend bedeutet, in der Einheit mit dem Einen zu sein.

Im irdischen Menschen dagegen ist das Werden-Können angelegt, er ist nicht in der Einheit mit dem Einen, aber in ihm ist das Potential angelegt, um diese erfahren zu können. Sein aus der irdischen Natur stammendes Wesen liegt im Argen, das heißt, dieses kann keine Kenntnis vom Einen erlangen. Sein Werden-Können bezieht sich allein auf denjenigen Teil in ihm, der unmittelbar aus dem Ursprung entsprungen ist. Dieser, sein Anteil an der Unsterblichkeit hat also die Möglichkeit, aus dem Guten zu zeugen. – Was am Menschen kann gut werden? Nach Cusanus ist es der Same der seienden, lebenden, vernunftbegabten Wesenheit, die sich in der unsterblichen Seele abbilden kann. In diesem Samen befindet sich die mitteilbare Ebenbildlichkeit Gottes. Es ist also nicht der Irdische, als Teil der im Argen liegenden vergänglichen Natur, es ist der im Irdischen schlummernde Same aus der seienden Welt, der wiederum Bewusstsein erlangen kann.

Die Wahrheit ist nicht in der sichtbaren Welt, sondern im ewig seienden Guten zu Hause. Der Unterschied zwischen den beiden Welten ist, wie im Dialog *»Parmenides«* erklärt, so groß, dass eine Überbrückung nicht möglich scheint. Der Zugang zu beiden Welten kann allein in einer menschlichen Seele erfahren werden. Durch die Spuren, die von weisen Menschen in der sichtbaren Welt hinterlassen wurden, konnte der Eindruck entstehen, dass auch die sichtbare Welt Elemente des Guten enthält. Die Sicht vom Guten als Merkmal irdischer Gegebenheiten führte zu dem Verständnis, dass das Gute in der »einzigen« sichtbaren Welt und nicht im Innern des Menschen gesucht wird. Die grundlegenden Gesetze der physischen Welt wurden dadurch verkannt und deren Bedeutung für den Menschen konnte nicht verstanden werden. Alles Unglück, das Welt und Menschheit zustößt, wird anderen und auch einem zornerfüllten Gott in die Schuhe geschoben. Einsicht in die Weltsicht der Existenz zweier Weltordnungen ist im öffentlichen Bewusstsein kaum vorhanden. Dass die sichtbare Welt fundamental eine ungöttliche Welt ist und die Gesetze der göttlichen in ihr auch nie ihre Wirksamkeit entfalten können, ist nur wenigen klar. Das Jesus-Wort: *»Mein Reich ist nicht von dieser Welt«* (Johannes 18.36) ist aus dem Bewusstsein der meisten Menschen ausgeschlossen, und der Kern seiner Botschaft bleibt auch nach 2.000 Jahren Verkündigung weitgehend unsichtbar.

Die von Darwin nachgewiesenen Naturgesetze betreffen alle Geschöpfe dieser Welt und stehen vollkommen außerhalb der Wirksamkeit der göttlichen Ideen und Gesetze, die dem Menschen auf vielfältige Weise mitgeteilt werden (zum Beispiel im Neuen Testament). Allein der Mensch als Sonderwesen in der Naturwelt kann diese Gesetze erkennen und sein Handeln nach diesen ausrichten. Die gesamte physische Welt und die darin vom Menschen erschaffenen Gesellschafts- und Wirtschaftsordnungen sind vom Prinzip der Selbstbehauptung durchtränkt; der Stärkere behauptet sich gegenüber dem Schwächeren. Wenn sich die Schwachen zusammenschließen oder, wie die Evolution der Tierwelt verdeutlicht, Fähigkeiten entwickeln, um sich gegenüber dem Stärkeren zu behaupten, so können sie ihm die Stirn bieten oder sich dessen Einflussbereich entziehen. Der Mensch macht nur vor den offensichtlich Schwächsten seinesgleichen halt, wenn diese in ihrer eigenen Welt leben und so die Machtverhältnisse der Starken nicht beeinträchtigt werden, in diesem Falle wird sogar in geringem Umfang das Sorgeprinzip und damit ein Element der Nächstenliebe praktiziert.

Es ist nun offensichtlich, dass der Mensch, könnte er in einer Ordnung des Guten und der Gerechtigkeit leben wie von einigen Weisen skizziert, die Möglichkeit hätte, sich ohne Widerstände in diese Ordnung einzufügen. Der Prozess der wahren und einzigen Selbstverwirklichung besteht darin, in der eigenen Seele diese Ordnung zu errichten, trotz einer äußeren Ordnung, die auf den äußeren Menschen zugeschnitten ist und den Prozess im Innern nicht begünstigt. Die innere Ordnung, von Platon mit Gerechtigkeit bezeichnet, in sich selbst zu verwirklichen, ist die wahre und einzige Selbstverwirklichung.

»Tu quis es«, n. 38:

»Das Sinnfällige aber hat zum nicht Sinnfälligen kein messbares Verhältnis. So verhält sich irgendwie die Erschaffene zur Erschaffenden. Es ist also offenbar, dass der Ursprung von allem weder anders noch dasselbe ist, hinsichtlich seiner Geschöpfe, so wie das nicht bezeichnete Wort weder anders noch dasselbe ist, bezüglich seines bezeichneten Wortes; der erste Ursprung nämlich ist vor jeder Andersheit und Selbigkeit.«

»Tu quis es«, n. 40:

»Und da die Welt Gottes wegen da ist, sagen wir mit Paulus, ›dass es nur einen Gott gibt. Denn selbst wenn es sogenannte Götter gibt, sei es im Himmel oder auf der Erde – solche Götter und Herren gibt es viele –, so haben wir dennoch nur einen Gott, den Vater, von dem alles ist und durch den wir sind, und den einen Herrn Jesus Christus, durch den alles ist und durch den wir sind‹ (1. Kor. 8.4-6). Und dieser ist es, der im Thema genannt ist, nämlich der Ursprung, der auch redet, dem alle Gewalt gegeben ist im Himmel und auf der Erde, dem alle jene erschaffenen Götter unterworfen sind, seien es Kräfte oder Mächte, weil er das Wort des lebendigen Gottes ist, durch das alles ist. In ihm sind alle Schätze der Wissenschaft verborgen, wie wir allein durch ihn in das

zeitliche Sein und die zeitliche Welt gekommen sind, so werden wir durch ihn allein zum unzeitlichen Sein und zum ewigen Leben zurückgeführt werden können auf dem Weg, den uns durch Tat der Ursprung zeigte, der in allem den Vorrang hat, Jesus Christus, der allzeit Hochgelobte.«

Es ist nun offensichtlich, dass es nicht das Ziel sein kann, in dieser Welt eine göttliche Ordnung zu errichten; die Naturordnung ist in jeder Beziehung deutlich genug gezeichnet, sodass jede diesbezügliche Absicht zum Scheitern verurteilt ist. Die Erscheinung von Menschen in diesem Lebensfeld, wie Jesus oder Buddha oder auch Sokrates, hatte nicht die Bedeutung, die im Argen liegende Welt wieder zu regulieren. Denn eine Ordnung des Guten und der Gerechtigkeit ist in der sichtbaren Welt nicht herstellbar. Diese Menschen sind einzig und allein erschienen, um anderen einen Weg aufzuzeigen, wie sie vom Gebiet des Leidens in der Welt des Todes in eine des Glücks, in die der Seligen gelangen können (*»Ich bin der Weg, die Wahrheit und das Leben«*, Johannes 14.6). Und diesen Weg muss der Mensch allein in sich selbst, in seinem Innern zurücklegen, er bewirkt einen Wandel des Bewusstseins: weg vom Sichtbaren hin zum Denkbaren.

Hinsichtlich des Universums und seiner Geschöpfe kann von drei Ebenen gesprochen werden, es sind da:

1. der unbeschreibbare Ursprung
2. die seiende Welt
3. die werdende Welt.

Der Ursprung (Gott) ist das unbeschreibbare Eine. Dessen Entfaltung (für den Menschen verständlich gemacht im Sohn) ist definitionsgemäß die seiende Welt, sie ist unveränderlich seiend und ewig. Diese entfaltete Welt kann mittels des denkenden Verstandes, das ist die höchste Vernunft, erkannt werden. Dieses im Innersten des Menschen befindliche Denkvermögen stammt aus dieser geistigen Welt, denn sonst könnte die geistige Welt nicht erkannt werden. Die denkbare Welt, von Platon als Ideenwelt bezeichnet, bildet das Denkgerüst für alle aus dem Einen stammenden Wesen. Die Existenz dieser ewigen Welt, welche auch der Aufenthaltsort der unsterblichen Seelen ist, kann nur von einem dieser Welt zugehörigen Wesen erfahren werden. Als Drittes ist leicht erkennbar die sichtbare, werdende, vergängliche Welt der Materie, der verdichteten Energie. Die Wesen dieser Welt sind nicht in der Einheit, sie sind zusammengesetzt, zerbrechlich und sterblich, dem Zerfall unterworfen. Aber die im Menschen verborgene unsterbliche Seele kann mithilfe der Kraft des Guten, das ist gleichbedeutend mit der in der christlichen Terminologie genannten Kraft des Heiligen Geistes, reanimiert und wiederum der seienden Welt zugeführt werden.

Es gibt daher eine Welt in der Einheit, und diese ist unerkennbar im Ursprung vom Ursprung, erkennbar im geoffenbarten Ursprung im ewig Seienden und in der gewordenen und vergänglichen Welt, erklärt durch den Sohn als Abgesandter aus der seienden Welt. Er erklärt den Menschen in der kristallisierten Welt die Gesetze der ewig seienden Welt. Er vermag durch sein Zeugnis, bei vielen Menschen das Erinnerungsvermögen an eine Zugehörigkeit zu dieser Welt im Guten zu wecken. Aber dieses vom Sohn ausgetragene Wort, das Licht aus der seienden Welt, ist nun nicht ohne weiteres wahrnehmbar. Es bleibt in der sichtbaren Welt schwer erkennbar, da deren Geschöpfe sich an den Gesetzen der natürlichen Notwendigkeiten orientieren und die Fenster für den Eintritt des Lichtes verschlossen halten (*»Das Licht scheint in der Finsternis, und die Finsternis hat es nicht angenommen«*, Johannes 1.5). Mit dem Verstandesvermögen des irdischen Menschen kann das Licht nicht wahrgenommen werden.

Diese Welt, unser gegenwärtiger Aufenthaltsort, ist im Argen. In ihr sind zwei Gesetze erfahrbar: das des Guten in der Offenbarung des Wortes und das der Natur (»friss oder stirb«), dem alle Wesen unterworfen sind. Diejenigen, die nicht über die Gabe der Vernunft verfügen, sind den Naturgesetzen vollkommen ausgeliefert. Denn Vernunftbegabten hingegen kommt die Gnade zuteil, das Gesetz des Guten zu erkennen, um danach zu leben. Das Naturgesetz regiert die Welt der Vergänglichkeit, dagegen gilt das Gesetz des Guten, dargestellt im Wort, das am Anfang war, in der Welt der Ewigkeit. Dieses Gesetz, angedeutet in den christlichen und anderen Schriften, kann in der eigenen Seele erkannt und das Leben darauf ausgerichtet, das heißt durch die Tat erfüllt werden.

Für die den Menschen bewegende Seele gibt es die Freiheit der Wahl, welche Art der Gesetze für das Leben zu befolgen sind. Was seinen Körper anbelangt, so gelten unausweichlich die Naturgesetze, er kann diesen nicht entrinnen. Für die Seele dagegen besteht eine Wahlmöglichkeit. Sie kann den Gesetzen der Natur folgen, ihre Zukunft wird dann von diesen bestimmt. Sie kann aber auch das Gesetz des Geistes zur Anwendung bringen. Der Entscheid liegt beim Menschen und seiner Vernunft. Wählt er das Gesetz des aus dem Geist stammenden Guten, so erfährt die Seele das Wesen der Ewigkeit.

Ewigkeit und Vergänglichkeit sind zwei Lebensgebiete, die keinerlei Gemeinsamkeiten haben. Der Eine, der Ewige, kennt die Geschöpfe der Naturwelt nicht, sondern nur diejenigen, die aus der Welt des Ursprungs sich in die der Natur verirrt haben. Er kennt also nicht die Naturwesen, wohl aber die Geistwesen, welche aus ihm entsprungen sind. Das Geistwesen im innersten Teil einer Seele, in deren unsterblichem Teil erfahrbar, ist es, das vom Einen erkannt wird, nachdem der Eine vom Menschen erkannt wurde. Das Offenbarwerden des Einen in der Seele bedeutet, seine in der Einheit seienden Werte verstanden zu haben und diese als Richtschnur für das eigene Leben anzuwenden.

Das Erkennen des Ursprungs oder der Erstursache, wie es im *»Buch von den Ursachen«*[14], einer anonymen, aus dem Arabischen stammenden Schrift, die zum Teil Aristoteles zugeschrieben und im 12. Jahrhundert übersetzt wurde, heißt, stellt für den (modernen) Menschen offenbar eine schwer zu überwindende Hürde dar, um zur Einsicht hinsichtlich seiner Abstammung zu gelangen. Eine Besinnung auf einige Lehrsätze aus dem *»Buch von den Ursachen«* kann hilfreich sein, diese zu überspringen.

[14] Anonymus: *»Liber de causis. Das Buch von den Ursachen«*, Hamburg 2003.

»Buch von den Ursachen«, XX 162:

»Das Erste ist reich durch sich selbst, und es gibt nichts, das reicher ist. … weil seine Einheit nicht verteilt in ihm ist, sondern seine Einheit ist rein, weil sie im höchsten Grade der Einfachheit einfach ist. Wenn aber jemand wissen will, ob die erste Ursache reich ist, soll er seinen Verstand auf die zusammengesetzten Dinge richten und sie in einer gründlichen Untersuchung erforschen. Er wird nämlich jedes Zusammengesetzte mangelhaft finden, weil es eines andern Bedarf.«

»Buch von den Ursachen«, VIII 79:

»Bestand und Wesen jeglichen Geistes ist durch die reine Gutheit, welche die Erstursache ist.«

»Buch von den Ursachen«, VIII 81:

»… der Geist leitet alle Dinge, die unter ihm sind, durch die göttliche Kraft, die in ihm ist …«

»Buch von den Ursachen«, XII 109:

»Jeder Geist erkennt sein Wesen. Das ist so, weil das Erkennende und das Erkannte zugleich sind …«

Der Eine wird auch in dieser Schrift Erstursache und das Gute genannt, dieser Eine ist in der Einheit mit sich selbst, es bedarf nichts, das außerhalb von ihm wäre, denn er ist vollkommen und in sich ruhend. Dieser Eine ist aber auch gut, er ist die reine Gutheit. Das Sein im Guten kann als sein Wesen verstanden werden und der Grund für seine Entfaltung. Entfaltung in diesem Sinne bedeutet das Offenbarwerden von Wesen der gleichen Art, welche auch sich und das Eine erkennen können. Da alles Seiende aus der Erstursache stammt, ist es gut, wird es vom einen Guten erkannt und kann auch das Gute erkennen. Nun stellt sich die Frage, was am Menschen gut, seiend und dem Einen gleich ist? Es kann sich nur um den in der unsterblichen Seele gefestigten Geist handeln.

Nach Platon ist im sichtbaren Menschen ein Geist-Seelen-Wesen verborgen. Er wird von ihm allegorisch dem Meeresgott Glaukos gleichgesetzt, einem Ungetüm, dessen Wesenskern unter einer dicken Schicht von

Kalk und Meerestang eingeschlossen liegt. Unter dieser Schicht muss das Wesen, die unsterbliche Seele, gesucht und befreit werden.

»Buch von den Ursachen«, XIV 124:

»Jeder Wissende, der um sein Wesen weiß, kehrt zu seinem Wesen in einer vollständigen Rückwendung zurück.«

Wenn also ein Mensch eine Spur von seinem ursprünglichen Wesen in sich erkennt, so wird er sich bemühen, davon wiederum vollständiges Bewusstsein zu erlangen. In diesem Prozess ist Weisheit die einzige Nahrung, die er benötigt, um Fortschritte zu erzielen.

»Buch von den Ursachen«, XIX 155:

»Die Erstursache lenkt alle geschaffenen Dinge, ohne dass sie sich mit ihnen vermischt.«

»Buch von den Ursachen«, XIX 170:

»Die erste Gutheit erfüllt also alle Welten mit Gutheiten; doch nimmt jede Welt von jener Gutheit nur nach der Weise ihrer Möglichkeiten auf.«

Der Eine zeigt keinerlei Bindung an die werdende Welt. In der seienden, geistigen Offenbarung jedoch, das ist in seiner Entfaltung, zeigt er sich und lässt denjenigen sprechen, der aus diesem Gebiet in die werdende Welt gekommen ist: *»… ohne mich könnt ihr nichts tun!«* (Johannes 15.5). Der Eine also ist es, der den Weg zu dem Gebiet weist, in welchem die Gutheit sich vollkommen offenbart: sie ist im Wesenskern des Menschen. Dieser Wesenskern kann als Spiegel für das Gute im Menschen verstanden werden. Die Fähigkeit zum Aufnehmen der Kraft des Guten kann nur in einem Wesen gefunden werden, welches das Gute auch erkennen kann, und diese Fähigkeit hat die unsterbliche Seele, die aus diesem Gebiet stammt und daher ihre Wesensverwandtschaft unmittelbar erfassen kann.

»Buch von den Ursachen«, XXIII 176:

»Die Erstursache existiert in allen Dingen auf eine einzige Weise, aber nicht alle Dinge existieren in der Erstursache auf eine einzige Weise. Das ist so,

weil, obwohl die Erstursache in allen Dingen existiert, dennoch jedes einzelne Ding sie gemäß der Weise seines Vermögens aufnimmt.«

»Buch von den Ursachen«, XXIII 180:

»Und zwar verstehe ich unter ›Sein‹ nur die Erkenntnis, denn entsprechend der Weise, in der ein Ding die schaffende Erstursache erkennt, gemäß dieser Maßgabe empfängt es aus ihr und erfreut sich in ihr.«

In dem Maß, wie ein Mensch seine Seele vom Meerestang befreien, also seine Bindung an die sichtbare Welt lösen kann, wird er sein wahres Wesen und den Einen (die Erstursache) verstehen können, der sich durch seinen Geist in der gereinigten Seele des Kandidaten zu erkennen gibt.

»Buch von den Ursachen«, XXX 210:

»Zwischen dem Ding, dessen Substanz und Wirken im Bereich der Ewigkeit liegt, und dem Ding, dessen Substanz und Wirken im Bereich der Zeit liegt, existiert ein Mittleres, und das ist jenes, dessen Substanz zum Bereich der Ewigkeit und dessen Tätigkeit zum Bereich der Zeit gehört.«

»Buch von den Ursachen«, XXXI 214:

»Jede Substanz, die aufgrund einiger ihrer Gegebenheiten unter die Ewigkeit und aufgrund einiger ihrer Gegebenheiten unter die Zeit fällt, ist Seiendes und Werden zugleich. Nämlich jedes Ding, das unter die Ewigkeit fällt, ist wahrhaftig Seiendes und jedes Ding, das unter die Zeit fällt, ist wahrhaftig Werden.«

»Buch von den Ursachen«, XXXI 218:

»Daraus ergibt sich also, dass es für das wahre reine Eine und die übrigen Einen gleichfalls eine Einheit gibt, und diese Einheit besteht nur aufgrund des wahren Einen, das die Ursache der Einheit ist.«

Als dieses Mittlere kann der Mensch verstanden werden, sein Innerstes ist Seiendes, sein Äußeres ist Werden. Letzteres ist in dem Sinne zu verstehen, dass das Äußere sich in einen Prozess begibt, der zum Erkennen des Innern führt. Die erste Stufe besteht darin, zu verstehen, dass Zeit Werden bedeutet und der Mensch sich im Gebiet des Werdens befindet.

Sieht sich der sichtbare Mensch als Endprodukt, als ein vollständiges Wesen, so kann nicht von Werden gesprochen werden. Erst nachdem er den ersten Schritt getan hat, ist er ein Werdender, der zum Seienden mutieren kann.

»Buch von den Ursachen«, XXX 202:

»Damit ist also klar, dass jede Substanz, die durch ihr Wesen besteht, nur in der Zeitlosigkeit ist, denn sie ist erhabener und höher als die Zeit und die zeitlichen Dinge.«

Damit wird deutlich, was der Wesenskern des Menschen ist und dass ein »Leben« aus dem Wesenskern, dem Seienden, das »Leben« aus dem Zusammengesetzten ersetzen müsste, wenn wahrhaft von Leben gesprochen werden soll. Leben als absoluter Zustand kann nur eines im Seienden sein, in einem Feld, in welchem nur Eigenschaften der Ewigkeit vorkommen. Ein Mensch, der diesen Zustand erfährt, hat diese ewigen Eigenschaften in seinem Bewusstsein verankert.

Die seiende Welt ist nicht geworden, denn sie ist die Ewigkeit, sondern sie ist erkennbar geworden für die, die zu ihr Zugang gefunden haben. Diese Welt ist die Entfaltung des Ursprungs, und in dieser Entfaltung befinden sich alle zum Ursprung gehörenden Ursprungsgleichen, die zum selben Stamm gehörenden Wesen. Die werdende Welt dagegen ist kein Abbild des Ursprungs, da sie in keiner Weise aus diesem stammt. Man kann höchstens feststellen, dass aus dem Ursprung wirkende Prinzipien mit Prinzipien dieser Welt verwandtschaftliche Merkmale aufweisen. Diese Verwandtschaft zeigt sich in einem Menschen, der aus seinem ursprünglichen, das heißt ersten Wesen lebt.

Der Erwerb von Weisheit bedeutet Erlangen von Bewusstsein, das sich in der Haltung eines Menschen zu seinem Umfeld ausdrückt (Mitmenschen, Umwelt, seiende Welt). Die Welten, die sichtbare und die denkbare, können durch Erfahrung und durch vermittelnde Begründung anderer Menschen erkannt werden. Aber für den individuellen Menschen ist allein maßgebend, was er in seinem Innern, das heißt in seinem Seelenbewusstsein von der Welt reflektiert. Was in seinem Innern nicht abgebildet wird, existiert für ihn nicht. Die Bedeutung, die eine Welt für ihn hat, bestimmt er allein. – Der Tisch ist groß und mit allerlei Dingen gedeckt, aber nur diejenigen Dinge sind für ihn von Bedeutung, denen er auch Geltung zumisst. Werden nur Dinge der Vergänglichkeit und der äußeren Welt im Bewusstsein aufgenommen, für viele Menschen die einzige wahre Realität, so bleibt das Bewusstsein am Vergänglichen haften. Werden dagegen unvergängliche Dinge gesucht, Ideen der denkbaren Welt, so hat das Bewusstsein eines solchen Menschen eine Stufe erreicht, die zum Gebiet des Unvergänglichen gehört. In seinem Bewusstsein haften nun unsterbliche Prinzipien und unvergängliche Gesetze; er kann nun beginnen, wenn er deren Wahrheitsgehalt erkannt hat, nach diesen Gesetzen zu leben. Wer aber lebt nach diesen Gesetzen? Es kann sich nur um den inneren Menschen handeln, den Anderen, und das erst dann, nachdem der äußere Mensch den Seelenraum befreit hat von den Kräften der irdischen Gesetze. Von einem solchen Menschen könnte gesagt werden, dass er bereits mit einem Fuß in der Ewigkeit lebt. Jeder Mensch als sichtbares Wesen, das vergänglich ist und sich auch von vergänglicher Nahrung ernähren muss, lebt in zwei Welten; in jener der Notwendigkeiten für seinen vergänglichen Teil und mit seiner unsterblichen Seele in jener der Ideen. Sein Körper lebt noch in der Welt der Vergänglichkeit, die Seele dagegen lebt nach den Gesetzen der seienden Welt.

6.5. Über die Vernunft

Die Vernunft, das Höchste vom Menschen Begreifbare, zeigt auch die größte Verwandtschaft mit der göttlichen Vernunft. Das Streben nach dieser wird unterstützt durch Kenntnis der Weisheit, um die sich der Einsichtige bemühen wird. Wer an der göttlichen Vernunft teilhat, ist unsterblich. Der denkende Verstand allein kann aber die Unsterblichkeit nicht erlangen, etwas Sterbliches kann dies nicht. Nur die seiende unsterbliche Seele kann der Vernunft teilhaftig werden, wenn es dem Menschen gelingt, diese im aktuellen Bewusstsein zu erfassen. Dieser Prozess zum Auffinden der Vernunft kann beginnen, wenn der denkende Ich-Mensch zurücktritt, nachdem er vom Zustand des absoluten Mangels an Geist in seinem Wesen Kenntnis genommen hat. Er begreift, dass das irdische Ich die Unsterblichkeit nicht erlangen kann (*»Fleisch und Blut können das Reich Gottes nicht ererben«*, 1. Korinther 15.50) und dass es die andere, die noch schlafende Seele ist, die erweckt werden muss; sie entstammt dem Ursprung und kennt die Welt des Guten und des Einen. In diesem Prozess muss sich der Bewusstseinsträger täglich vor Augen halten, welche Handlungen zur Stärkung des irdischen Ichs beigetragen haben, also nach dem Prinzip der Selbstbehauptung erfolgt sind, und welche Handlungen sich von der neuen Seelenkraft leiten lassen, der Kraft der Weisheit, die dem Prinzip der Liebe entspricht. Maßgebend für den Menschen ist allein, was sich in seinem Bewusstsein, in seiner Seele abzeichnet. Dieser Bewusstseinsniederschlag bewirkt sein Lebensziel und sein Verhalten gegenüber Mitmenschen und anderen Lebewesen. Dieses Bewusstsein spiegelt die Welt, aus welcher er lebt, die äußere vergängliche oder die innere, unsichtbare unvergängliche. Eine solche Vorstellung hat Proklos (412-485) in seinen *»Elementen der Theologie«* entwickelt.

> *»Elemente der Theologie«*, 20:
>
> *»Jenseits aller Körper ist die psychische Substanz, jenseits aller Seelen die geistig wahrnehmbare Natur und jenseits aller geistig wahrnehmbarer Hypostasen das Eine. … Der Nous (die Intelligenz) ist eine solche unbewegte Ursache und seine Aktivität immer gleichbleibend. … Wiederum vor dem Nous steht das Eine. … Nur die, denen Nous zukommt, haben notwendig auch Kenntnisse, weil geistig wahrnehmbare Erkenntnis der Ursprung und der erste Grund des Wissens ist. Das Eine steht höher als der Nous.*
> *Jenseits des Einen gibt es kein anderes Prinzip. Dasselbe nämlich sind das Eine und das Gute, daher ist es Ursprung aller Dinge, wie gezeigt worden ist.«*

Etwas durch sich selbst Bestehendes und nicht in der Zeit Geschaffenes kann nur etwas Ewiges sein, das heißt etwas, das auch immer im Wesen des inneren Menschen existiert. Dieses in der Einheit Seiende kann nur etwas Göttliches sein, etwas, das dem Einen wesensgleich ist und aus ihm stammt. Es ist aber nichts Geschaffenes, denn ein solches stammt nicht aus der Ewigkeit. Es kann auch nicht etwas Abgespaltenes sein, denn das Eine ist nicht spaltbar. Es kann eine Kopie sein, etwas aus dem Einen Entsprungenes. Die Ursache für das Entspringen ist das Eine selbst, da es von unvorstellbarer Güte ist; und ohne Neid will es, dass auch andere das Gute erkennen. Dieses Andere wird in der christlichen Terminologie als der Sohn bezeichnet, der von sich selbst sagt, dass er und der Vater (der Eine) eins sind, das heißt, dass zwischen ihnen kein Unterschied besteht. Der Sohn ist also der Prototyp des ewigen Menschen.

Das Ziel, den Schritt von der Zeitlichkeit in die Ewigkeit zurückzulegen, muss zuerst als solches erkannt werden, und es muss klar sein, dass es für den Menschen vorgegeben ist. Die Voraussetzung für das Erreichen des Zieles ist es, den Weg dahin beschreiten zu können. Am Anfang steht die Einsicht, dass das an den stofflichen Menschen gebundene Seelenbewusstsein dieses Ziel nicht erreichen, es strukturell nicht in die ursprüngliche, geistige Welt eingehen kann. Die Spuren der entfalteten ewigen Welt führen in die sichtbare Welt, um dem in dieser verlorenen (Sohn) den Weg der Rückkehr in die seiende Welt zu erleichtern. Zeichen des Einen im Sichtbaren sind Schönes und Harmonisches in Bild und Ton und als Element des Guten, die Liebe als Entstehungsgrund für alles, was ist, im Denkbaren die Entfaltung des Einen im Menschensohn, im Sichtbaren die Existenz des physischen Menschen. Wer diese Zeichen erkennt, ahnt etwas von einer Welt der Vollkommenheit. Er kann sein Verlangen abwenden von den irdischen Begehrlichkeiten und es auf das richten, was zum Vollkommenen gehört und im Irdischen nicht gefunden werden kann. Wenn es einem Menschen gelingt, sein Handlungsleben auf dieses Ziel auszurichten, wird dieser als Lohn Seelenbewusstsein empfangen. Dieses Seelenbewusstsein bedeutet Seligkeit, ein Zustand, der mit einem vorübergehenden irdischen »Glücklichsein« nicht vergleichbar ist.

7. Ficinos Deutung des Glücks

In der wissenschaftlichen Philosophie wird der Versuch unternommen, die Sachverhalte des rein Denkbaren, also der Ideen im Sinne Platons, des Geistes und der Seelen auf einer logisch beweisbaren Basis darzustellen. Die auf diese Weise ermittelten Gedankengänge sollen dann von jedem denkenden Menschen nachvollzogen werden können, um verständliche Schlussfolgerung zu ermöglichen. Die aufgeführten Argumente, nach logischer Sichtweise erhärtet, mögen viel zum Verständnis beitragen, aber solange der denkende Mensch sich nicht selbst als ein Teil des Gedankensystems versteht und sich nur als Außenstehender betrachtet, der von den Erkenntnissen nicht unmittelbar selbst betroffen ist, hat er den Sinn der Beschäftigung mit Fragen der Philosophie nicht verstanden. Die als Ideen bezeichneten Kräfte des Guten, Gerechten und Schönen können in diesem Fall nicht in seiner Seele wirken. Sein Seelenleben wird weiterhin bestimmt von den Notwendigkeiten der irdischen Natur, das heißt von einer individuellen Perspektive, und das Universelle wird nicht im Leben verankert werden können.

Das Ziel jeder philosophischen Vorstellung und eines solchen Diskurses ist es, die Wahrheit zu erkunden, um in deren Lichte leben zu können. Da der überwiegende Teil der Menschheit nur wenig Kenntnis von dieser Wahrheit hat, ist es wichtig, dass derjenige, der von ihr zeugen kann, ihrer entsprechend lebt und sie in einer Art und Weise zu vermitteln sucht, damit an der Wahrheit Interessierte im Innersten von ihrem Licht berührt werden. Als Folge dieser Berührung werden diese Menschen sich bemühen, den Wahrheitspfad in sich zu ergründen. Im Zentrum der Wahrheit steht die Seele als Bindeglied zwischen Körper und Geist. Die Seele ist also das dem Menschen zur Verfügung gestellte Instrument zur Selbst- und Wesenserkenntnis, ja in ihr findet der Mensch seinen Wesenskern und seine Bestimmung.

Der Bildung der Seele ist gemäß Sokrates die höchste Aufmerksamkeit zu schenken. In der Seele sind die Begehrlichkeiten des Körpers, aber auch das Verlangen nach Erkenntnis vom unendlichen Geist erfahrbar.

Seelenerkenntnis ist also Selbsterkenntnis. Und im Selbst kann alles verstanden werden, was erkannt werden kann: bezüglich des Körpers die an ihn gebundene Persönlichkeit, das höhere Selbst als Bewahrer der Essenz des gesamten Entwicklungsweges der Seele (des Karmas) und ein göttlicher Seinskern, der ursprüngliche, unsterbliche Teil der Seele. Jede Handlung ist Bewegung, und jede Bewegung geht aus von der Seele, weshalb sie von den Philosophen als »Beweger« bezeichnet wird. Die Bewegungsrichtung, das Gebiet, nach welchem sich der Mensch begibt, hängt ab von der Bewusstseinsausrichtung der Seele. Bleibt das Bewusstsein bereits auf der untersten Ebene, beim Körper, haften und bewegt sich eine Seele in ihrem Bewusstsein nur durch die Begehrlichkeiten des Körpers, so kann kein Fortschritt bezüglich der Wahrheitserkenntnis erzielt werden, denn die Selbsterkenntnis eines solchen Menschen ist auf den untersten und sterblichen Teil seines Wesens beschränkt.

Will er aber zum Kern der Wahrheit vordringen, so muss er sich der Denkfähigkeit seiner Seele bedienen. Mit eigenständigem Denken kann er seine eigene Seele ausleuchten und die Bewegungsrichtung des eigenen Wesens ergründen. Wahrheit kann für einen Menschen nicht bedeuten, Vorstellungen zu übernehmen, die andere Menschen erkannt haben. Wahrheit ist nur das, was ein Mensch in sich selbst erfahren kann und muss, also eine Vorstellung, die mit den eigenen Möglichkeiten erarbeitet wurde. Sokrates und andere Philosophen sind daher nicht nur Kenner der Wahrheit, sondern in erster Linie Dschungelführer, die dem Menschen helfen, in seinem Gedankendickicht einen Weg zum vernünftigen Denken, zur höchsten Vernunft und Ordnungskraft im Universum, zum Ursprung von allem, was ist, zu finden. Notwendigerweise können Vernunft und Ordnung nur in der eigenen Seele festgestellt werden, denn die Erfahrung eines anderen bleibt für einen nicht beweisbaren Gegenstand in einem Nebelschleier verborgen, solange er nicht in der eigenen Seele erkannt wird. So kann sich das Bewusstsein von der Unsterblichkeit der Seele nur in den im eigenen Wesen erkannten unsterblichen Dingen als Gewissheit festigen. Diese Gewissheit muss ein Mensch in sich, in seiner Seele suchen, bis sie verankert ist.

Die Erkenntnis vom Bewusstsein der Unsterblichkeit des eigenen innersten Wesenskerns kann nicht allein mit einem selbst errichten Denkgerüst bewerkstelligt werden, denn der Mensch kann nicht selbst entscheiden, wann ein Gerüst über die notwendige Festigkeit verfügt. Der Entscheid, ob das Bauwerk den Anforderungen genügt, liegt im Gesetz der göttlichen Gnade begründet. Der Mensch kann sich aber um Weisheit bemühen und darauf hoffen, dass sein Wesenskern von der Gnade berührt wird. Das Bauwerk wird durch Erkenntnisarbeit errichtet für die Weisheit und wird ihm den inneren Menschen offenbaren, wenn die Arbeit gut ausgeführt wurde.

Kann ein Weisheitssucher den sokratischen Gedankengängen nicht folgen, so hat er zwei Möglichkeiten: Er verlässt die sokratisch-philosophische Arche und sucht sich ein Schiff mit einem anderen Bootsführer, oder er hält sich an die Aussagen eines modernen Philosophen, der rät, die Werke Platons mehrmals zu lesen, bis ein Licht in der Seele aufleuchtet. Dieses Licht kann dann bedeuten, dass die Arche nicht mehr verlassen wird und philosophisches Denken und Handeln zur täglichen Aufgabe werden. Wegbereiter dieser Art gibt es viele; neben den großen Religionsgründern und den Lehren in den Mysterienschulen aller Zeiten haben auch die Philosophen ihren Teil dazu beigetragen. Ein solcher war Marsilio Ficino. Er hat aus den Quellen Platons geschöpft und diese im Verbund mit der christlichen Offenbarungslehre zu einem Lehrpfad aufbereitet, der jedem Wahrheitssucher wertvolle Hinweise vermitteln kann. Die Ausbreitung seines Gedankengutes hatte den Beginn in der Platonischen Akademie zu Florenz (Careggi), die von Ficino ins Leben gerufen wurde.

Der Mensch ist ein Wesen, ein Teilhaber an der universellen Einheit, um mit Verstand und Vernunft sich selbst zu erkennen. Sein unsterblicher Wesenskern, die Seele, kann erkannt werden, wenn sie von ihrer Unwissenheit befreit wird. Das Gefäß, um diesen Prozess durchzuführen, ist der mit Denkvermögen und Vernunft ausgestattete Persönlichkeitsmensch, der seine Berufung, den wahren ursprünglichen, in ihm gebundenen Geist-Seelen-Menschen zu befreien, erkennen oder – mit anderen

Worten ausgedrückt – die schlafende unsterbliche Seele wiederum zum Bewusstsein erwecken kann.

»Bhagavad-gita«, Kap. 5, Vers 16:

»Wenn jemand mit dem Wissen erleuchtet ist, das die Unwissenheit zerstört, dann offenbart sein Wissen alles, genauso wie die Sonne am Tage alles erhellt.«

Nur der ursprüngliche, geistige Mensch kann das Gute erkennen, denn er stammt aus dem Reich des Guten. Hingegen kann der äußere Mensch als Geschöpf der biologischen Natur, entstanden und gewachsen aus den von Darwin erkannten Naturgesetzen, das Gute nicht assimilieren und zu dessen Wesenskern durchdringen, denn er stammt aus der vergänglichen Welt der Materie. Nur der sich selbst erkennende Mensch, der um seine biologische und auch die geistige Abstammung seiner Seele weiß, kann die gestellte Aufgabe, mit Fleiß die Befreiung und Wiederbelebung des inneren Menschen anzustreben, erfüllen. Da er in sich beide Seelenteile vereinigt, den sterblichen und den unsterblichen, kann er dadurch zum Guten gelangen, indem er sein Ich-Wesen durchschaut und sein wahres Wesen und seine geistige Abstammung entdeckt. Aufgrund dieser Erkenntnis kann er einen inneren Prozess einleiten, um den Weg zum Guten zu finden. Sein Denkvermögen, das gemäß Platon über den höchsten Verwandtschaftsgrad zur göttlichen Welt verfügt, ist der Schlüssel, um die Türe zu öffnen, welche Bewusstsein von dieser Welt ermöglicht.

Die Fähigkeiten für die Führung eines »erfolgreichen« Lebens in der sichtbaren Welt stehen den erforderlichen Kenntnissen für den Eintritt in die Welt des Guten diametral gegenüber. Die Gesetze der Biologie, das sind Anpassungsfähigkeit und Selbstbehauptung, in der sozialen Ordnung mittels regulierter und geplanter Märkte gesteuert, verlangen vom Menschen seine ganze Aufmerksamkeit, denn nur bei vollem Einsatz für die irdischen Ziele können diese erreicht werden. Die Erfordernisse, um umfassendes Seelenbewusstsein basierend auf besinnlicher Denkarbeit zu erreichen, sind im Umfeld der globalen Marktgesetze kaum gegeben, da in der Seele höchstens ein Kellerfenster vorhanden ist, um das Licht aus der Welt des Geistes einzulassen. Wer sich aber um Seelenbildung bemüht, wird in der »Welt Jerusalem« nicht willkommen geheißen. Er wird sich in seinen Ansprüchen nach weltlichem Erfolg bescheiden zurückhalten. Seine Seligkeit wird dadurch aber in keiner Weise beeinträchtigt, denn er kennt seine Aufgabe und wird sich dieser voller Freude widmen.

In jeder Schule der Philosophie wird Wahrheit gelehrt, und diese schließt den Menschen als Teil dieser Wahrheit mit ein. Sie ist also nicht nur das, was über den Menschen gedacht werden kann, es ist der denkende Mensch selbst, der sich in dieser Wahrheit erkennen muss. Die Bildung des Menschen besteht daher darin, in ihm ein Wahrheitslicht zu entzünden und dieses mit Gedanken zu nähren, bis seine ganze Seele erleuchtet ist. Wenn er diesen Zustand erreicht hat, kann er die sokratische Frage für sich beantworten: »Wie soll ich leben?« Dies bedeutet, ein allgemeingültiges Lebensziel als universelle Gesetzgebung zu kennen und den Weg zu wissen, der zu diesem Ziel führt. Solche für jeden Menschen als universell geltende geistige Lebensschwerpunkte können dann im individuellen Leben verwirklicht werden.

Es geht in einer Schule der Philosophie nicht darum, theoretisches Wissen logisch untermauert vor den Schüler zu stellen, sondern ihm ist ein Weg aufzuzeigen, wie er selbst Erkenntnis erwerben kann für die eigene Lebensgestaltung. Daher sagt Platon:

> *»... das göttliche Licht werde nicht durch den Finger des Verstandes bezeichnet, sondern durch die durchscheinende Klarheit des frommen Lebens erfasst.«*

Um das Ziel des Lebens, durch Selbsterkenntnis Seligkeit zu erlangen, erreichen zu können, müssen Antworten auf einige Fragen erarbeitet werden: Was ist der Ursprung von Welt und Menschheit? Wie kann dieser Ursprung beschrieben und erklärt werden? Was ist die Seele und welche Rolle spielt sie im Leben des Menschen? Was ist Vernunft? Von welchen Triebkräften wird der Mensch geleitet, und von welcher Natur sind diese Triebkräfte? Es geht um Selbsterkenntnis: Wer bin ich? Woher komme ich? Wohin gehe ich?

Im Folgenden soll versucht werden, diese Fragen mit Hinweisen auf die Philosophie des Marsilio Ficino, verdeutlicht in *»Traktate zur Pla-*

tonischen Philosophie«, zu verstehen und zu erläutern. In diesem Buch wurden von den Übersetzern vier Themenbereiche ausgewählt:

- Einführung in die Platonische Theologie, Ba 706-716
- Kopendium der Platonische Theologie, Ba 690-697
- Fünf Fragen über den Geist, Ba 675-682
- Über die Glückseligkeit, Ba 662-665.

7.1. Vom Seelenbewusstsein

»Traktate zur Platonischen Philosophie«[15], Ba 707/M 267:

»Es gibt vor allem drei Stufen der platonischen Betrachtung. Die erste steigt vom Körper durch die Seele zu Gott. Die zweite hat Bestand und verweilt in Gott. Die dritte endlich steigt zur Seele und zum Körper herab.«

»Traktate zur Platonischen Philosophie«, Ba 710/M 276:

»Erste Stufe der Betrachtung ist der Aufstieg zur Seele, zum Engel, zu Gott.

... Das Licht in der Seele ist keineswegs sichtbar – so wie das Sonnenlicht für die Nachteule –, weil es allzu stark ist und der körperliche Sinn zu ihm keinerlei Verhältnis hat. Aber es ist mit einer Überlegung der rationalen Seele denkbar. Das Licht im Engel (Geist) ist weder sichtbar noch denkbar, es ist nämlich jenseits der Verhältnisse der Sinne und der Fassbarkeit des Überlegens; es wird trotzdem erkannt, denn es stimmt die Seele mit dem Engel eher in ihrer gewissermaßen ständigen Einsicht als im bewegten Diskurs des Überlegens überein. Weil das Licht in Gott auch die Grenzen des Intellekts übersteigt, wird es von der natürlichen Intelligenz des Menschen überhaupt nicht erkannt, sondern vielmehr geglaubt und geliebt; und als geliebtes wird es offenbar gratis eingegossen, denn je mehr die Seele, die durch die Liebe zu ihm entzündet ist,

[15] Ficino, Marsilio: *»Traktate zur Platonischen Philosophie«*, Berlin 1993.

glücklich lodert, desto heller strahlt sie wieder, urteilt auch wahrer und genießt süßer. Daher sagt Platon, das göttliche Licht werde nicht durch den Finger des Verstandes bezeichnet, sondern durch die durchscheinende Klarheit des frommen Lebens erfasst.«

Ficino spricht von Bewusstseinsstufen, die im Menschen erfahren werden können. Bewusstsein bedeutet in diesem Sinne Seelenbewusstsein. Die Seele ist der Beweger des Menschen, all seine Bewegungen können auf zwei Ebenen erfasst werden: die eine ist die der biologischen Notwendigkeiten, die andere die der Freude. Die Seele treibt den Menschen zur Erfüllung seiner Pflichten, sein Seelenbewusstsein drängt ihn täglich in seine Aufgaben und die damit verbundenen Handlungen. Intellektuelles Begreifen einer Sache, ohne selbst davon betroffen zu sein, ist nicht das Ziel, denn das wäre nur reflektierendes Bewusstsein. Maßgebend ist allein tatauslösendes Seelenbewusstsein. Platon spricht von einem frommen Leben, denn nur dieses bewirkt die Klarheit in der Seele. Um aber weitere Seelenbewusstseinsstufen erklimmen zu können, muss Kenntnis vom aktuellen Bewusstseinsstand vorhanden sein.

Doch die Erkenntnisfähigkeit des Menschen ist zum einen deshalb beschränkt, weil er sein Wissen auf die mit den Sinnesorganen wahrgenommene Phänomene stützt, und zum anderen, weil er geistige Klarheit auf die eigene Person bezieht. Erkenntnis ist, was er glaubt, dass diese ihm oder seinen Mitmenschen nützt, ohne zu verstehen, was ihm von nachhaltigem Nutzten ist. Zu dem ist seine natürliche Intelligenz nicht ausreichend genug, um das göttliche Licht zu erfassen, es scheint außerhalb der Erkenntnisfähigkeit des naturgeborenen Menschen. Sein Denken ist in den Phänomenen der sichtbaren Welt gefangen, weil er nur diese äußeren als gesichertes Wissen ansieht. Im Weiteren wird nur der Nutzen für den sichtbaren Menschen bemerkt, nicht aber der für die ganze Seele, dieser wird mangels ihrer ausreichenden Ausleuchtung nicht erkannt. Die sokratische Feststellung, dass sich das Gute an sich in der sichtbaren Welt nicht manifestieren kann, bleibt unerkannt. Und trotzdem ist die Suche nach dem Besseren in dieser Welt der dominierende Drang der Menschheit. Aber ohne Kenntnis des Guten richtet sich deren Streben nicht auf eine Ausweitung des Seelenbewusstseins, sondern nach der Verbesserung der Lebensbedingungen für den Körper. Mit diesen Bemühungen können zwar die Körperbefindlichkeit verbessert und die Lebensdauer des Menschen in der biologischen Körpergestalt verlängert werden, doch die Erkenntnis von der unsterblichen Seele bleibt im Ungewissen und außerhalb des Bereichs der gefestigten Bewusstseinswirklichkeit. Die Seele als Nebenprodukt des Menschen ist ein auf das Wohlbefinden von Körper und Person reduziertes Instrument. Welt und Menschheit streben nach Glück und erhoffen sich, dieses – neben dem Gelingen eines persönlichen Beziehungsgeflechtes – in der Verbesserung des materiellen Wohlstandes zu finden. Dieses Ziel ist aus philosophischer Sichtweise ein unwesentliches und kann daher das Glück für den Wesenskern des Menschen, seine Seele, nicht herbeiführen. Glück und Seligkeit müssen vielmehr im Bewusstsein von der unsterblichen Seele gesucht werden. Denn diese, der gottähnlichste Teil im Menschen, müsste auch der göttlichen Vollkommenheit am nächsten kommen, und in dieser Vollkommenheit sind Glück und Zufriedenheit keine Eigenschaften, sondern seiender Zustand – und dieser ist die göttliche Liebe selbst. Die Erlangung dieses Zustandes für die Seele soll daher, gemäß Marsilio Ficino, nicht allein mittels des Denkens erreicht werden, sondern durch die tätige Liebe. Denn die Liebe ist wirksam auch ohne vollständige Verstandeserkenntnis. Erkenntnis allein genügt nicht, das tätige Geben an Bedürftige bewirkt Klarheit für das göttliche Liebesprinzip und bereichert den aus diesem Quell schöpfenden und verteilenden Menschen mit Seligkeit. Selbsterkenntnis ist daher in erster Linie Gotteserkenntnis, und darum wird sich der Einsichtige bemühen.

7.2. Vom Seelenbewusstsein des Körpers zum Seelenbewusstsein der unsterblichen Seele, zu Gott

»*Traktate zur Platonischen Philosophie*«, Ba 711/M 278:

»*Die zweite Stufe der platonischen Betrachtung besteht in Gott. … Gott ist die Wahrheit, Quelle alles Wahren, Grund der Wahrheit der Dinge und des Geistes: … das heißt, Gott ist der Inbegriff und die Quelle alles Abstrakten, das heißt der Ideen, wie das Sonnenlicht die Quelle der Farben.*«

Um die Stufe des Körperbewusstseins verlassen zu können, wird sich ein Wahrheitssucher um seine Seele kümmern müssen. Seelenbewusstsein zu erlangen, ist die nächste Stufe auf dem Weg zur Selbsterkenntnis – und dazu gehört Gotteserkenntnis, das ist für jede Philosophie das erste Betrachtungsfeld. Gott ist der Ursprung und die Wahrheit, in welcher das Gute ist. Das ganze Bemühen der Seele geht dahin, diese Wahrheit zu erkennen. Die Seele ist in gewissem Sinne wie ein Spiegel: Richtet ein Mensch seine Seele beispielsweise auf die äußere, sichtbare Welt, so spiegelt sich diese in seinem Innern, was gleichbedeutend ist mit der Wahrnehmung einer Realität, die der Mensch als die wichtigste erfährt, sie bedeutet dann sein Leben. – Verständlicherweise ist das Sichtbare etwas, was von allen Menschen wahrgenommen werden kann. Dass in dieser Welt Krankheit und Tod lauern und letztlich unausweichlich sind, braucht ihn nicht zu stören, denn das wird im Bewusstsein ausgeschaltet – die Psychologie bezeichnet das als Verdrängung. Der Mensch nimmt in Kauf, dass er von Zeit zu Zeit von diesen Umständen eingeholt wird, er fügt sich dieser Realität, da ihm keine andere möglich erscheint. Bleibt sein Weltbild auf die sichtbare Welt beschränkt, so stoßen seine Vorstellungen nicht auf Widerspruch, und da die gesamte Gesellschafts- und Sozialordnung auf dieser Grundlage basiert, muss er auch sein Handeln an dieser Realität ausrichten.

Auch das Gute wird in der äußeren Welt gesucht, obwohl die Spuren der Vergänglichkeit überall wahrnehmbar sind und die Relativität des Guten, was die physische Welt betrifft, nicht erst seit der Relativitätstheorie hinlänglich bekannt ist. Das Gute als bleibender Seinszustand ist in der äußeren Welt nicht auffindbar. So rät uns also der Philosoph, den Blick nach innen zu wenden. Die Spiegelung des Inneren bedeutet, etwas zu erfahren, was mittels des Denkens und des Erinnerungsvermögens erfahrbar gemacht werden kann.

»*Traktate zur Platonischen Philosophie*«, Ba 712/M 279-281:

»Die Freude, die aus der wahrsten Güte und besten Wahrheit entspringt, ist die beste und wahrste. Daher sagt der göttliche Platon, dass von dem, was sich den Sinnen bietet, weil es von außen kommt und nicht wirklich existiert, sondern unrein und kurzlebig ist, ein äußerlicher Kitzel an der Oberfläche des Körpers und der Seele und eine kurze, mit Schmerz vermischte Lust kommt. Was sich aber dem Geist von ganz innen her bietet, weil es das innigste, reine, beständige und höchste ist, flößt dem Innerlichsten der Seele eine innigste, wahre, beständige und höchste Lust ein.

… Außerdem lieben wir in allen schönen und guten Objekten der Liebe in Wirklichkeit nichts anderes als – wenn auch vielleicht unbewusst – die Schönheit und Güte selbst, von denen und aus denen heraus die Einzeldinge schön und gut sind.

… Schließlich, wenn wir über endliches Schönes und Gutes auf endliche Weise froh sind, dann freuen wir uns sicher unendlich über die unendliche Schönheit und Güte als Quelle unzähliger Formen und Güter.

… Diejenigen unter uns schmecken manchmal deutlicher und werden heftiger und länger ergötzt, die Schmutz und Schwäche des Körpers durch Bemühungen um Sitten und Kontemplation von der Natur des Geistes abwenden.

›Aber es sind wenige, die der gerechte Jupiter liebte oder die brennende Tugend zum Äther emporhob‹. (Vergil, Aeneis)

Denn wer ist das, mein Freund? Gewiss die, denen vom Lehrmeister des Lebens gesagt wird: ›Ich werde euch wiedersehen und euer Herz wird sich freuen. Eure Freude wird vollkommen sein und euch niemals genommen werden (Joh. 16.22, 15.11).«

Dieses innere Leuchten, von welchem Bewusstsein zu erlangen wäre, ist also dem Ursprung näher, und wenn es gelingen würde, davon volles

Bewusstsein zu erlangen, so wäre die Erkenntnis vom eigenen Wesen erfolgt, denn dieses stammt aus demselben Quell und wäre daher auch gut und gerecht. Die sich im Körper befindliche Seele muss sich aber um beides kümmern, um das Äußere und das Innere. Nur allzu oft droht das Äußere zu überwiegen und lenkt vom Pfad der Tugend ab, welcher gemäß Platon notwendiger für die innere Erfahrung ist als die Betrachtung mittels des Verstandes und meditativer Konzentration. Um auf dem Pfad zu bleiben, ist daher das Vorbild derjenigen gefragt, die das Innere als das allein Wahre erkannt haben und die Hinweise vermitteln können, welche allen Lichtsuchern von Nutzen sind.

> *»Traktate zur Platonischen Philosophie«*, Ba 713/M 281-282:
>
> *»Dritte Stufe der platonischen Betrachtung. Warum die Seele im Körper das Göttliche schwer erkennt, und dass sie unsterblich ist.*
> *... Betrachten wir, was unser Platoniker Vergil in diesen Versen sagen wollte: Umgeben vom finsteren Kerker dieses Körpers kann die Seele das wunderbare Licht der Wahrheit und das Wahre, das wunderbar in ihm erstrahlt, überhaupt nicht erblicken, weil sie zu ihm keinerlei Verhältnis hat.*
> *Das Nichtverhältnis rührt aus drei Ursachen her: Erstens weil die Seele eine mit dem Körper verbundene Form ist. Jenes Licht aber ist eine gänzlich vom Umgang mit Körpern losgelöste Form.«*

Durch die Bindung der Seele an den Körper wird sie dauerhaft von dessen Befindlichkeiten in Anspruch genommen, weshalb die Befriedigungen körperlicher Verlangen als angenehm empfunden werden. Das Diktat des Körpers wird nicht als Problem, sondern als sinnvolle Natürlichkeit empfunden. Die Seele weiß nicht, dass sie sich in die vergängliche Welt verirrt hat und die Wahrheit über ihr wahres Wesen im Fokus der Materie nicht erkannt werden kann. Die Wahrheit ist nur im reinen Denken erkennbar, und dieses gedachte reine Gute und Gerechte darf nicht im Sichtbaren gesucht werden. Das Licht, das ist das Bewusstsein vom Guten, bleibt rein, solange es gedacht wird, und verliert seine Reinheit, wenn es im Sichtbaren wahrgenommen wird. Im Gedachten hat das Gute, Gerechte und Schöne den Status der Ewigkeit, im Sichtbaren den des Vergänglichen. Der Bildung des Denkvermögens kommt daher eine große Bedeutung zu, es sollte zu einem Gefäß werden, das die Intentionen des Geistes im Innern erfassen und behalten kann.

»Traktate zur Platonischen Philosophie«, Ba 713/M 283:

»Die zweite Ursache, die das Verhältnis stört, ist, dass die mit dem Körper verbundene Seele gewiss ihre natürliche Zuneigung vorrangig Körperlichem zuwendet: eine Zuneigung, die sie vom Unkörperlichen ablenkt.
Drittens richtet sie die Schärfe des Erkennens oft auf Sinn und Sinnliches. … Diese Abbilder aber verdunkeln wie Wolken die Schärfe des Geistes so sehr, dass er das wunderbare Licht der intelligiblen Gegenstände nicht unterscheidet, solange er meistens deren Glanz nicht in sich, sondern in diesen Wolken erblickt. … Wenn dieser körperliche Schmutz irgendwie abgewaschen wird, dann sieht die Seele ein wenig das Unkörperliche, wenn er aber ganz abgelöst wird, dann flößt sich auf einmal das intelligible Licht, voll der Strahlen alles Intelligiblen, den Augen der Intelligenz vollständig ein.
… Aber wenn der Geist vom Körper losgebunden und von der Schwäche des Körpers gereinigt ist, wendet er sich mit der ganzen Aufmerksamkeit nur dem Unkörperlichen zu.«

Wie ist es der Seele möglich, sich von den Forderungen des Körpers lösen? Zunächst kann durch klares Denken Einsicht in ihren Zustand erlangt werden, ohne diese wird ein Befreiungsprozess nicht beginnen können. Sodann muss sie ihr Ziel kennen: den Ort ihrer Abstammung. In der Folge muss sich der Handelnde bewusst sein, zu welcher Natur eine Handlung gehört, zu der des Körpers oder der des Geistes. Auf diese Weise muss eine Reinigung des Seelenspiegels erfolgen, die Angriffe der Körperwelt müssen durchschaut und abgewehrt werden im Wissen um die Freude aus der Welt des Geistes.

»Traktate zur Platonischen Philosophie«, Ba 714/M 286:

»Am meisten als abgetrennt erweist sich der Intellekt dann, wenn er zuweilen über den Zustand hinaus, in dem er hier lebt, jene Spezies der Naturdinge ganz in die Begriffe selbst und in Ideen auflöst, die jenseits der Natur völlig von jeder Materie abgetrennt sind.«

»Traktate zur Platonischen Philosophie«, Ba 715/M 287:

»Aber die Wolken, die sich wegen der diesseitigen Natur und Gewohnheit wieder sammeln, verhindern bald die Klarheit der himmlischen Dinge. ... Die Natur wird durch die unendliche Macht, Weisheit und Güte regiert. Die natürlichen Kräfte sind also nicht umsonst. Diese Argumentation können die Platoniker vielleicht mit dem Schein von Wahrheit für den ewigen Kreislauf der Seelen benutzen.«

Wenn also der Intellekt der Seele ohne Körper existieren kann, so wird damit ein Element der Wahrheit gedeutet. Offensichtlich kann diese Lebensart verstanden werden als das Leben der Seele ohne Beziehung und Abhängigkeit vom Materiellen, das heißt einer Seele, welche sich noch im Körper befindet, aber in ihrer Tätigkeit von den Wirkungen der physischen Welt unbeeinflusst bleibt. Mit der Bildung einer Denkstruktur, mit der Entwicklung von Begriffen, die nur auf Denkbares Bezug nehmen und welche keinerlei sichtbare Orientierung erfordern, kann nach Ficino Wahrheit erkannt werden.

»Traktate zur Platonischen Philosophie«, Ba 715/M 287-288:

»So dunkel die Seele im Körper das Unkörperliche erkennt, so klar erkennt sie es außerhalb des Körpers.
Die Seele nimmt im Überzeitlichen alles klar, jetzt aber dunkel wahr, insofern sie das Zeitliche nicht anders wahrnimmt als vermittels der Abbilder. ... Aber solange sie im sterblichen Körper gefangen ist, wendet sie sich schwerlich und nur wenig dem Ewigen zu, und wenn sie sich ihm zugewandt hat, wird sie durch den Ansturm der körperlichen Bilder sehr oft verwirrt und getäuscht.
... Wenn sie aber für sich lebt, sieht sie durch sich und in sich das, was in ihr existiert, nämlich die Begriffe der Dinge, die, solange sie im höchsten aller Begriffe sind, in ihr selbst existieren, und dann sieht sie alles überaus klar, weil es ganz innerlich und ganz klar ist ...«

Seelenbewusstsein zu erlangen, ist ein Bemühen, die inneren und äußeren Wirksamkeiten zu durchleuchten. Was ist das Ziel einer Handlung oder die Bedeutung eines Wortes? Stammt es aus dem Geist der Ewigkeit oder aus einer irdischen vergänglichen Absicht?

Die auf den Körper orientierte Seele ist für den aus dieser Natur stammenden Menschen nichts Schlechtes. Die Seelenkraft erfüllt die Begehrlichkeiten des Körpers, sie dienen der vergänglichen Selbstbehauptung und Anpassungsfähigkeit. Und da nichts anderes erkannt wird, wird diese Art von Seelenkraft als zur Natur gehörend verstanden. Eine solche Seele dient dem irdischen Glück, das im besten Fall bis zum Ende des irdischen Daseins andauert. Das wahre Glück im Zustand vom unsterblichen Seelenbewusstsein kann eine auf das irdische Glück bedachte Person natürlich nicht befallen. Auch Goethe sprach von zwei Seelen, die eine der Natur zugewandt und deren Wandel mit Freude und Schmerz unterstellt, die andere dem Denken und Erkennen des Alleinguten verpflichtet. Sie stammt aus der Welt des Alleinguten und kennt in ihrem Innersten die Welt des Ursprungs.

Es stellt sich die Frage, ob nicht das zweifache Glück erstrebt werden kann, das immerwährende im Zustand von Ewigkeitsbewusstsein und das zeitliche, mit dem Körper erfahrbare. Nach dem Evangelium gibt es bei der Antwort darauf keinen Spielraum: die Seele kann nicht zwei Herren dienen. Mit dem Begehren nach irdischem Glück schwindet das Bewusstsein vom überirdischen. Der unsterbliche Seelenteil bleibt im Dunkel und eine Rückbesinnung auf die ursprüngliche Welt des Guten bleibt aus.

Nur die ursprüngliche, unsterbliche Seele kann den Zustand der immerwährenden Seligkeit erreichen, und das ist erst gelungen, wenn das Bewusstsein von der ursprünglichen Welt wiedergefunden wurde. Die Seele gehört zur Welt, die in der Einheit mit ihrem Ursprung ist. Im Bewusstseinszustand, an die Welt des Einen und Guten gebunden zu sein, findet die Seele ein Leben in einer ewigen Gegenwart, einen Ruhezustand des währenden Glücks und der unvergänglichen Freude. Im Körper und in der sichtbaren Welt kann dieser Zustand nicht gefunden werden, denn das sichtbare Vergängliche gehört einer anderen Ordnung an, einer, die aus einem Willen entstanden ist, der sich nicht im Einklang mit dem Willen des Ursprungs befindet.

Der Verlust des Sensoriums zum Empfang der Intentionen des Geistes, entstanden durch eine Lebensgestaltung in Eigensinnigkeit, führte zur Entstehung einer Welt, in der das Prinzip der Selbstbehauptung und Eigenwilligkeit dominierend ist. Die Gestaltung einer Welt außerhalb des Guten diente der Absicht, das Gute gegenüber dem Nicht-Guten abzugrenzen, aber auch, um das Gute erkennbar zu machen. Wer sich also vom Guten entfernt, gelangt in etwas Schlechteres. Um diesen Reifeprozess sichtbar zu machen und um die Folgen der Dominanz der Selbstbehauptung zu verdeutlichen, wurde eine sichtbare Welt ins Dasein gebracht, eine, in welcher ein mit Vernunft begabtes Wesen die Auswirkung seines Tuns in Eigenwilligkeit erkennen kann. In dieser Raum-Zeit-Welt ist alles dem Prinzip der Vergänglichkeit unterstellt, das heißt, alles Geschaffene wird wieder aufgelöst und in seine Bestandteile zerlegt, sei es in den Lebewesen der Natur oder in den vom Menschen geschaffenen Werken.

In der sichtbaren materiellen Welt wirken unter anderem die Prinzipien Vergänglichkeit, betreffend alles Sichtbare, und Unvergänglichkeit, geltend für die unsichtbaren Ideen und ewigen rein geistigen Seinszustände. Für den Menschen als vernunftbegabtes Wesen ist, nachdem er in seiner Entwicklung Selbstbewusstsein erlangt hat, klar, dass er sich nicht in der Welt des Guten befindet, denn sein Zustand ist vergänglich und von Schmerz und Leid begleitet, auch wenn sich ihm von Zeit zu Zeit Lichtblicke eröffnen. Ein solcher Lichtblick enthüllt sich ihm dann, wenn er erkennen kann, dass ein Gebiet des Guten existieren müsste und er selbst oder ein Teil von ihm aus diesem Guten stammen müsste, denn sonst wäre er gar nicht in der Lage, das Gute zu erkennen. Das Gute wiederum ist der in seiner Einheit seiende Gott, der in der sichtbaren Welt Zeichen seiner Vollkommenheit hinterlassen hat. Da sind beispielsweise die Gesetze der Mathematik, die sichtbar sind im Kosmos, im Lauf der Gestirne, oder die Musik als Harmonie in Reinheit oder das Wort, mit dem göttliche Gedanken vom erkennenden Menschen vermittelt werden können, damit die seiende Welt erfahren und Zeugnis von ihr abgelegt werden kann. – Der Mensch ist verloren in einer ihm fremden Welt, aber er ist so auch verlorener Sohn und als solcher vom väterlichen Bemühen, ihn in seine ursprüngliche Heimat zurückzuholen, nicht ausgeschlossen. Er hat sich mit seiner Eigenwilligkeit entfernt, und in Eigenverantwortung muss er zurückkehren. Doch dafür wurden ihm, dem Menschen, dem verlorenen Sohn, Wegweiser errichtet, um einerseits den Weg zu erkennen und um andererseits das Ziel zu erreichen.

7.3. Vom göttlichen Geist

Marsilio Ficino spricht von einer ungeteilten geistigen Substanz, die das sichtbare Universum überragt, durchdringt und sich in der menschlichen Seele zeigen kann.

> *»Traktate zur Platonischen Philosophie«*, Ba 690/M 310-311:
>
> *»... Und deshalb gibt es wirklich eine Substanz, die losgelöst ist von der quantitativen Teilung und der Vermischung der körperlichen Qualität, damit jene so vernünftige und gute Potenz im Universum nicht für immer vergeblich bleibt und jene Natur, die für wahrer und mächtiger als jede körperliche Substanz gilt, nicht ganz falsch oder ohnmächtig sei.*
>
> *Die erste Stufe der unkörperlichen Substanz ist ein Leben, also die Seele. ... Daher ist klar: So wie es unterhalb von Körper und Leben einige Körper gibt (Steine, Metalle und derartiges), die ohne Leben bleiben können, so gibt es Leben, die ohne die geringste Hilfe des Körpers sich erhalten können, dies sind aber teils rationale Seelen, teils Engel.*
>
> *... Und je mehr sich der Intellekt selbst von den Körpern löst, desto klarer erkennt und wirksamer wirkt und glücklicher lebt er: so als wäre das der natürlichste Zustand des Geistes und als bedeutete es, den Geist mit dem Körper zu verbinden, als ihn weit von seinem Ursprung zu trennen.*
>
> *... Der Geist aber, in dem es nur Intellekt gibt, führt sein Leben nur außerhalb des Körpers. ... Aber da der Intellekt in diesem Falle ein Teil in der Seele ist, die auch noch andere Teile enthält, ist er doppeldeutig und schreitet im Erkennen mit einer geistigen Bewegung von etwas zu etwas voran; demgemäß muss es über ihm einen vollkommeneren Geist geben, der nicht auf die Fähigkeit der Seele reduziert ist und sich auch nicht mit den unteren Teilen vermischt, ... sondern*

in sich selbst absolut und rein und rundum klar ist und sein Wirken nicht in einem Ablauf ausübt, sondern dauernd.«

Der Geist also ist diejenige Kraft oder Substanz, die unmittelbar von Gott ausgeht und in der Seele erkannt werden kann. In ihr bleibt für die reine Geistkraft jedoch nur in dem Masse Raum, wie sich das Seelenbewusstsein vom Körper entfernt. Das bedeutet, je weniger sich das Denken an sichtbare Strukturen heftet, umso klarer kann sich der reine Geist zeigen. Jeder Gedanke, jede Tat und Handlung haben ein Anfang und ein Ende, falls deren Ursprung in der Physis liegt und auf diese gerichtet ist. Ist der Beginn aber im reinen Geist und lässt eine Seele diesen in sich wirken, so dauert die Wirkung immer an, da die Quelle unerschöpflich ist. Je mehr sich diese Erkenntnis in einer Seele bilden kann, umso mehr kann die denkende Vernunft eines Menschen zur Einsicht kommen, auf welche Weise seine Seele Bewusstsein vom Ewigen erlangen kann. Indem sie die auf das Irdische gerichteten Gedanken auf das Naturnotwendige beschränkt, entstehen in der Seele Freiräume für die Impulse des Geistes, der in der Folge den größten Seelenraum einnehmen kann. Dieses Erkennen vermittelt dem Seeleneigner Glück und Freude, da ja im Kraftstrom des Geistes allein das Gute enthalten ist. Nur in der empfindsamen Seele können sich das Gute, Schöne und Gerechte zeigen. Offenbart sich das Gute in der Seele eines Schülers der Philosophie, so wird ihm bewusst, dass dessen Kraft die stärkste im Universum ist. Diese ewige Kraft des Guten manifestiert sich auch in der Zeit, um in dafür zubereiteten Seelen die Ewigkeit erkennbar zu machen.

»Traktate zur Platonischen Philosophie«, Ba 691/M 312,313:

»Über dem Geist in der Seele ist der Geist an sich, über ihm ist Gott.

Dass über allen Geistern, die es der Form nach sind, ein einziger Intellekt der Ursache nach besteht, beweisen wir folgendermaßen: Weil die geistige Vielheit der individuellen Geister stärker geordnet und geeint ist als die Vielheit der Körper, ist es notwendig, dass die Einheit aus einer einzigen Ursache hervorgeht.«

»Traktate zur Platonischen Philosophie«, Ba 692/M 314:

»Wenn es keinen höchsten Geist gäbe, keine oberste Form, keinen reinen Akt und keine Quelle der Formen, dann würden niemals irgendwelche Wirkungen zu werden beginnen; denn niemals beginnen die mittleren Ursachen zu wirken, welche nicht wirken, bevor sie nicht von allen oberen bewegt werden.
Was im Körper das Auge und im Auge das Sehen, das ist gewiss der Intellekt in der Seele. Was wiederum das Sonnenlicht für das Sehen ist, das ist das Licht der Wahrheit für den Geist.
Wahrheit und Güte sind dasselbe. … Das Reich der Wahrheit erstreckt sich ebenso weit wie das Reich der Güte, und umgekehrt. Denn alles das, was am Wahren nachweislich teilhat, das hat auch am Guten teil. Das Selbst aber, was Wahrheit und Güte genannt wird, überragt jeden Geist, weil der Geist nicht in seiner eigenen Natur, sondern im Besitz des Wahren und Guten ruht.«

»Traktate zur Platonischen Philosophie«, Ba 696/M 324:

»Wenn aber jemand bestreitet, dass die Welt von einer allerklügsten Vernunft und einem allergütigsten Willen regiert wird, dann hat er wohl weder die vernünftige und allerhöchste Ordnung der Dinge in sich und untereinander und auf das Ganze hin bedacht noch das wunderbare Zusammenpassen, das überall dem Einzelnen bestens dienlich ist, noch den gegenseitigen Nutzen der Dinge. … Dabei bewegt der Zweck den Wirkenden, der Wirkende die Form, die Form die Materie.«

»Traktate zur Platonischen Philosophie«, Ba 697/M 325:

»Wem Gott im Erschaffen ein zeitliches Sein zuteilt, dem teilt er fürsorglich auch ein zeitliches Wohlsein zu. Wem er aber in seiner unvergleichlichen Großzügigkeit ewiges Sein zugesteht, dem führt er Wohlsein nicht nur auf Zeit zu, sondern in Ewigkeit.«

An den vielen Einzelwesen der geschaffenen Welt werden die Idee, der Grund und der Ursprung ersichtlich, also eine Einheit, die allem zugrunde liegt und aus der Ordnung und Vernunft stammt. Und deren Wirkung kann nach Marsilio Ficino nur vom Einen und Ersten ausgehen, denn eine Wirkung vom Mittleren, der menschlichen Seele, ist nicht möglich, wenn die Wirkung nicht vom Ersten ausgeht. Vom Ursprung geht also der Geist aus, er formt die Seele, um sich darin zu zeigen. Diese Manifestation ist in der empfindsamen, für den Empfang des Geistes zubereiteten menschlichen Seele möglich. Erkennt eine Seele ihre Abstammung und damit die Möglichkeit, wiederum Bewusstsein vom Guten zu erlangen, so wird sie sich auf den Zustand der Geisterfahrung vorbereiten.

Beide, Seele und Geist, stammen aus derselben Ordnung; die Seele kann das ihr Verwandte, den Geist, in einer ihrem Wesen entsprechenden Gestalt erkennen, wenn in ihrem Seelenspiegel eine Fläche frei bleibt für diese Art von Erkenntnis. Wird ihr die Quelle des Geistes bewusst, so wird sie sich bemühen, diese Fläche für immer rein zu halten. Der Mensch als Denker und als Wagenlenker seines Seelengefährts kann erkennen, das nicht in ihm der Ursprung des Geistes liegt, sondern im Einen und Guten. Da aber seine erneuerte Seele das Wesen des Geistes erfassen kann, wird dieser ihm in der Folge zum Leitstern für seine Lebensgestaltung.

7.4. Wege des individuellen Bewusstseins

In seiner Schrift *»Fünf Fragen über den Geist«* (Ba 675-682) deutet Ficino den Bewusstseinsweg der Seele an, welcher sich einem Einsichtigen eröffnen kann.

> *»Traktate zur Platonischen Philosophie«*, Ba 675/M 327-328:
>
> *»Sie zeigt, dass wir nicht zu den Hauptbestimmungen der Dinge gelangen können, wenn wir nicht zuvor zu dem Haupt der Seele aufsteigen, dem Geist, nachdem wir die unteren Teile der Seele zurückgelassen haben.«*
>
> *»Traktate zur Platonischen Philosophie«*, Ba 675-676/M 328-329:
>
> *»Jede Spezies kehrt in ihrer Bewegung zu ihrer Art zurück. Die äußerste geordnete Bewegungsform der Welt wird durch die göttliche Providenz zu einem*

bestimmten Ziel geführt. … So wie nämlich die einzelnen Dinge von dem All her sind, so erhalten sie auch von der Ordnung des Alls ihre Ordnung und beziehen sich auf eben diese Ordnung wieder zurück. Innerhalb dieser Ordnung des allgemeinen Ganzen wird alles auch noch so Verschiedene mittels Übereinstimmung und Vernunft in Eines zurückgeführt.«

Bewusstsein besteht aus zwei Komponenten: erstens Idee oder Vernunft und zweitens Wille und Kraft, um das Tätigsein an der erkannten Vernunft zu orientieren. Bewusstsein wird natürlich auch im Gefühl erfahren, aber diese Komponente muss für die philosophische Betrachtung eine untergeordnete Rolle spielen, denn Gefühl ist keine Eigenschaft der Vernunft und dem ständigen Wandel unterworfen und behindert den Sucher auf dem Wahrheitspfad. Platon bezeichnet daher das »logistikon« der Seele als den höchsten Seelenteil, dort ist Vernunft angesiedelt und in der Lage, den Geist, der alles ordnet und zum Ziele führt, zu erfahren. Die unteren Seelenteile dagegen, zu welchen auch Gefühlsregungen zu zählen sind, gehören zum irdischen Gebiet. Von diesem Seelenteil darf keine Vernunfterkenntnis erwartet werden.

Nach Marsilio Ficino ist es die göttliche Vorsehung, welche die Welt zu ihrem Ziele führt. Und jedes Wesen kehrt in das seiner Wesensart entsprechende Gebiet zurück. Für den Menschen geht es darum, sich seines Wesens in Selbsterkenntnis bewusst zu werden. Entdeckt er sein Wesen, so wird er auch das Zielgebiet, das von gleicher Art ist, erkennen. Mittels der ihm zur Verfügung stehenden Vernunft kann er den Weg, der zum Ziel führt, ergründen, insbesondere dann, wenn er von Menschen vorgelebt wird, welche diesen bereits zurückgelegt haben und nun davon zeugen, und er dies als wahr annimmt.

»Traktate zur Platonischen Philosophie«, Ba 676/M 330:

»Die Bewegung des Geistes vollzieht sich im Blick auf ein bestimmtes Ziel: Wenn die übrigen Dinge nicht durchgehend in blindem Zufall herumirren, sondern in vernünftiger Ordnung zu dem ihnen am meisten eigentümlichen und entsprechenden Ziel gelenkt werden, wodurch sie auch vollständig vollendet werden, dann bezieht sich umso mehr der Geist, der das aufnehmende Gefäß der

Weisheit ist, der die Ordnung und die Zielbestimmung der natürlichen Dinge erkennt, … der gegenüber allen zuvor besprochenen Dingen das Vollkommenere ist, dieser Geist, bezieht sich umso mehr aus natürlichem Antrieb auf eine gewisse Zielbestimmung hin, durch welche auch er selbst entsprechend der Intensität seines Wollens vollkommen wird.«

»Traktate zur Platonischen Philosophie«, Ba 676/M 331:

»Das Ziel der vernünftigen Bewegung ist nicht Bewegung, sondern Ruhe. … Ein Indiz dieser Sache ist, dass der Geist im Zustand der Ruhe eher als in dem der Bewegung vorankommt. Ebenso dass seine ihm verwandten Gegenstände die ewigen Ideen der Dinge und nicht die veränderlichen Eigenschaften der Materie sind. Hinzu kommt: wie die Kraft des Lebens, das heißt der Intellekt und der Wille, die Zielbestimmungen überschreitet hin zu den unbeweglichen und ewigen Zielbestimmungen, so erreicht auch das Leben selbst sicherlich jenseits von jeder zeitlichen Veränderung seine Zielbestimmung und sein Gut in der Ewigkeit. … Schließlich ist die Bewegung immer unvollkommen, denn sie strebt nach etwas anderem; zum Begriff des Zieles selbst, vor allem des höchsten, gehört es dagegen, dass es weder unvollkommen ist noch zu irgendetwas anderem fortschreitet.«

Das Ziel liegt in der Vollkommenheit, denn darin müssten auch das Glück und die Freude ihren unveränderlichen Zustand finden, der im ruhenden Sein der Seele liegt. Bewegung ist nicht mehr erforderlich, wenn dieser Zustand erreicht ist. Je näher sie der Ruhe ist, umso näher kommt sie zu ihrer Bestimmung. Je ausgeprägter jedoch die Bewegung und der Bewegungsdrang sind, desto weiter entfernt ist die Ruhe. Die Verlagerung des Bewusstseins von den in der Seele vorherrschenden Unruheherden der niederen Triebe auf die sich im Gleichgewicht befindenden vernünftigen Gedanken des höchsten Seelenteils ist ein Ziel des Weges, der zu beschreiten ist. Dieser Prozess wird Bildung genannt.

»Traktate zur Platonischen Philosophie«, Ba 676/M 332:

»Der Gegenstand und das Ziel des Geistes ist das schlechthin allgemeine Wahre und Gute.

Wird nun das eigentümliche oder nicht vielmehr das allgemeine Wahre und Gute als Zielbestimmung der Vernunft und des Willens bezeichnet? Sicherlich das allgemeine, da ja die Vernunft den umfassendsten Begriff von dem, was die Philosophen das Sein, das Wahre und das Gute nennen, bildet, in welchem Begriff alles, was ist oder was sein kann vollständig enthalten ist.«

»Traktate zur Platonischen Philosophie«, Ba 677/M 333:

»Außerdem erkennt die Vernunft alles unter dem Prinzip des Wahren und erstrebt alles unter dem Prinzip des Guten.
Wir sehen nämlich, dass jede Seele in natürlichem Trieb und beständigem Streben versucht, alles Wahre mittels der Vernunft zu erkennen und alles Gute mittels des Willens zu genießen.«

Was ist aber Vernunft und was Verstand? Im Verstand kann durch logisches Denken ein Ziel erkannt, der Ausgangspunkt beschrieben und ein Weg ermittelt werden, wie dieses Ziel erreicht werden kann. Ein solches Ziel kann aber höchst unvernünftig sein, man denke nur an den Bau von Kriegswerkzeugen, der im 20. Jahrhundert soweit getrieben wurde, um das biologische Leben auf der Erde zu zerstören. Ohne Vernunft ist das Verstandesvermögen nicht zu gebrauchen. Die Vernunft ist also der Wegweiser zum Erkennen des Guten und Wahren.

Der Ursprung und das Ziel der Seele sind allein wiederum im Bewusstsein vom unendlichen Wahren und Guten zu erlangen.

»Traktate zur Platonischen Philosophie«, Ba 678/M 333:

»Deshalb hört das Forschen der Vernunft niemals auf, es sei denn, sie fände die Ursache, von der es keine Ursache mehr gibt und die selbst Ursache der Ursachen ist. Dies aber ist allein der unermessliche Gott. … Daher kommst du nirgends zur Ruhe als im unermesslichen Wahren und Guten, findest nirgends ein Ende, es sei denn im Unendlichen. Da aber jede Sache in dem ihr eigenen Ursprung, der sie hervorbrachte und worin sie vollendet wird, ruht, unsere Seele aber nur im Unendlichen Ruhe finden kann, folgt, dass nur das Unendliche ihr eigentümlicher Ursprung sein kann. … Daher ist es kein Wunder, dass es unter den Menschen niemanden gibt, der zufrieden auf der Erde lebt und von zeitlichen Gütern wirklich erfüllt wird.

Was ist vollkommener, das vernünftig Einsehbare oder das sinnlich Erkennbare? Antwort: Du weißt, oh Freund, der du mich fragst, dass es etwas in dir selbst gibt, das von beiden eine gewisse Vorstellung hat. Eine Vorstellung von der Vernunft selbst und der Sinnlichkeit, wie auch vom Intelligiblen und Sensiblen. Dasselbe Vermögen nämlich, das die beiden gegenseitig vergleicht, sieht auch zwangsläufig beide.

... ist es gewiss, dass das Sinnesvermögen niemals etwas weiß, weder von sich selbst, von der Vernunft noch von den Gegenständen der Vernunft. Vielmehr steht fest, dass dies alles von der Vernunft erkannt wird. Außerdem ist jenes Vermögen, welches beide Bereiche erforscht, identisch mit dem, welches mittels diskursiver Überlegung dies findet und durch einen Akt des Verstandes schließt, welches von jenem vollkommener sei. Was aber diskursiv etwas erforscht und rational etwas bestimmt, heißt Verstand und nicht Sinnlichkeit. Es ist allein die Vernunft, die alles dies erkannt hat.«

Mit diesen Überlegungen wird dargestellt, dass Wahrnehmung mit den Sinnesvermögen nur die äußere Seite der Dinge beleuchtet und die Beweggründe und die Seinszustände der Dinge nicht erklären kann. Nur die Vernunft erklärt beides, das Innere und das Äußere. Da im Menschen beide Arten der Erkenntnis angelegt sind, ist für den Sucher der Wahrheit und des Guten klar, welches Vermögen er zur Anwendung bringen muss, um sich seinem Ziel anzunähern. Weil aber die beiden Vermögen in der Seele vermengt sind, bleiben die Hürden bestehen, die zu klarem Erkennen führen. Selbstgespräche zwischen der Seele der Begehrlichkeiten und der vom Geist berührten Seele, wie in den platonischen Dialogen in aller Deutlichkeit vorgeführt, sind im eigenen Wesen nachzuvollziehen, bis Klarheit besteht. Das Urteil über diesen Zustand der Klarheit muss der Denkseele überlassen werden.

»Traktate zur Platonischen Philosophie«, Ba 679/M 337:

»Die Vernunft versetzt sich selbst nach Belieben in Tätigkeit, wenn sie diskursiv reflektiert und mit sich zu Rate geht. Die Sinnlichkeit jedoch wird, wenn der Verstand nicht Widerstand bietet, immer nur durch Trieb und Naturanlage angetrieben. ... So greift ein übermäßiger Glanz das Auge, so ein zu heftiger

Lärm die Ohren an. Der Geist dagegen wird von seinem hervorragendsten Gegenstand (Vernunft) niemals geschädigt noch verwirrt. … Außerdem gibt sich die Sinnlichkeit mit nur einzelnen Gegenständen zufrieden. Die der Vernunft zugehörigen Gegenstände dagegen sind die allgemeinen und ewigen Ideen selbst der Dinge. … Aus diesem Zusammenhang wird klar, dass auch sie selbst absolut und ewig ist. (Uns ist der Verstand eigen, Gott hat ihn nicht den Tieren gegeben.)«

»Traktate zur Platonischen Philosophie«, Ba 680/M 338:

»Wo nämlich Vernunft zugegen ist, die ja gleichsam als ein dem intelligiblen Licht zugeordnetes Auge geschaffen ist, dort leuchtet auch das intelligible Licht, welches Gott ist, auf, und wird empfangen, geliebt und verehrt.«

»Traktate zur Platonischen Philosophie«, Ba 680/M 339:

»Wir machen die Erfahrung, dass das ›Tier‹ in uns, das heißt unsere Sinnlichkeit, sehr häufig ihr Ziel und das für sie Gute erreicht.
… Wann unser ›Mensch‹ dagegen, das heißt der Verstand, sein gewünschtes Ziel erreicht, erfahren wir nicht. … Man kann sich aber nichts Irrationaleres vorstellen als Folgendes: dass der Mensch, der wegen seines Verstandes das vollkommenste aller Lebewesen ist, ja überhaupt aller der Dinge, die sich unter dem Himmel befinden; das Vollkommenste, sage ich, hinsichtlich der formalen Vollkommenheit, die uns von Anfang an verliehen ist; dass der Mensch aus eben demselben Grunde das Unvollkommenste von allen sei, hinsichtlich jener zielbestimmten Vollkommenheit, zu deren Erlangung die erste formale Vollkommenheit ja verliehen wurde.
Ein solcher scheint der allerunglücklichste Prometheus zu sein, der, durch die göttliche Weisheit der Pallas unterwiesen und nachdem er das himmlische Feuer, das heißt den Verstand erlangt hat, sich eben deshalb auf den höchsten Gipfel des Berges, das heißt auf dem Gipfel der geistigen Betrachtung befindet und wegen des andauernden Bisses des wildesten Vogels, das heißt des Forschungsdranges, zu Recht als der Erbarmungswürdigste von allen gilt. Und zwar solange, bis er schließlich dorthin gebracht wird, wo er einst das Feuer empfangen hatte, damit er, so wie er jetzt unablässig von jenem einen kleinen Strahl des

höchsten Lichtes zum ganzen Licht angetrieben wird, dann vollständig vom ganzen Licht erfüllt werde.
So beschwerlich der Mensch, sofern er außerhalb seines natürlichen Standes gesetzt ist, seine Glückseligkeit zu erreichen sucht, so leicht erlangt er sie, wenn er in diesen Stand wieder eingesetzt ist.«

»Traktate zur Platonischen Philosophie«, Ba 681/M 341:

»Sie (die Philosophen, Anm. d. Autors) *sagen, dass wegen einer alten Schwäche des menschlichen Geistes uns alles Kranke und Schwierige zufällt und dass alles schon in Ordnung wäre, wenn nur einer das Gleichmaß der Seele wiederherstellte. Dem steht auch nicht jenes Diktum der Pythagoräer und Platoniker entgegen, das die Seele deshalb so vielem Übel in der sinnlichen Welt ausgesetzt sei, weil sie allzu sehr von der Begierde nach sinnlichen Gütern angelockt, die Güter der intelligiblen Welt leichtfertig aufs Spiel setzte. … Da unser Irrtum und jenes Abirren nicht aus einem Defekt der Natur herrühren, sondern aus der Unbeständigkeit des Verstandes und der schiefen Richtung der Überlegung.«*

»Über die Liebe oder Platons Gastmahl«[16], 1332,5:

»Mithin ist allein die Seele der Mensch, und der Körper ist Werk und Werkzeug des Menschen.«

Die Seele also ist der Mensch, das Wesen Mensch, der Unsterbliche. Die naturgeborene Persönlichkeit ist nur ein schwächliches Abbild dieser Seele, sterblich und von einer anderen Art. Die wahre Seele ist nun an diese irdische, als sichtbarer Körper dargestellte Persönlichkeit gebunden, und die Auflösung dieser Bindung kann nur erfolgen, wenn eine wiederum der Vernunft teilhaftige irdische Persönlichkeit ihren eigenen Zustand und ihre Aufgabe erkennt, nämlich diese Seele, welche aus einer anderen Welt stammt, zu befreien. Dies bedeutet, die unsterbliche göttli-

[16] Ficino, Marsilio: *»Über die Liebe oder Platons Gastmahl«*, Hamburg 2004.

che Seele in sich zu erkennen und sich darum zu kümmern, dass sich diese Seele ihrem Wesen gemäß entfalten kann. Dieser Befreiungsprozess wurde uns vorgelebt von Jesus dem Christus, aber nicht in dem Sinn, dass sein Vorbild unsere Seele automatisch befreien würde, falls ein Lippenbekenntnis zu seiner Kirche abgegeben wird, wie es einige meinen. Nein, den Befreiungsprozess muss jeder Mensch in sich selbst vollziehen. (Angelus Silesius: *»Und wäre Christus tausendmal in Bethlehem geboren und nicht in dir, so wärest du verloren.«*) Die Persönlichkeit muss den Thron verlassen, auf dem sie sitzt, und ihn freigeben für die unsterbliche Seele, die in ihr schlummert und sich nach dem Erwachen sehnt. Und dieser Prozess muss im Hier und Jetzt angefangen und vollendet werden, denn die Persönlichkeit hat nach ihrem Tod dazu nicht mehr die Möglichkeit, und wenn sie es nicht getan hat, muss die mit ihr verbundene Seele erneut inkarnieren, um in einer anderen Persönlichkeit nochmals von vorn zu beginnen.

Nutzt ein Mensch den Weg, seiner Seele des Ursprungs wiederum ihre Entfaltung zu ermöglichen, so hat er seine Aufgabe erfüllt. Dies bedeutet, das Gleichmaß der Seele wiederherzustellen und durch vernünftige Seelenausrichtung ihr wahres Wesen wiederzuerkennen. In diesem Prozess werden die verlorenen Güter der geistigen Welt, das Gute, Gerechte und Schöne, in ihrem ungebundenen, das heißt wahren Zustand wieder ins Bewusstsein geführt. Dieser Rückweg muss damit beginnen, das Beigefügte, das sind alles Irdische, die materiellen Güter, und auch die ganzen körper- und persönlichkeitsbezogenen Begierden und Triebe der Seele, zu entfernen. Von all dem muss sich ein Mensch Schritt für Schritt lösen. In diesem Prozess haben nun die Philosophen die Aufgabe übernommen, dem Verstand wiederum die Vernunft beizugeben und durch klare Denkschulung die Seele von ihren Irrtümern zu befreien. Für die irdische Persönlichkeit ist kein Platz im überhimmlischen Ort, denn sie stammt nicht aus diesem Gebiet, sondern von der Erde, hat irdische Ahnen und muss zu ihr zurückkehren. Nur die aus dem (geistigen) Ursprung stammende Seele kann nach erfolgtem Befreiungsprozess wiederum zurückkehren an den Ort der Seligkeit.

7.5. Das neue Bewusstsein der Glückseligkeit

»Traktate zur Platonischen Philosophie«, Ba 681/M 341:

»Schließlich löst die genaueste Untersuchung der Theologen die ganze Sache in Kürze: keine auf irgendeine Bewegung gerichtete Neigung kann größer sein als die bewegende Kraft selbst. Da also die Neigung der Seele insbesondere zum Unendlichen strebt, so hängt sie freilich nur vom Unendlichen selbst ab.
... Da also der Mensch einerseits durch Gebrauch des Verstandes und der Betrachtung der glückseligen Engel sowie andererseits durch den göttlichen Verehrungskult Gott als Quell der Glückseligkeit viel näher kommt als die Tiere, folgt notwendig, dass er einst im Besitz des erstrebten Zieles noch viel glückseliger wird sein können als diese. So dass, wer den höheren Wesen sowohl an Glut des Willens als auch an Licht der Vernunft ähnlicher ist, auf vergleichbare Weise ihnen auch an Glückseligkeit des Lebens ähnlicher ist. ... So mühevoll daher die himmlische und unsterbliche Seele ihre Glückseligkeit im irdischen, unausgeglichenen und gefallenen Körper beständig zu erreichen versucht, so leicht erreicht sie sie entweder vom Körper befreit oder in einem ausgeglichenen, unsterblichen und himmlischen Körper. ... Daher wird mit notwendigen Gründen geschlossen, dass die Unsterblichkeit und Klarheit der Seele irgendwann in ihrem eigentümlichen Körpersubstrat wird aufleuchten können und müssen. In diesem Zustand allein liegt die höchste Seligkeit des Menschen beschlossen.
Der Geist kann seine erworbene Glückseligkeit niemals verlieren.
... Im unendlichen Guten lässt sich überhaupt kein irgendwie geartetes Böses vorstellen, und was auch immer an Gutem sich ausdenken und wünschen lässt, wird dort in vollstem Umfang gefunden. Dort findet sich das ewige Leben, das reinste Licht der Vernunft, die der Veränderung entbehrende Bewegung, die von Beraubung freie Lebensgestaltung, der sichere und geschützte Besitz alles Guten und die in jeder Hinsicht erfüllte Freude.«

Marsilio Ficino schildert in eindrücklicher Weise, welche Gestalt den Zustand der Glückseligkeit annehmen wird. Das Werden bezieht sich auf den Vorgang, der vollzogen werden kann, wenn sich das Bewusstsein der Seele löst von den irdischen Bindungen und sich ganz der in ihr sich befindlichen Vernunft zuwendet. Diese Vernunft ist vorhanden, denn etwas Unsterbliches kann nicht untergehen, sondern höchstens durch Vergängliches verdeckt und dadurch inaktiv werden. Das Vergängliche, womit die Seele eingekleidet ist, muss entfernt werden, das sind die von der physischen Körperlichkeit herrührenden Einflüsse. Dieser Prozess darf jedoch keinesfalls als physischer Gewaltakt verstanden werden, sondern als mentale Befreiung, wie Platon im *»Phaidon«* erklärt hat. Auf diese Weise kann sich das vernünftige Denken losgelöst von körperlichen Befindlichkeiten entfalten und die Seele in einen Ruhezustand führen. In diesem wird es ihr ermöglicht, den Geist zu erkennen, den Geist des Guten, Schönen und Gerechten. Die Lebensgestaltung in freier Wahl getroffen, ist dann dem Guten gewidmet und von vergänglichen Begierden befreit. Ein solches im Dienste der Ewigkeit geführtes Leben ist eines der Glückseligkeit und der erfüllten Freude. Marsilio Ficino hat einige Traktate (Ba 662 bis Ba 665) dem Thema der Glückseligkeit gewidmet, welche die Grundlage bilden für dieses Kapitel.

> *»Traktate zur Platonischen Philosophie«*, Ba 663/G 204:
>
> *»Es gibt zwei Tätigkeitsformen der Seele in Bezug auf Gott. Sie sieht nämlich Gott durch den Intellekt, und indem sie ihn erkannt hat, freut sie sich an ihm durch den Willen. Platon bezeichnet die Schau als ›Ambrosia‹, die Freude als ›Nektar‹, den Intellekt und den Willen aber als die zwei ›Flügel‹, mittels derer wir zu Gott als Vater und Vaterland zurückfliegen sollen. … Daher sagt er, dass die reinen Seelen an der göttlichen Tafel Ambrosia und Nektar genießen werden. (›Phaidros‹, 247e, 249cd) … Denn um wieviel mehr wir uns in diesem Leben bei Gott durch Liebe verdient machen als durch Forschung, umso größerer Lohn wird in jenem Leben für die Liebe als für die Forschung gewährt. Die Liebe verbindet den Geist deshalb schneller, enger und fester mit der Gottheit als die Erkenntnis, weil die Kraft der Erkenntnis eher in der Unterscheidung, die Kraft der Liebe dagegen eher in der Vereinigung besteht. … Die Freude in einem glücklichen Menschen übertrifft also die Schau. … Die Freude ist auch von größerer Fülle als die Erkenntnis: der, der erkennt, der freut sich nicht auch zugleich; jeder aber, der sich freut, erkennt notwendigerweise auch.*

... Und wie nicht der, der das Gute sieht, sondern der, der es will, gut wird, so wird die Seele göttlich, nicht weil sie Gott denkend betrachtet, sondern weil sie ihn liebt.«

Das neue Bewusstsein bildet sich nicht allein durch Selbsterkenntnis, verstanden als Seelen- und Gotteserkenntnis, sondern durch Liebe als die höchste Kraft im Universum. Das Wissen um die Existenz der Welt des Guten, der vollkommen gerechten und schönen Welt des Ursprungs ist eine erste Stufe auf dem Weg zur Glückseligkeit. Die zweite Stufe ist jedoch noch bedeutender, es ist die Erkenntnis des Liebesprinzips. Dieses verbindende Prinzip wird erfahrbar in der uneigennützigen Tätigkeit für andere, es zeigt sich auf der Begegnungsebene, aber auch im Umgang mit allen Feldern der Natur. Im Dialog *»Symposion«* hat Platon die Bewusstseinsentwicklung auf allen Stufen erörtert, diese mündet in der Liebe zu den Ideen, die verinnerlicht werden muss als immerwährende göttliche Kraft, die es zu verstehen gilt. Eine solche Entwicklung wird erklärt am Schönen und führt zum Schönen an sich, als Idee, die sich in der Seele abbildet. Derselbe Prozess kann nun auch für das Gute durchgeführt werden, denn jeder Mensch hat eine Affinität zu einer Art des Guten, welche er in seiner irdischen Persönlichkeit findet. Dieses im Sichtbaren seiende Gute ist von Mensch zu Mensch verschieden, es kann also nicht das Gute an sich sein, denn dieses findet er allein in seinem Wesenskern, wenn er sich bemüht, die Qualität des sichtbaren Guten zu verstehen, und sich von diesem entfernt, um dann das denkbare Gute zu erkennen. Dieses ist es, das erfahren werden kann, wenn er sich auf den Weg begibt, sich diesem in Liebe zuwendet, um es nach seinem Vermögen zu erfassen.

»Traktate zur Platonischen Philosophie«, Ba 665/G 209:

»Verschiedene Seelen erkennen verschiedene Tugenden und Ideen Gottes. Ein jeder nimmt zu allererst die Tugend in sich auf, die er in diesem Leben hier von allen übrigen liebte und die er seinen Kräften entsprechend abbildend zu realisieren versuchte. Aber alle erfahren den ganzen Gott, da er als ganzer in den einzelnen Ideen ist. Dabei besitzen ihn diejenigen auf hervorragendere Weise, die ihn in einer höheren Idee erblicken. Da also ein jeder sowohl nach seinem

Vermögen den ganzen Gott in sich besitzt als ihn auch in der Weise sich freuend erfährt, in der er ihn geliebt hatte, ist, wie Platon sagt, ›Neid aus dem göttlichen Chore ausgeschlossen‹.«

Die Seele erkennt das Gebiet, aus dem sie stammt, worin sie ihren Ursprung hat, sie erfüllt den Willen und die Ordnung der göttlichen Gerechtigkeit. In diesem Gebiet ist die Liebe nicht ausgeschlossen, sondern sie ist in allem, was da ist, und bildet den Wesenskern der darin aufgenommenen Seelen.

»Traktate zur Platonischen Philosophie«, Ba 665/G 209:

»Denn nachdem der Wille einmal dem, in dem das ganze Worumwillen des Guten besteht, angehangen ist und dies erkennt, entfernt er sich nie mehr von diesem zu einem andern. Und da es zur Natur des Guten gehört, auf das nach ihm Strebende Kraft auszuüben, folgt, dass das unendlich Gute un-endlich Kraft ausübt. … kommt er (der Wille, Anm. d. Autors) *in dem unendlich Guten auf un-endliche Weise zur Ruhe. Und wenn die Seele, schon während sie sich auf körperliche Weise bewegt, eine von aller Bewegung freie Glückseligkeit wählt, wird sie das umso mehr tun, wenn sie selbst über alle Bewegung erhoben ist.«*

Hat die Seele den Bewusstseinszustand des Guten erreicht, so ist sie bei der Wahrheit angelangt, einem Seinszustand der Ruhe und der harmonischen Bewegung. Letztere wird nicht mehr vom Willen der irdischen Natur gesteuert, sondern vom Willen der Übernatur. Die Seele ist in ihr ursprüngliches Gebiet zurückgekehrt. Sie übt dann, wie Marsilio Ficino in seinem Werk *»Über die Liebe oder Platons Gastmahl«* sagt, das Denken in einer neuen Art aus, in Erkenntnis vom Guten und nach dem Willen des Einen.

»Über die Liebe oder Platons Gastmahl«, 1327,7:

»… die vorzüglichste Tätigkeit der Seele ist das Denken.«

»Über die Liebe oder Platons Gastmahl«, 1326,30:

»Das Gute ist die hervorragende Wesenheit Gottes. Die Schönheit ist eine Wirkung oder ein Lichtstrahl, welcher von ihm ausgehend, alles durchdringt.«

Der Mensch nimmt auf dieser Bewusstseinsstufe nicht mehr wahr, er denkt.

»Über die Liebe oder Platons Gastmahl«, 133-1332,30:

»Wenn wir sagen: der Mensch nimmt wahr, dann erkennt die Seele mittels der Sinne gleichsam wie durch Fenster, die Außenwelt. Wenn wir aber sagen: der Mensch denkt, dann erfasst die Seele durch sich selbst ohne körperliche Organe die Wahrheit.«

Der bewusst Denkende, der in einer rein geistigen Struktur der Ideen denkt, lebt. Denken ist leben oder zumindest ein wesentlicher Teil davon. Der Ausspruch von Descartes: *»Ich denke, also bin ich«* entspricht diesem Urteil. Mittels seiner eigenen Vernunft und des Denkens gelangt der Mensch also an eine Bewusstseinsgrenze. Mit dem Denken allein kann diese nicht überschritten werden, dafür bedarf es zusätzlich eben der Vernunft. Durch ein neues, von der ich-Bezogenheit vollkommen befreites Denken erfolgt Vernunfterkenntnis, und diese bewirkt Erkenntnis vom Wesen der Liebe. An diesem Grenzstein des Denkens setzt Ficino die Liebe ein, das umfassende Wesensmerkmal des Einen und alles Seienden.

Der Kreis ist geschlossen, der Weg ist absolviert, die Seele ist wieder in das Gebiet zurückgekehrt, aus dem sie stammt, in ihr wahres Zuhause. Ihr Leben findet nun in der denkbaren Welt statt, von Platon als seiende vollkommene Welt bezeichnet, es ist die Ordnung des Geistes mittels des Denkens der umgewendeten Seele erfahrbar. Dieses Leben findet seine Bestätigung im Tätigsein in Vernunft und Liebe für diese Welt.

8. Philosophie als Tätigkeit und angewandte Weisheit

Beim Versuch, das Essentielle in den Werken der vorgestellten Philosophen zu deuten, wird klar, dass jeder Denker einen eigenen Weg aufzeigte, um den im Menschen möglichen Wandel vom irdischen Bewusstsein zum Ewigkeitsbewusstsein verwirklichen zu können. Offensichtlich ist auch, dass viele Wege möglich, aber die Pfade verschlungen sind und jeder Mensch den seinen selbst wählen und beschreiten muss, um zur Wahrheit zu gelangen. Denn die nicht beschreibbare Wahrheit lässt sich allein in der eigenen Seele finden und nicht in einem geschriebenen Wort. Platon sprach von einem Denk- und Erinnerungsprozess, den der Interessierte im eigenen Wesen vollziehen soll. Ein gut beschriebener und markierter Wanderweg zum angestrebten Ziel existiert aber nicht, die Bergpfade sind nicht ausreichend gekennzeichnet. Es bedarf einer umfangreichen Vorbereitung, und von den eigenen Kenntnissen, ob erworben oder angeboren, hängt es ab, ob ein Sucher in die Sichtweite des Gipfels gelangt oder ob der Berggang abgebrochen werden muss, um auf einer anderen Route von neuem zu beginnen.

Im Folgenden werden die wesentlichen Gemeinsamkeiten der Werke der vorgestellten Denker herausgestellt, basierend auf dem von Platon in den Gleichnissen (*»Politeia«*, 508a ff, 509b ff, 514a ff) beschriebenen Weg. Besonders erwähnenswert ist die Vorgehensweise des Denkens nach dem im Höhlengleichnis skizzierten Grundpfad zur Orientierung des Bewusstseins. Die Struktur der Denkprozesse und Tätigkeiten lässt sich wie folgt darstellen:

1. Selbsterkenntnis als Wesenserkenntnis

- Erkenntnis ist zu erlangen vom inneren und vom äußeren Menschen und von der Existenz zweier Welten. Das ist zum einen die ewige Natur als Grundstruktur des Geistes, welche sich im inneren Menschen abbildet, und zum anderen die vergängliche Natur mit den materiellen Ausformungen in der Welt, welcher der äußere Mensch zugehörig ist. Im Menschen sind beide Naturen wirksam, wobei zuerst nur das Bewusstsein vom äußeren Menschen verfügbar ist, und dieser muss zum inneren Menschen eine Brücke bauen und ihm zum Freund werden. Die Werkzeuge zum Brückenbau sind die Weisheitslehren aus allen Zeiten. Der innere Mensch kann in einem Denk- und Erinnerungsprozess erfahrbar werden, womit dann Selbsterkenntnis als Erfahrung vom gesamten Wesen möglich wird.

- Es erwacht Einsicht in dic Gesetze der Natur des äußeren Menschen, welcher die Welt nur mit Sinnesorganen erfährt. In dieser vergänglichen Welt, die außerhalb der Wahrheit existiert und zu vielen Täuschungen Anlass gibt, ist die Außenansicht einer permanenten Veränderung unterworfen. Der Sinn und die Wirkungsmechanismen dieses Modells sind nicht unmittelbar erkennbar.
  »Das Licht scheint in der Finsternis, und die Finsternis hat es nicht angenommen« (Johannes 1.5) und kann es nicht annehmen. Mittels des Denkens kann der Mensch aber die Welt des Geistes und des Ursprungs erkennen, und zwar durch symbolische Kennzeichen, die im Sichtbaren Hinweise auf die seiende Welt sind.
- Die unsterbliche Seele, der göttliche Teil im Menschen, stammt aus einer unsichtbaren Welt (*»... ich bin nicht von dieser Welt«*, Johannes 8.23 und 18.36). Aus dieser Einsicht entspringt die Vorstellung von der Existenz zweier Welten, der werdenden Welt der Sichtbarkeit und der seienden Welt der Ideen. Die Ideenwelt ist geistiger Natur und kann nur mittels des Denkens erfahren werden. Ideen sind Gegenstände des Denkens, aber da ihre Natur Ewigkeitsstatus hat, sind sie mehr als Gegenstände des menschlichen Denkens. Sie wirken selbst dann, wenn der physische Mensch, der die Ideen denken kann, nicht mehr vorhanden ist. Die Ideen selbst existieren als ewige Wirksamkeiten, sie sind das Lebenselixier der unsterblichen Seelen.
- Ideenbewusstsein wird erlangt in einem Prozess der Selbsterkenntnis. Zwei Kräfte des Begehrens durchströmen die Seele: die eine drängt nach dem Irdischem, die andere nach dem Guten als Spiegel des Geistes in der unsterblichen Seele. Aber das Gute entschleiert sich nicht ohne den Einsatz der Vernunft; mit ihr entsteht Unterscheidungsvermögen bezüglich der Quelle des Begehrens. Es gilt, die Kontrolle über die irdische Seele zu erlangen. Platon deutet das Begehren nach dem Irdischen an als das schwarze Pferd im »Fuhrwerk Mensch«. Nur mit dem weißen Pferd, dem Begehren nach dem Himmlischen, kann die Reise zum überhimmlischen Ort, einem geis-

tigen, rein denkbaren Gebiet, angetreten werden. Dominiert aber die Kraft des schwarzen Pferdes im Kräftegespann der Seele, so kann das irdische Gebiet nicht verlassen werden. Der Wagenlenker, der von der Vernunft geprägte Seelenteil, kann allerdings mithilfe des weißen Pferdes das ganze Gefährt in das Gebiet des überhimmlischen Ortes führen.

2. Erkenntnis vom Lebenssinn – Bewusstwerdung von der unsterblichen Seele und der Kraft des Guten

- Das Wesen der Ideen ist im Menschen angelegt, und mittels der Wiedererinnerung hat er Zugang zu diesen. Sein Ziel ist es, Ideenbewusstsein zu erlangen.
- Die wiedererwachte Seele ist wie eine Perle, die von ihrer Muschelschale, das ist der Körper, befreit wurde – oder, wie Platon sagte, der vom Muschelkalk befreite Mensch.

3. Arbeit in und an der Seele

- Der Mensch muss das ihm innewohnende Begehren an irdische Bindungen ausrichten auf die Befreiung der unsterblichen Seele. Er muss Raum schaffen für den inneren Menschen und erkennen, dass Gottähnlichkeit das Gute schlechthin ist.
- Die Bildung des Menschen muss darauf ausgerichtet sein, dass er in der Lage ist, in sich ein Denkgebäude zu erschaffen, worin er sein Denken auf seine Aufgabe konzentrieren kann; denn die Denkstrukturen bestimmen seine Lebensziele. Besteht das Ziel allein darin, die Lebensumstände für den physischen Menschen und das Wohlbefinden seiner Person zu verbessern, so darf eine solche Struktur als sehr einseitig bezeichnet werden. Ein solcher Denker kümmert sich nur um vergängliche Dinge. Baut er dagegen an einem Gedankengebäude mit dem Ziel, Bewusstsein von der unsterblichen Seele zu erlangen, so zeugt dieser Prozess von der höchsten Vernunft. Ein Teilhaber an dieser Vernunft ist gesegnet, denn er gehört dann wie-

derum dem Lebensfeld des Guten an. Wenn er diesen Zustand erreichen kann, erfährt er, dass es nichts Besseres gibt.

- Die vom »Besseren« besessene materielle Welt sucht das Gute im sichtbaren Guten, in der für den äußeren Menschen nützlichen Natur und ihren Gebrauchsgegenständen. Die Geschichte der technischen Errungenschaften zeigt aber, dass der Lebenszyklus dieser »guten« Produkte immer kürzer wird und der Grenznutzen im Schwinden begriffen ist. Dem Einsichtigen muss klar werden, dass es sich bei dieser Art von Gutem nicht um »das Gute« handeln kann. Der Vernünftige wird sich daher um Weisheit bemühen, einer, die ihm hilft, den Weg zum Guten zu finden und zu beschreiten. Dieses Gute kann sich allein in der eigenen Seele zeigen, und der Weg, der dahin führt, kann nur in Gedankenstrukturen beschritten werden, die außerhalb des mit den Sinnesorganen Wahrnehmbaren gefunden werden müssen: in der Welt der Gegenstände des reinen Denkens.

4. Involvieren der Person in den Seelenweg (die irdische Person steht am Anfang, das Geistseelenwesen am Ende des Prozesses)

- Mittels des Denkens gelangt ein Kandidat zur Vernunft, und mit dieser erlangt er Unterscheidungsvermögen, mit dem er die Gegenstände der Welten, der gedachten seienden und der dinglichen werdenden, voneinander trennen kann.
- Der Sucher nach Weisheit bemüht sich um das Schöne, Gute und Gerechte. Es stellt sich die Frage, woher dieser innerliche Trieb nach dem Guten stammt.
- Es werden diejenigen Menschen ausgezeichnet, welche das Bessere wollen und ihre ganze Kraft dafür einsetzen, Besseres zu schaffen. Das in die menschliche Seele gelegte Begehren nach dem Guten ist der Grund für dieses Bestreben Die Suche nach diesem Guten bleibt aber auf das in der sichtbaren Welt angestrebte Bessere, sei es bei Produkten oder menschlichen Leistungen in allen Lebensbereichen beschränkt. Diese irdische Orientierung bringt nur vorübergehendes

Glück und Zufriedenheit, ja es führt bald zu Zwist und Streit im Kampf um die Gegenstände dieses vermeintlichen Glücks (Platon, *»Phaidon«*).

Das Gute kann in der sichtbaren Welt nicht gefunden werden. Es ist allein in der Seele erkennbar, wenn sie vom Logos, vom Wort berührt wird. Das Begehren wird sich auf die denkbaren Dinge richten müssen, auf die nur in einem gedachten Raum und in ihrer ganzen Reinheit existierenden Ideen. Für diesen Brückenbau sind umfangreiche Anstrengungen erforderlich und eine Konzentration auf eine tugendhafte Lebensführung wie sie im 2. Petrus 1.5 ff geschildert wird: »setzt allen euren Fleiß daran«.

- Das Wort kann sich als eine Kraft manifestieren, sodass der vom Wort Berührte erkennt: »Diese Kraft ist es, welche mich treibt und vorwärts bringt zur Erfüllung meiner Seele und des Alls.« Ohne die göttliche Kraft, die sich im Guten und Schönen zeigt, ist kein Fortschritt zu erzielen auf dem Weg vom Werdenden zum Seienden. Diese ist die Lebenskraft.
- Diese Kraft im eigenen Inneren zu erfahren, ist das Ziel. Die Anwendung der Kraft müsste aber in der richtigen Weise geschehen, wobei sie im sichtbaren Raum, in der Raum-Zeit-Welt nicht möglich ist. Denn wenn diese Kraft sich mit dieser Welt verbindet, schwindet sie, nachdem das Objekt, an welches die Kraft gebunden ist, den Weg allen irdischen Werdens geht, sie erlischt. Sie kann also bleibend nur in einer unsterblichen Seele wirksam sein.

5. Leben im denkbaren Lebensfeld durch tätige Vermittlung der Erkenntnis an dafür Interessierte

- Eine erworbene Erkenntnis führt zu einem neuen Bewusstseinszustand, der tatauslösend ist. Unterlässt es ein Erkennender, die Lebensgestaltung am neuen Bewusstsein auszurichten, so hat er noch keine Erkenntnis erlangt (*»Und daran erkennen wir, dass wir ihn erkannt haben, wenn wir seine Gebote halten«*, 1. Johannes 2.3).

- Im Innersten des Menschen besteht eine Urahnung vom Guten, er kann es zwar nicht entschlüsseln, aber er weiß, dass es existiert. Mittels Weisheit erhofft er sich Zugang zum Guten.
- Bewusstes Leben der himmlischen Seele ist Leben aus der Kraft der Welt des Guten (Liebe). Das Gute darf nicht nur als Seiendes, sondern als im Seienden wirkende Kraft verstanden werden. Nach der Erkenntnis der Kraft des Guten in einem Denkprozess und mittels Wiedererinnerung wird ein Mensch, der dies erfährt, das Gute, das immer schön und gerecht ist, dauerhaft ausüben wollen.
- Ein solcher Prozess wird geleitet durch die höchste Vernunft, findet in der Seele statt und darf sich nicht in der materiellen Welt manifestieren, außer im Wort, im Logos und dessen angemessener Verbreitung.

6. Die Erkennbarkeit des Guten

- Das Gute ist der Ursprung von allem, auch von der Biologie und der Physik. Die Welt der physischen Natur muss aber als Notordnung verstanden werden, die abgetrennt ist vom Guten; die biologischen Prozesse zeugen nicht vom Guten.
- Mittels der Selbsterkenntnis kann ein Mensch seine Zugehörigkeit zu den Lebensfeldern der sichtbaren Natur und der denkbaren Welt des Geistes erkennen. Auf der Suche nach seinem Wesenskern begegnet er zuerst dem Guten, das seine Biologie und Physis betrifft, dann dem Guten für seine Psychologie, danach dem Guten in der Kultur, das heißt Kunst und Ordnung des menschlichen Zusammenlebens. Erst zum Schluss wendet er sich der Seele zu und sucht darin das Gute. Dieses mündet in der Erkenntnis vom Einen und in der Liebe des inneren Menschen zum Einen, womit er zum Gelingen des Ganzen beitragen kann. Seine Wirkung darf in diesem Zustand als universell verstanden werden.
- Des Menschen Zustand ist im Seienden, wenn er teilhat an der Entfaltung des Einen. Das Eine in Vollkommenheit und Einheit bleibt

immer es selbst, ungeachtet der Anzahl der Teile, die in ihm mitwirken. Der Mensch kann an dieser Entfaltung teilnehmen, wenn er von sich alles zurücklässt, was nicht vollkommen ist, und das ist das Persönliche, das Individuelle. Wenn nur noch das Wesen des Ursprungs zurückbleibt, gehört der Mensch zum Ozean des Einen.

- Der stoffliche Teil des Menschen ist, da er individuell ist, ausgeschlossen vom Einen. Die Seele dagegen, vielmehr ihr universeller, genereller Teil, stammt aus dem Einen, ist ihm zugehörig. Diese Zugehörigkeit kann zur Wirklichkeit mutieren, wenn die Kraft des Guten zum alleinigen Beweger in der Seele wird.
- Menschen, die nach diesem Seinszustand streben, sind untereinander wesensverwandt, ihre angestrebte Heimstätte ist die der unsterblichen Seelen. Ihre Seelenaktivität schlägt sich im Verhalten gegenüber Mensch und Umwelt nieder; ihre Wesensmerkmale sind durch Eigenschaften geprägt, welche nicht nur im Wort, sondern in der Tat gelebt werden und in der Bergpredigt aufgeführt sind. Diese Handlungsprinzipien sind gut, sie entsprechen den Ideen. Leben bedeutet Seelenleben im Lichte der seienden Ideen.

8.1. Philosophisches Leben

Philosophisches Leben heißt, Erkenntnis zu haben von der Wahrheit und vom Wesen der Welt, von der Menschheit sowie vom Lebenssinn des Menschen – und mit dieser zu leben. Diese Erkenntnis ist zum einen Selbsterkenntnis, über die zu verfügen bedeutet, von einer umfassenden Ausleuchtung vom Wesen des Menschen und seines Seinsgrundes Einsicht bekommen zu haben, und zum anderen ist es die Kenntnis von den sichtbaren und den denkbaren Dingen und deren Bedeutung für das Leben des Menschen. Das philosophische Studium sollte in der Einsicht münden, dass die Welt des Guten keine unerreichbare ist, sondern vom Mensch erfahren werden kann, allerdings nicht auf der materiellen und sichtbaren Ebene. Die ewige Welt des Guten ist der Ursprung und die Kraft von allem, was ist, sie erklärt sich in der Entfaltung des Einen und kann sich in der Seele offenbaren.

Die Aufgabe des Menschen besteht daher nicht darin, an einem Bauwerk der Unmöglichkeit zu arbeiten, um das irdische Lebensfeld für den physischen Menschen so bequem oder so abwechslungsreich wie möglich zu gestalten. Die Seele, deren unsterblicher Teil aus der Welt des Guten stammt, ist vorzubereiten auf den Wiedereintritt in die Welt des Guten, dies ist das Lebensziel. Von dieser Seele, welche im Körper an die irdische Welt gebunden ist, aber ihrem Ursprung nach nicht zu dieser gehört, soll Bewusstsein erlangt werden. Die Einsicht für diese Aufgabe steht am Beginn aller Bemühungen. Der Einsichtige wird in der Folge eine Lebenshaltung wählen, welche auf dieses Ziel hinführt. Er wird sich also nicht nur um vergängliche Dinge kümmern, sondern seinen Seelenraum freihalten für Unvergängliches und sein Leben an dieser Erkenntnis ausrichten.

> Platon: »*7. Brief*«, 340 cd:
>
> *»Wer die Weisheit in der Philosophie erkannt hat, der Weisheit, die zur Wahrheit führt … geht seinen Berufsgeschäften zwar nach, welcher Art sie auch sein mögen, bleibt aber vor allem immer der Philosophie treu ergeben und bedacht auf eine alltägliche Lebensweise, die seine Fassungskraft, sein Gedächtnis und sein Denkvermögen bei innerer Nüchternheit bis zum denkbar höchsten Grade steigert, während die dieser entgegengesetzte ihm für immer aufs Tiefste verhasst ist.«*

Der Philosophie treu ergeben zu sein bedeutet, die Weisheit, die zur Erkenntnis vom Guten und zum Leben im Guten führt, zu lieben, das heißt sie vollkommen zu verinnerlichen. Hat ein Philosoph eine Eintrittspforte entdeckt, die in die Innenräume der eigenen Seele führt, so gehen seine Bemühungen dahin, sein Bewusstsein dort zu belassen, wenn immer es die Umstände zulassen. Es gilt zu vermeiden, in Fantasiewelten abzuschweifen, die das Bewusstsein an die Raum-Zeit-Welt binden. Er wird seine Bildung darauf ausrichten, das Unterscheidungsvermögen hinsichtlich der seienden und werdenden Welt zu stärken. Sein Leben in der Innenwelt zu erfahren bedeutet, das Leben der unsterblichen Seele zu leben. Zum Erwerb dieses Unterscheidungsvermögens ist Vernunft erforderlich. Cusanus hat den Weg zu dieser im 3. Kapitel seines Werkes *»De beryllo«* wie folgt angedeutet:

> *»Du musst zuerst beachten, dass eines der erste Ursprung ist, und er wird gemäß Anaxagoras Vernunft genannt; von ihr aus geht alles ins Sein hervor, damit sie sich selbst offenbare. Die Vernunft nämlich findet ihre Freude daran, das Licht ihrer Einsicht zu zeigen und mitzuteilen. Die Schöpfervernunft also macht sich zum Ziel ihrer Werke, nämlich damit ihre Herrlichkeit offenbar werde, und deshalb erschafft sie Substanzen, die mit Erkenntniskraft begabt sind, damit sie ihre Wahrheit sehen können, und ihnen zeigt sich der Schöpfer in der Weise, in der sie ihn erfassen können, als Sichtbaren. Dieses zu wissen, ist das Erste; in ihm ist eingefaltet alles enthalten, was zu sagen ist.«*

Derjenige, bei welchem die Vernunft Einzug gehalten hat, wird sich um philosophische Erkenntnis vom inneren und vom äußeren Menschen und vom Wesen des sichtbaren Menschen und vom Anderen in ihm bemühen. Er wird sich anstrengen, um Unterscheidungsvermögen zu erlangen von den Dingen, welche aus der sichtbaren Natur stammen, und den Zeichen, welche die göttliche Handschrift tragen, insbesondere, vom Wort, das vom inneren Menschen zeugt.

Der Prozess dieses inneren Erkennens ist beschwerlich, für den äußeren Menschen, weil er der natürlichen Lebensweise entgegensteht, und für den inneren Menschen, weil der Durchbruch zum Licht nur schrittweise erfolgen kann und Zweifel in der Persönlichkeit die Ausführung der notwendigen Tat behindern. Der äußere Mensch, seine Unzulänglichkeiten begreifend, erfährt Hindernisse durch ein unverständiges Umfeld, durch Unzulänglichkeiten der materiellen Welt, sein eigener Körper eingeschlossen. Die Zwangsjacke des modernen Lebens, mit Konkurrenzkampf in der Arbeitswelt und Konsumterrorismus in der Gesellschaft, muss abgelegt werden und durch ein dem Wachstum des inneren Menschen förderliches Kleid ersetzt werden. Aus den genannten Gründen kann eine Befreiung aus der weltlichen Umklammerung kaum im Alleingang bewältigt werden. Menschen als Vorbilder sowie Schulen oder Institutionen sind gesucht, um den Pfad ins Innere des Menschen zu begleiten.

Die Lehre der Philosophie, die heutigentags vorwiegend an Universitäten angeboten wird, bietet reiche Quellen, aber das Unterscheidungsvermögen allein an den Grundsätzen der Logik zu schulen, beweist eine zur Ergründung der Wahrheit unvollständige Bildung. Der Unterschied zu den antiken und auch mittelalterlichen Bildungsstätten ist erheblich. Spuren der Wahrheit sind weitgehend aus dem Universitätsbetrieb verschwunden, weil nicht philosophisches Leben, sondern nur philosophisches Denken vermittelt wird. Das Leben des Schülers der Philosophie verläuft neben der Erkenntnis. Und diese selbst bezieht sich nicht auf das Leben eines Studierenden, sondern nur auf »Wissen« und Denkprozesse, deren Wirkung auf den Denkraum beschränkt bleibt. Die innere, nicht mit Worten beschreibbare Erkenntnis vollzieht sich nicht, das vermittelte Welt- und Menschenbild bleibt in einem begrenzten Denkraum eingeschlossen. Der Eintritt des Denkbildes als Offenbarung des inneren Menschen in die Seele des Studierenden gehört nicht zum Stundenplan. Für den Interessierten steht die akademische Karriere im Vordergrund und nicht die Weisheits- und Wahrheitserkenntnis. Die Tat als Beweis, Wahrheit erkannt zu haben, kann daher nicht erfolgen, die Seele des akademischen Schülers bleibt der Denkordnung der Natur verhaftet.

8.2. Der innere Mensch als Seelenfunke

Die von den Wissenschaften belächelten esoterischen Gruppierungen oder Geistes- und Mysterienschulen, welche in ihrem Programm die Seelentransformation zum Ziel haben, erlauben dem Sucher der Wahrheit, auf die Spur zu kommen. Solche Bildungsstätten sind aber auch mit gut programmierten Internetsuchmaschinen nicht leicht zu finden, wenn der

Sucher nicht die richtigen Stichworte eingibt. Erschwerend bei der Suche erweist sich das unüberschaubare Angebot von Institutionen, die der Öffentlichkeit ein Angebot unterbreiten und behaupten, über den Schlüssel zur Wahrheit zu verfügen. Der Suchende wird sich ein eigenes Urteil bilden müssen, und dieses hängt ab von seiner inneren Erkenntnisfähigkeit, die sich aus der Summe aller Erfahrungen und den Bildungsschritten, die seine Seele, sein Mikrokosmos, in der jetzigen und in früheren Inkarnationen durchschritten hat, die es ihm zudem ermöglicht, die irdische Schale aufzubrechen und das Licht ins Innerste einzulassen. Vom Seelenfunken, der über diese Erkenntnisfähigkeit verfügt, spricht Meister Eckhart wie folgt (entnommen *»Werke (W) I und II, Predigten (Pr.))*:

WII, Pr. 76, S.129:

»Die Seele hat etwas in sich, ein ›Fünklein‹ der Erkenntnisfähigkeit, das nimmer erlischt, und in dieses ›Fünklein‹ als in das oberste Teil des ›Gemütes‹ verlegt man das ›Bild‹ der Seele; es gibt aber auch in unseren Seelen ein auf äußere Dinge gerichtetes Erkennen, nämlich das sinnenhafte und verstandesmäßige Erkennen, das in Vorstellungsbildern und in Begriffen ist und das uns jenes Erkennen verbirgt. Wie aber sind wir ›Söhne Gottes‹? Dadurch, dass wir ein Sein mit ihm haben. Dass wir indessen etwas davon erkennen, dass wir der Sohn Gottes sind, dazu muss man äußeres und inneres Erkennen zu unterscheiden wissen.

Das innere Erkennen ist jenes, das sich als vernunftartig im Sein unserer Seele fundiert; indessen ist es nicht der Seele Sein, vielmehr wurzelt es darin und ist etwas vom Leben der Seele, denn wir sagen, dass das Erkennen etwas sei vom Leben der Seele, das heißt vernünftiges Leben, und in diesem Leben wird der Mensch als Gottes Sohn und zum ewigen Leben geboren; und dieses Erkennen ist ohne Zeit und Raum, ohne ›Hier‹ und ohne ›Nun‹. In diesem Leben sind alle Dinge eins, alle Dinge miteinander alles und alles in allem und ganz geeint.«

WI, Pr. 15, S. 177:

»Nun will ich auch dartun, was ›ein Mensch‹ sei. ›Homo‹ besagt soviel wie ›ein Mensch‹, dem eine ›Substanz‹ mitgegeben ist, und sie gibt ihm Sein und Leben

und ein vernunftbegabtes Sein. Ein solchermaßen vernunftbegabter Mensch ist der, der sich selbst mit der Vernunft begreift und in sich selbst losgelöst ist von allen Stoffen und Formen. Je mehr er losgelöst ist von allen Dingen und in sich selbst gekehrt, je mehr er alle Dinge klar mit seiner Vernunft in sich erkennt, ohne Hinwendung nach außen, umso mehr ist er ein Mensch.«

WII, Pr. 1, S. 315:

»Man soll zum Ersten wissen, und es ist auch deutlich offenbar, dass der Mensch in sich zweierlei Naturen hat: Leib und Geist. Darum sagt die Schrift vom Menschen, es gebe in uns einen äußeren und einen anderen, den inneren Menschen.«

Der Mensch als sichtbares biologisch-psychologisches Wesen wird von jedermann als solches wahrgenommen, und seine Identität wird in amtlichen Personalausweisen mit Namen und allen äußeren Unterscheidungsmerkmalen vermerkt. Anders verhält es sich mit dem inneren Menschen, dieser ist selbst vom äußeren Menschen kaum erkennbar, denn er ist ein Wesen, der in ihm verborgen sein soll. Die Zeugnisse von Menschen, die den Anderen in sich erfahren haben und von ihm berichten, wie Sokrates oder Meister Eckhart, können als Wegweiser für andere dienen. Der Prototyp des inneren Menschen, eines Menschen ohne äußeres Wesen, ist der im Zentrum der evangelischen Schriften stehende Jesus Christus. Sein Wesen wurde aber von den Kirchen naturalisiert, das heißt dem biologischen Menschen angepasst, ja als das edelste Exemplar eines physischen Menschen dargestellt. Diese Institutionen bestimmen auch die Lebensregeln für den äußeren Menschen und haben sich über Jahrhunderte als Teilnehmer am politischen Machtgefüge profiliert. Ihre Qualifikation als Institution zur Bildung der Seele mit dem Ziel, Erkenntnis vom inneren Menschen zu erlangen, muss daher in Frage gestellt werden.

Gott ist die Entfaltung seines Wesens aus sich selbst. Er offenbart sich im Sohn und in der unsterblichen Weltseele. In der Entfaltung ist alles eingeschlossen, was in seiner, der göttlichen Einheit ist. Eine individuelle Seele, welche mit der Weltseele übereinstimmt, ist eine in der Einheit seiende, sie ist Teilhaber an der Entfaltung. Er selbst ist vollkommen, unvergänglich und ewig und in seiner Offenbarung für die mitwirkenden Seelen erkennbar. In ihm ist alles vorstellbare und unvorstellbare Schöne, Gute und Gerechte eingeschlossen – er ist die Vollkommenheit.

Der sich in der werdenden Welt befindende Mensch, mit in sich eingeschlossener, nicht vollkommener Seele, aber doch um seine zweifache Abstammung wissend, hat die Wahl, einen Weg zu erschließen, um an der vollkommenen Welt teilzunehmen. Er kann sein Dasein aber auch dem Vergänglichen, Unvollkommenen in einem eigenwilligen Leben zuwenden. Er lebt dann im abgespaltenen, verschmutzten Teil der Weltseele, welcher vom vollkommenen getrennt ist, denn das Vollkommene kann das Unvollkommene nicht aufnehmen, sonst wäre es nicht mehr vollkommen. Für eine mit Vernunft begnadete Seele ist es daher klar, dass Unterscheidungsvermögen notwendig ist, um den Weg vom vergänglichen zum vollkommenen Leben zu beschreiten.

Die Erkenntnis vom inneren Menschen, die Bewusstwerdung der unsterblichen Seele, ist kein Prozess, der mit Denken allein bewerkstelligt werden kann – dazu ist göttliche Gnade erforderlich. Der Eintritt dieser Gnade wird begünstigt durch ein stetiges Bemühen des äußeren Menschen, die Seele vom äußeren Leben zu befreien und das Tatleben an der Erkenntnis vom inneren Menschen auszurichten. Für den ernsthaften Sucher sollte das Ziel, Erkenntnis vom Sein und vom Guten zu erwerben, Lebenswirklichkeit werden. Dieses Bemühen darf nicht wie eine Worthülse in einer verstaubten Bibliothek im eigenen Wissenskosmos aufbewahrt bleiben und wieder in Vergessenheit geraten, bevor diese Erkenntnis im Tatleben bewiesen werden kann.

Die Offenbarung des ersten Menschen ist die Erscheinung eines unkörperlichen Geist-Seelen-Menschen, er ist die Entfaltung des ewigen Geistes. Dieser Geist ist die Wirksamkeit Gottes, welche sich in den aus seiner Entfaltung stammenden Seelen manifestiert. Ein solches Seelenwesen wirkt in der Einheit, das heißt im Einklang mit den Gesetzen des Ursprungs. Die Erfüllung der Gesetze für den ursprünglichen Menschen, entsprechend dem Leben in uneigennütziger Güte und Gerechtigkeit, ist nicht eine Möglichkeit, sondern eine Notwendigkeit, da keine anderen

Gesetze existierten. Der Grund für die Hervorbringung individueller Seelen aus der Weltseele ist das im göttlichen Geist allein erkennbare Wesen der Güte und Liebe, welches keinen Neid kennt (*»Timaios«*, 30e). Die Söhne (Abspaltungen) sollen die Herrlichkeit des Einen schauen können, sie sind Teilhaber an der Entfaltung. Der Typus des Sohnes ist Jesus Christus, und davon gibt es nur einen. Er ist in der Einheit, die jeder Mensch in sich suchen muss. Wenn er sie erlangt hat, erfährt der die göttliche Entfaltung.

Der sichtbare Mensch dagegen ist ein Produkt der ungöttlichen Natur, einer vergänglichen Scheinwelt, die ein Notordnungsgebiet für Seelen göttlichen Ursprungs, welche jedoch ihren Daseinsgrund vergessen haben, ist. Diese Seelen haben sich aus dem Lichtreich entfernt, ihnen wurde ein verdichtetes Energiefeld als Lebensraum zugewiesen. In der sichtbaren Welt sind die Folgen eigenwilliger Handlungen erkennbar. Platon vergleicht diesen Seelentypus mit dem mit Muschelkalk überzogenen Meeresgott Glaukos, dessen wahres Wesen nicht wahrgenommen werden kann. Sein äußeres Wesen muss der physischen Natur gehorchen, einer Ordnung der Vergänglichkeit, in welcher alle Strukturen des Raumes in der Zeit aufgelöst werden und in welcher der Selbstgefällige die Folgen seiner Handlung erkennen kann.

Die seiende Ordnung des Ursprungs, welche als Licht in der Dunkelheit scheint, bleibt für den Menschen zuerst unerkannt. Erst im Wort, dargebracht von weisen Menschen, wird der Zugang zur Lichtwelt erklärt, der von versunkenen Seelen wiederum gefunden werden kann. Am Beginn des Weges steht die Einsicht, dass sich die Seele in einem Territorium befindet, das ihrer Natur ganz fremd ist. Sie wird sich daher auf die Suche nach einem Ausweg begeben. Auf dieser Suche kann sie die Erfahrung machen, dass die sichtbare Welt, obwohl der Seele des Ursprungs fundamental fremd, dennoch als ein Gebiet der Gnade für den göttlichen inneren Menschen verstanden werden kann. Falls der Naturmensch, ein Kind der äußeren sichtbaren Welt, seine Aufgabe versteht und dem inneren Menschen zur Wiedergeburt verhilft, so kann dieser bei Eintritt der göttlichen Gnade die Gesetze der seienden Welt wiederum erkennen und sein Leben in Übereinstimmung mit dem göttlichen Willen und mit dem Guten gestalten.

Der ursprüngliche Mensch, ein rein geistiger Typus, hat sein Lebensgebiet, die Ewigkeit, verlassen und sich verselbständigt. Er lebt ein eigenwilliges Leben außerhalb der Entfaltung des Einen, und das auch noch nach Hunderttausenden von Jahren. Die Evolution hat jedoch ein geeignetes Gefährt als Träger des ursprünglichen Menschen geschaffen, dieses ist der naturgeborene Mensch, dem Tier in mancherlei Hinsicht vergleichbar, jedoch denkfähig und empfindungsfähig für die Wesenswirklichkeit seines Lebensgenossen, des inneren ursprünglichen Menschen – das kann jeder Mensch unschwer bei sich selbst feststellen. In der Raum-Zeit-Welt können einerseits die Fußspuren Gottes erkannt, aber auch die Prinzipien der ungöttlichen Natur festgestellt werden, so das Leben des Stärkeren auf Kosten des Schwächeren. Dass dieses besonders in der Tierwelt geltende Lebensprinzip keinerlei Verwandtschaft mit der göttlichen Welt aufweist, dürfte wohl jedem Kind klar sein, aber wie in der menschlichen Sozialordnung sichtbar, nicht jedem erwachsenen Menschen.

Das Vollkommene mit einer sterblichen Seele zu erfahren, ist nicht möglich. Die Seele kann aber erkennen, was unvollkommen ist. Im Bemühen, das Unvollkommene aus dem Blickfeld zu entfernen und auf diese Weise dessen Kraft zu neutralisieren, wird es ihr möglich, das Verborgene, den Anteil der göttlichen Vollkommenheit im Menschen, wiederum ins Zentrum der Seele zu stellen. Das Gelingen dieser Bemühung mündet dann in der Schau des »neuen Himmels und der neuen Erde« im Seelenraum des Menschen (Offenbarung des Johannes). Der innere Mensch ist wiederum geboren. Dieser ist der Erbe und Teilhaber an der ursprünglichen vollkommenen Welt. Sein Wesen enthält keine individuellen naturentlehnten Merkmale mehr. Er ist in der Einheit mit dem Einen. Der in der Seele erkennbare innere Mensch ist Teil der Entfaltung des Einen. Ein Mensch, der diesen Bewusstseinsprozess in sich vollziehen kann, erfüllt seine Bestimmung und ist Mitwirkender an der Entfaltung des Einen. Seine Seele in diesem Zustand ist der Weltseele wiederum gleichgesetzt.

Glaube bedeutet, etwas erkennen zu können, was nicht bewiesen werden kann, aber für den Gläubigen aufgrund einer inneren Gewissheit dennoch als Realität verstanden wird. Als Realität kann die Welt des Guten verstanden werden und auf einem solchen Glauben basieren. Die menschliche Denkfähigkeit ist nicht ausreichend, um die Welt des Guten mittels der Logik begründen zu können. Der Glaube an die Existenz dieser Welt kann gefestigt werden durch die innere Erkenntnis, dass es sich beim Guten nicht nur um ein Attribut eines Objektes oder Subjektes handelt, sondern um eine Kraft, die das ganze Universum erfüllt und alles wieder auf das Eine und Gute zurückführt. Diese Kraft des Guten zeigt sich in der Seele desjenigen, der sich um sie bemüht. Es ist die befreiende Energie in der unsterblichen Seele. Erfährt ein Mensch diese Kraft in sich, so wird er das Bewusstseinsstadium des Glaubens verlassen, um in den Zustand der Hoffnung und der Liebe einzutreten. Diese Erfahrung ermöglicht eine unverrückbare Erkenntnis von diesem Vermögen und die Bestätigung der Realität dieser unumstößlichen Wahrheit. Sie bewirkt den Eintritt in den Dienst dieser Kraft für denjenigen, der sie erkannt hat.

8.3. Das Wesen der Seele

Das Wesen der Seele ist wie ein Spiegel, es zeigt sich die göttliche Welt, also Gott, Geist und Seele, die Dreiheit (Plotin), mit der alles, was ist, erklärt werden kann. Darüber hinaus gibt es nichts Seiendes, sondern nur noch vom Menschen erkennbares Vergängliches oder Nicht-Seiendes. Die Seele ist dasjenige Wesen, in welchem sich der Geist Gottes offenbart, sie ist also die Entfaltung Gottes außerhalb seiner selbst. Aus ihm, als dem Guten, strömt Weisheit, und deren Wirksamkeit ist sein Geist. Dieser spiegelt sich in der Seele und zeigt sich darin als das Sein. Er ist also auf zweifache Weise gegenwärtig: als Geist und als Seele. Die vom Geist erfüllte Seele ist der Sohn, der in der Einheit mit dem Vater ist. Im Evangelium wird der Sohn dargestellt, nicht nur als der Lebende, also nicht an die

Natur des Todes Gebundene, sondern auch als derjenige, der um den Weg zu diesem Leben weiß.

Als Wegweiser für die Seele hat bereits Homer den Odysseus vorgestellt, einen Menschen, der den Seelenweg in Angriff nimmt und ihn nach der Bewältigung vieler Hindernisse auch erfolgreich zurücklegen kann. Seine Seele kehrt an den Ort ihres Ursprungs zurück. Die Reiserouten sind vielfältig und erfordern von einem Seelenträger schon eine umfangreiche Vorbereitung, um auch nur Bruchstücke dieser Strecke zu erkennen. Odysseus musste erfahren, dass es der Stolpersteine viele waren und die Ablenkung groß war, aber er hatte es geschafft, er durfte nach Ithaka zurückkehren. Für Sokrates war die Aufgabe schon einfacher, er verfügte über eine innere Stimme, den Daimonion, das göttliche Wesen in ihm, welches ihm in jeder Lebenssituation den Weg wies. Die Mythen in der antiken Tradition machen deutlich, dass die Wege vielfältig sind, die es einem Menschen ermöglichen, in sich selbst den Schlüssel zu finden, welcher ihn zurückführt auf die Insel der Seligen.

Die Insel der Seligen ist der Ort der Ewigkeit, der nur mittels des Denkens erkannt werden kann. Es ist also kein Ort in der Raum-Zeit-Welt, der physikalisch-biologischen Welt, deren Merkmal die Vergänglichkeit von allem und aller Lebewesen ist, die in ihr vorkommen. Der Ursprung der unsichtbaren Seele kann nicht in dieser sichtbaren Welt liegen, sondern in der Welt des Geistes, und dahin muss sie auch wieder zurückkehren.

Die Seele ist dasjenige Organ des Menschen, mit welchem er zum einen sich selbst und seine Umgebung erleben kann. Zum anderen muss in ihr das Bewusstsein vom Einen erlangt werden. Dieser Eine und Ursprung sind ewig, zu ihnen gehört das Reich der Ewigkeit, in dem die irdischen Gesetze keine Gültigkeit haben. Die Gesetze der Ewigkeit sind gleichbleibend und unveränderlich, diese zu erkennen, ist die Aufgabe des Menschen für und durch seine Seele.

Tritt in einer Seele nur Irdisches ins Bewusstsein, so verliert sie deswegen nicht ihren unvergänglichen Status. Vielmehr verfügt das Bewusstsein des Menschen mit dieser Seele nicht über den Reifegrad und die

Erkenntnis von ihrem Ursprung. Nur das Bewusstsein vom Ursprung ermöglicht einer Seele die Rückkehr ins Reich der Ewigkeit. Der Mensch wiederum sollte erkennen, wer seine Seele ins Leben gerufen hat, aus welchem Reich sie stammt, welches ihr wahres Erbe ist.

Es ist daher klar, dass nicht ein Mensch reinkarniert, sondern nur seine Seele, und zwar eine, die den Schlüssel zum Reich ihres Ursprungs noch nicht erworben hat. Dies wird ihr auch weiterhin nicht gelingen, solange der Seelenträger ihr dabei nicht behilflich ist. Die Seele wird ihren wahren Status nur dann leben können, wenn sie aus den Ideen lebt, aus Dingen der Ewigkeit, die nur mittels des Denkens erfahrbar sind, wie das Gute, Schöne und Gerechte. Das höchste Attribut der unsterblichen Seele aber ist die Liebe als das erste Prinzip des uneigennützigen Gebens, das die Sonne in der physischen Welt verkörpert.

Der Ursprung, das Erste beziehungsweise das Seiende, zeigt sich im Sohn, das ist die unsterbliche Seele, sie ist also der Spiegel der göttlichen Ideen. Der Sohn ist diejenige Seele, welche den Geist des Vaters in der ganzen Reinheit reflektieren kann. Diese Seele ist dann in der Einheit mit dem Ursprung. In jedem Menschen ist die unsterbliche Seele präsent, das Potential zur Wirksamkeit ist gegeben. Der Seelenspiegel ist aber beschlagen mit allen Elementen der Eigenwilligkeit sowie dem Prinzip der vergänglichen Welt. Das Organ im Menschen, das zur Ewigkeit gehört, nutzt er nicht, er bleibt daher außerhalb der göttlichen Entfaltung. Der Geist des Vaters findet darin keinen Widerhall. Die Seele kann daher den Weg zurück nicht antreten, sie bleibt dem Irdischen verhaftet.

Eine Seele ist Kraft, die menschliche Seele vermittelt ungeordnete, die göttliche Seele geordnete. Die in der menschlichen Seele wirkende Kraft führt zum Guten, und wenn sie des Guten voll ist, teilt sie es aus an diejenigen, die noch nicht von dieser Kraft berührt sind.

8.4. Weisheit und Wissen

Weisheit ist das Wissen, nichts zu wissen, nichts zu wissen von der seienden Welt, vom Reich der Ewigkeit und vom Wissen um den Zugang zu dieser Welt. Der Zugang zu diesem Reich ist mit dem aus der vergänglichen Welt gewonnenen Wissen nicht zu erlangen. Denn die Weisheit des Menschen der irdischen Natur ist Torheit bei Gott. Um göttliche Weisheit zu erlangen, muss die menschliche Torheit überwunden werden. Und diese Weisheit ist daher dasjenige Wissen, mit dessen Hilfe die Torheit überwunden werden kann.

Platon hat mit der Vorstellung von den Ideen der Welt eine Erbschaft hinterlassen, welche Hegel in seinen Vorlesungen über die Geschichte der Philosophie (Berlin 1833) folgendermaßen festgehalten hat:

> *»Plato ist eins von den welthistorischen Individuen, seine Philosophie eine von den welthistorischen Existenzen, die von ihrer Entstehung an auf alle folgenden Zeiten für die Bildung und Entwicklung des Geistes den bedeutendsten Einfluss gehabt haben; die christliche Religion, die dies hohe Prinzip in sich enthält, ist zu dieser Organisation des Vernünftigen, zu diesem Reiche des Übersinnlichen geworden durch den großen Anfang, den Plato schon gemacht hatte.«*

Ideenkenntnis zu erlangen, ist das anzustrebende Ziel des Philosophen, desjenigen, der die Weisheit liebt, das heißt sich von ihr den Zugang zur Welt der Ideen erhofft. Weisheit ist Wissen, das zum Erkennen des inneren Menschen führt.

Mit logischem Denken, mit Denken, welches begründet und für alles zu Erklärende einen Beweis sucht, um sich darauf abzustützen, kann der innere Mensch nicht durchleuchtet werden. Mit einem Denken, das aus Vergleichen besteht, die in der vergänglichen Welt ihre Basis haben, kann die Welt des Unvergleichbaren nicht erklärt werden. Aus diesem Grunde ist neben dem logischen Denken das intuitive vonnöten. Und die Intuition rührt von der Seele, von ihrem Wesenskern. Und dieser wiederum stammt aus der Welt des Ursprungs und bedarf für denjenigen, der diesen Kern in sich erfährt, keine Erklärung. Es ist das, was Platon als den Funkensprung in der Seele bezeichnete. Der Zugang zur denkbaren Welt ist damit geöffnet, aber das Wesen dieser Welt ist noch nicht erfasst. Dazu bedarf es Weisheit, und es muss Kenntnis davon erlangt werden, an welchem Ort diese gefunden werden kann – und dieser liegt in der menschlichen Seele. Die Seele wird von den Einflusssphären der Natur des Geistes und von der sichtbaren Natur gefordert. Kann ein Mensch in seiner Seele seinen Anteil am Seienden entschleiern, so offenbaren sich in ihr das Gute und die im Guten seienden Ideen, das Gerechte und das Schöne. In der Seele wirken Kräfte, die Platon als das Vernünftige, das Begehrliche und das Eifrige bezeichnet (Platon: *»Politeia«*, 441a). Als gerechte, von Weisheit gelenkte Seele ist diejenige zu verstehen, welche vom Vernünftigen geleitet und vom Eifer unterstützt wird. Beides wird das unersättliche Begehren auf natürliche Dinge kontrollieren (Platon: *»Politeia«*, 442a) und damit die ganze Seele dem gerechten Handeln zuführen. Diesen innerseelischen Prozess zu einer Harmonie gebracht zu haben, bedeutet, nach dem Prinzip der Gerechtigkeit zu handeln. Die Gerechtigkeit ist als diejenige Handlungsmaxime zu verstehen, welche das Bewusstsein der Seele auf das Gute lenkt. Das Gute als Idee der Ideen ist die Einheit mit und in Gott. In der Einheit sein bedeutet ein Sein jenseits jedes Widerspruchs, ein Sein in der Liebe.

Gerechtes Handeln heißt, von der Vernunft des Ursprungs als Kennzeichen des göttlichen Teils im Menschen geleitet zu sein. Dieser Teil ist es, der unter einer durch allerlei Begehrlichkeiten aufgetürmten Schicht, welche Nacht und Unwissenheit über das Bewusstsein gelegt hat, verborgen ist. Die irdische Persönlichkeit muss erkennen, dass es zwei Kräfte sind, die die Seele besetzen, die eine aus dem Kern des Ursprungs, aus der Welt der Ewigkeit stammend, die andere ist eine irdische, die im Chaos der vergänglichen Welt mit Unterstützung der Begehrlichkeit der unvernünftigen Natur und einem entfremdeten Eifer entstand.

Weisheit ist nun dasjenige Wissen, welches Licht in das Durcheinander in der menschlichen Seele bringt und dem Menschen zum Wiedererkennen seines wahren Wesenskerns, der nicht der vergänglichen Welt zugehörig ist, verhilft. Jeder wirkenden Kraft in der Seele das ihre zukommen zu lassen, ist die Aufgabe des leitenden Seelenorgans, der Vernunft. Dieser Seelenprozess bewirkt das Sterben der Kräfte der sichtbaren Natur und die Wiedergeburt der Kräfte des Guten, der ewigen Natur.

8.5. Die Ideenlehre als Grundstein der Weisheit

Platon wählt das Große, um das Kleine zu erklären; seine Methode entspricht dem hermetischen Axiom »wie oben, so unten«. Im Dialog *»Politeia«* wird anhand des Staates das Wesen der Seele erklärt, im Dialog *»Timaios«* der Kosmos als Vorbild für den Mikrokosmos. Demgemäß erschafft der Philosoph eine Nachbildung der kosmischen Prinzipien, um durch Harmonie und Liebe im menschlichen Kosmos die Seele ins Gleichgewicht zu bringen. In der solchermaßen ausgewogenen Seele offenbart sich die ursprüngliche reine Seele, die keinen Bezug zur sichtbaren Welt hat, außer dass sie im Menschen auftritt, um die Bewusstwerdung von ihrem Ursprung in ihm zu ermöglichen. Das geschaffene Abbild der Seele, mit dem Werkzeug des logischen Denkens im Mikrokosmos errichtet, ist nicht die wahre Seele, sondern nur dieser ähnlich. Aber in diesem mikrokosmischen Lebensfeld kann sich die wahre Seele offenbaren, nicht als geschaffene, sondern als immer seiende Seele – und wenn dies geschieht, kann die geschaffene Seele verschwinden, denn sie ist für die Erkenntnis nicht mehr notwendig. Und so nimmt dann auch das irdische Bewusstsein den Weg, den alles Gewordene geht, womit das Seiende wieder offenbart ist im Lichte des Guten.

Weisheit ist die Erkenntnis vom Wesen des erkennbaren Guten im Werdenden. Erkannt werden kann das dem seienden Guten Ähnliche, aber nicht das Gute selbst. Weisheit ist das Werkzeug, mit welchem in einem innerseelischen Prozess das Gute erfahren werden kann. Diese Weisheit gilt es zu ergründen.

Philosophie ist die Liebe zur Weisheit. Ein wahrer Philosoph ist daher von dieser Liebe beseelt; der Mangel empfindende Eros in ihm sucht die

Weisheit, sein Begehren ist auf die Erfüllung gerichtet. Sophia, die Weisheit, ist Erkenntnis vom Weg des Bewusstseins zur Offenbarung des Guten im eigenen Mikrokosmos. Dieses Gute ist in keiner Weise an das Gute in dieser Welt gebunden, es ist nicht von dieser Welt.

Selbsterkenntnis erfordert als Opfer für den im Denken erkennbaren inneren Menschen den irdischen »Ich-Menschen«. Diese von den Philosophen gesuchte Selbsterkenntnis ist daher für den in der Erde verwurzelten Menschen keine Option. Seine Seele muss sich vollständig befreien von der Illusion, das Gute in der sichtbaren Natur zu finden. Am Ende dieses Prozesses winkt die Erkenntnis von der wahren Natur und deren Bewusstwerdung im inneren Menschen.

Das wahre Sein ist nur im Denkbaren gegeben, also in den Ideen – und diese können nur in einer dafür vorbreiteten Seele erfahren werden. Die Seele ist also das Erkenntnis- und Bewusstseinsorgan, in welchem sich die Ideen offenbaren können. Wenn eine Seele jedoch die notwendige Vorbildung nicht durchlaufen hat und die Bereitschaft, die erkannten Gesetze auch mit der Tat zu unterstreichen, nicht ausreichend ist, kann sie auch die Gnade der Erkenntnis von der Idee nicht befallen, sie zeichnet sich nicht in ihr ab. Ein Philosoph wie Platon oder Sokrates, in welchen sich die Idee abgebildet hat, bemüht sich auch für alle, in denen der Funkensprung noch nicht erfolgt ist, eine vernünftige Begründung davon abzugeben, wie das Wesen der Ideen verstanden werden kann. Diese Vorstellungen sind als Weisheit zu bezeichnen, auch wenn die logische Beweisführung abschließend ausbleiben muss, da die in der Einheit seiende Welt nicht begründet werden kann, schließlich ist sie ja der Grund für sich selbst und alles andere im Seienden.

9. Literaturhinweise

Anonymus: »*Liber de causis, Das Buch von den Ursachen*«, übers. von A. Schönfeld, Felix Meiner Verlag, Hamburg 2003

Beierwaltes, W.: »*Procliana*«, Verlag Vittorio Klostermann, Frankfurt a. M. 2007

Dietzfelbinger, K.: »*Mysterienschulen*«, Eugen Diederichs Verlag, München 1997

Ficino, Marsilio: »*Traktate zur Platonischen Philosophie*«, übers. und erläutert von E. Blum, P. R. Blum und T. Leinkauf, Akademie Verlag, Berlin 1993

Ficino, Marsilio: »*Über die Liebe oder Platons Gastmahl*«, übers. K. P. Hasse, Felix Meiner Verlag, Hamburg 2004

Hirschberger, J.: »*Geschichte der Philosophie*«, Komet Verlag, Köln 1980

Jamblich: »Pythagoras, Legende, Lehre, Lebensgestaltung«, WBG, Darmstadt 2002

Meister Eckhart: »*Predigten. Werke I*«, Deutscher Klassiker Verlag, Band 24, Frankfurt am Main 2008

Meister Eckhart: »*Predigten und Traktate. Werke II*«, Deutscher Klassiker Verlag, Band 25, Frankfurt am Main 2008

Platon: »*Sämtliche Werke*«, übers. von F. Schleiermacher, hrsg. von U. Wolf, Rowohlt Taschenbuch Verlag, Hamburg 1994

Platon: »*Sämtliche Dialoge*«, übers., erläutert und hrsg. von Otto Apelt, Felix Meiner Verlag, Leipzig 1920

Plotin: »*Ausgewählte Schriften*«, übers., kommentiert und hrsg. von Christian Tornau, Reclam Verlag, Stuttgart 2001

Plotin: »*Enneaden*«, übers. von Hermann Friedrich Müller, 1878, www. zeno.org

von Kues, Nikolaus: »*De visione Dei*«, übers. von H. Pfeiffer, Cusanus Institut, Trier 2007

von Kues, Nikolaus, »*Tu quis es. Über den Ursprung*«, übers. und hrsg. von K. Bormann, Felix Meiner Verlag, Hamburg 2001

von Kues, Nikolaus: »*De beryllo*«, übers. und hrsg. von K. Bormann, Felix Meiner Verlag, Hamburg 2002

von Kues, Nikolaus: »*De venatione sapientiae. Die Jagd nach Weisheit*«, übers. und hrsg. von P. Wilpert und K. Bormann, Felix Meiner Verlag, Hamburg 2002